Wertebildung im Jugendfußball – Ein Handbuch für Trainer:innen

René Märtin, Julia Tegeler

Wertebildung im Jugendfußball – Ein Handbuch für Trainer:innen

TeamUp! – Werte gemeinsam leben

| **Verlag** Bertelsmann**Stiftung**

Bibliografische Information der Deutschen Nationalbibliothek

Die Deutsche Nationalbibliothek verzeichnet diese Publikation in der Deutschen Nationalbibliografie; detaillierte bibliografische Daten sind im Internet unter http://dnb.dnb.de abrufbar.

Für eine bessere Lesbarkeit verwenden wir meistens entweder die weibliche oder die männliche Form personenbezogener Substantive. Wenn nicht anders erwähnt, sind damit alle Geschlechter gemeint.

Wir danken den Spielerinnen und Spielern der Spielvereinigung Langenhorst-Welbergen e.V., Ochtrup, und des TuS Haltern am See von 1882 e.V.

3. Auflage 2024

Verantwortlich: Julia Tegeler
Mitarbeit: Peter Müller, Verena Muckermann, Henning Timpe, Dennis Schunke (Philippka-Sportverlag)
Lektorat: Gesine Bonnet
Herstellung: Christiane Raffel
Umschlaggestaltung: Elisabeth Menke
Abbildungen: Cover, Seite 13, 17, 19, 25, 28, 36, 40, 47, 51, 56, 63, 65, 69, 77, 80, 81, 85, 93, 94, 101, 102, 109, 113, 114, 119, 121, 123, 149, 151, 152, 161, 162, 165, 168, 172, 177, 183, 185, 188, 193, 200: Kai Uwe Oesterhelweg, Gütersloh; Seite 70, 98, 104, 105, 107, 116, 124–147 (Fotos und Spielzüge): Philippka-Sportverlag, Münster
Gestaltung: Katrin Berkenkamp, Bielefeld
Druck: Hans Gieselmann Druck und Medienhaus GmbH & Co. KG, Bielefeld
ISBN 978-3-86793-907-2 (Print)
ISBN 978-3-86793-908-9 (E-Book PDF)

www.bertelsmann-stiftung.de/verlag

Inhalt

Vorwort

Werte spielen in allen Lebensbereichen eine große Rolle und prägen unseren Umgang miteinander in der Gesellschaft. Wie aber fördert man Werte im Jugendfußball? Darum geht es bei »TeamUp! – Werte gemeinsam leben«. Die Bertelsmann Stiftung hat das Konzept mit Unterstützung des Fußball- und Leichtathletik-Verbandes Westfalen (FLVW) entwickelt. Es richtet sich an Trainer von Jugendteams und an Jugendleiter in Fußballvereinen und vermittelt ihnen, wie sie Wertebildung – vor allem im U15- und U17-Bereich – bewusst unterstützen und das soziale Miteinander in Mannschaft und Verein positiv gestalten können.

In einem Modellprojekt von 2016 bis 2018 haben wir das Konzept entwickelt, erprobt und wissenschaftlich evaluiert. Mehr als 40 Jugendleiter und Jugendtrainer aus 22 Vereinen des FLVW haben sich mit ihren Mannschaften daran beteiligt. Im Herbst 2018 haben im FLVW dann die ersten TeamUp!-Lehrgänge in der regulären Fortbildung zur Verlängerung der Trainer-C-Lizenz und in der Qualifizierungsoffensive für Jugendleiter stattgefunden. Inzwischen gibt es ausgebildete Lehrreferenten im FLVW, die TeamUp!-Lehrgänge in der regulären Fortbildung anbieten und das Konzept in weiteren Schulungsformaten wie Feriencamps und Jugendleitertagungen anwenden.

Mit diesem Praxisbuch möchten wir unser Wertebildungskonzept TeamUp! nun deutschlandweit zur Verfügung stellen. Wir sind überzeugt, dass davon alle profitieren werden, die neben dem sportlichen Können die Persönlichkeitsentwicklung ihrer Jugendspieler bewusst unterstützen und gemeinsame Werte und soziale Kompetenzen stärken wollen. Damit gewinnt nicht nur der Sport, sondern auch unsere Gesellschaft. Denn Wertebildung trägt dazu bei, dass sich junge Menschen zu verantwortungsvollen, gemeinschaftsfähigen und selbstbestimmten Persönlichkeiten entwickeln und demokratische Werte lernen und leben. Für ein friedliches und solidarisches Zusammenleben in unserer vielfältigen Gesellschaft ist das entscheidend. Dafür brauchen Kinder und Jugendliche Erfahrungsräume, in denen sie Werte erleben und wertorientiert handeln können. Der Fußball bietet genau das. Für viele Jugendliche ist er ein wichtiger Lebensbereich, in dem sie große Teile ihrer Freizeit verbringen. Sie können sich hier sportlich mit anderen messen, Gemeinschaft und Freundschaft erfahren; sie lernen, Verantwortung zu übernehmen und Konflikte friedlich zu regeln. Kurzum: Sie erleben sich auf vielfältige Weise als selbstwirksam. Dabei schafft der Fußball als Sport eine Verbindung über kulturelle, soziale und religiöse Unterschiede hinweg und trägt so zum gesellschaftlichen Zusammenhalt in einer vielfältigen Gesellschaft bei.

Das ist der Grund, warum wir uns als Bertelsmann Stiftung für Wertebildung im Jugendfußball einsetzen. Mit TeamUp! wollen wir Sie und alle im Jugendbereich Verantwortlichen dabei unterstützen, im Fußballalltag Werte aktiv zu leben, soziale Kompetenzen zu stärken und ein respektvolles Miteinander zu gestalten. Unser Ansatz verbindet dazu Fußballtraining, Mannschaftsführung und Jugendarbeit im Verein mit wirksamen Ansätzen der Wertebildung, Elementen der Erlebnispädagogik und bewährten Übungen und Methoden aus Teamentwicklung, Kommunikation und Konfliktbearbeitung. Dabei geht es nicht um zusätzliche Wertelektionen neben und unabhängig von der schönsten Nebensache der Welt, sondern um ein in den Fußballalltag integriertes Konzept.

An dieser Stelle bedanken wir uns bei den ehren- und hauptamtlichen Verantwortlichen des FLVW, insbesondere bei Michael Lichtnecker, Elke Robert, Sven Günther und Tobias Harink, bei den vielen Jugendtrainern und -leitern und ihren Jugendmannschaften, die bei TeamUp! bislang mitgewirkt haben, bei den Lehrreferenten, die das Konzept weitertragen, sowie bei den beiden Wertetrainern René Märtin und Henning Timpe, die die Pilotphase betreut haben. Nicht zuletzt bedanken wir uns bei allen, die an dieser Publikation mitgewirkt haben.

Für die sportliche Arbeit und die Wertebildung, gemeinsam mit den Jugendspielerinnen und -spielern, wünschen wir viel Erfolg!

Stephan Vopel *Director* *Programm Lebendige Werte*	*Julia Tegeler* *Project Manager* *Programm Lebendige Werte*

Tipp

Das TeamUp!-Video: Einfach mit dem Smartphone einscannen und anschauen!

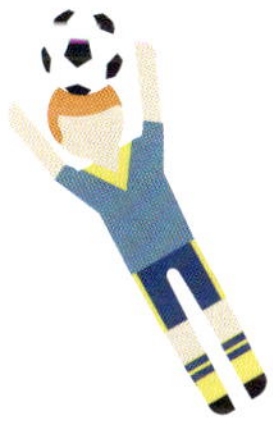

Anmerkung der Autorin und des Autors

In diesem Praxisbuch erfahren Sie, wie Sie Mannschaftsführung und Training so gestalten können, dass demokratische Werte und soziale Kompetenzen Ihrer Jugendspieler gefördert werden. Es enthält wesentliche Inhalte der TeamUp!-Trainerlehrgänge und dient in den Kursen als Arbeitsgrundlage. Zugleich ist es bewusst so aufbereitet, dass sich damit auch gut im Selbststudium arbeiten lässt.

Sollten Sie allerdings die Gelegenheit haben, an einer TeamUp!-Fortbildung teilzunehmen, empfehlen wir Ihnen, sie zu nutzen. Dort erhalten Sie von den Lehrreferenten weitere praktische Tipps zur Arbeit mit TeamUp! und können mit anderen Jugendtrainern Erfahrungen und Ideen austauschen sowie die Übungen und Methoden gemeinsam ausprobieren. Diese gemeinsame Lernerfahrung haben alle bisherigen Teilnehmer von TeamUp! als sehr hilfreich und wertvoll empfunden.

Informationen über Termine und Teilnahmemöglichkeiten an den TeamUp!-Fortbildungen erhalten Sie bei der Bertelsmann Stiftung oder Sie können auch direkt bei Ihrem Verband nachfragen, ob es dort TeamUp!-Angebote gibt.

Mit diesem Buch sind Sie als Trainer für die Wertebildung im Jugendfußball jedoch gut gerüstet und haben geeignete Reflexionshilfen und praktische Tipps und Methoden zur Hand. Und vielleicht gewinnen Sie ja auch einige Mitstreiter unter den anderen Trainern in Ihrem Verein! Mit ihnen gemeinsam können Sie Ihre Kompetenzen in diesem Bereich erweitern und so das gute Teamplay Ihrer Jugendlichen stärken.

Wir wünschen Ihnen viel Freude beim Lesen und Ausprobieren der Übungen und gutes Gelingen mit den eigenen wertebildenden Trainings.

Mehr Informationen über TeamUp! finden Sie im Internet unter:

www.bertelsmann-stiftung.de/teamup

Julia Tegeler *René Märtin*

Tipp

Online-Material zum TeamUp!-Trainerhandbuch: Einfach mit dem Smartphone einscannen und die Vorlagen ausdrucken.

Wegweiser durch dieses Buch

Hier finden Sie die wichtigsten Themen im Überblick:

In der Einleitung erfahren Sie alles, was Sie über den TeamUp!-Ansatz wissen sollten – und welche Prinzipien hinter unserem Konzept stehen. Sie erhalten einen grundlegenden Überblick über die Bedeutung von Werten für den Jugendfußball und erfahren, welche Kompetenzen wertebildender Jugendfußball in den Blick nimmt.

In diesem Abschnitt haben wir die wichtigsten Grundlagen der Wertebildung knapp und verständlich zusammengefasst. Damit verfügen Sie über das notwendige theoretische Rüstzeug für die praktische Arbeit mit Ihrer Jugendmannschaft.

Hier finden Sie Anregungen und konkrete Übungen, die Ihnen helfen, sich mit Ihren eigenen Werten und Ihrer Vorbildrolle auseinanderzusetzen. Ganz besonders wichtig: Die Reflexion Ihrer Rolle als Trainer.

Sie erfahren, wie das Werteplakat dabei hilft, sich mit Ihrer Mannschaft auf gemeinsame Werte und Regeln zu verständigen. Außerdem finden Sie in diesem Kapitel Praxisübungen, um Werte auch im Alltag mit den Jugendlichen zum Thema zu machen.

Im Alltag geht es darum, Werte gemeinsam zu leben. Dafür ist es wichtig, Vertrauen zu schaffen und die Übernahme von Verantwortung zu ermöglichen. Sie erfahren, wie Sie Ihre Jugendspieler dabei unterstützen können, sich über unterschiedliche Perspektiven respektvoll auszutauschen und andere Positionen zu verstehen sowie Werte im eigenen Handeln zu erfahren. Außerdem hilft eine Checkliste dabei, Wertebildung kontinuierlich im Fußballalltag während der gesamten Saison zu verankern.

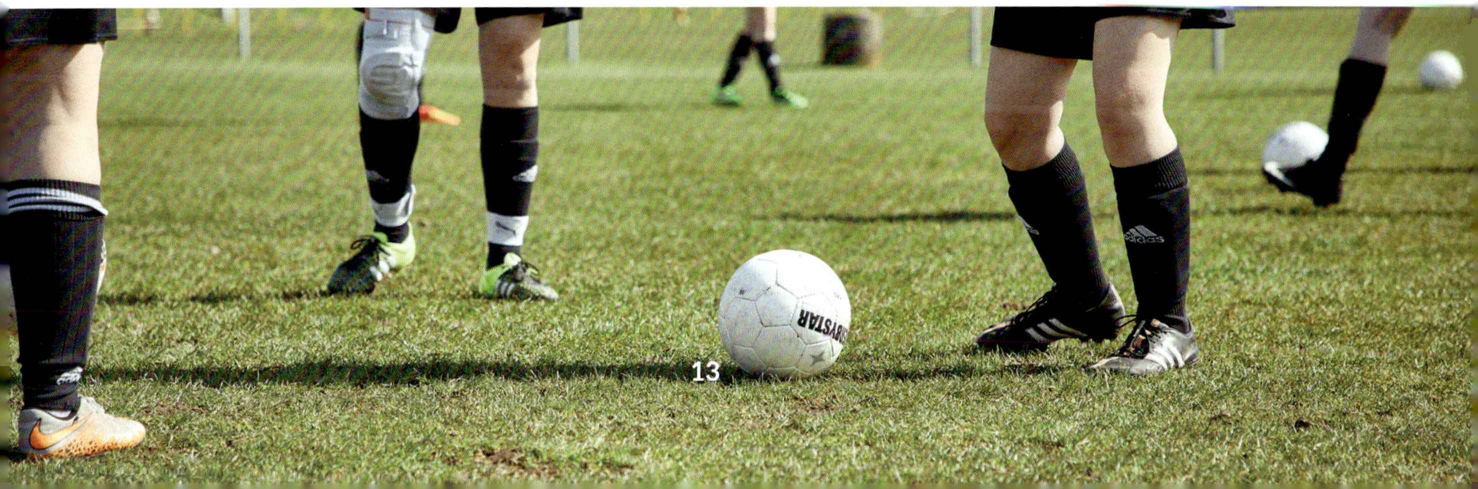

1 Einleitung: Was ist TeamUp!?

Werte und ihre Bedeutung für den Jugendfußball

Sie als Trainer wissen: Beim Jugendfußball geht es um weit mehr als um die 17 Regeln. Neben Technik, Taktik und Kondition spielen gemeinsame Werte und soziale Kompetenzen eine zentrale Rolle. So sind Teamgeist, Fairness und Respekt unverzichtbar, wenn es um den Umgang miteinander geht und darum, gemeinsam als Team auf sportliche Ziele hinzuarbeiten. Auf und neben dem Platz sind zudem soziale Kompetenzen gefragt, wie Konflikt- und Kooperationsfähigkeit. Mannschafts- und Vereinssport lebt daher davon, dass nicht nur das sportliche, sondern auch das soziale Zusammenspiel funktioniert. Die Verbindung aus beidem sorgt für mehr Spaß auf dem Platz und stellt die Weichen für sportlichen Erfolg.

Dazu kommt: Fußball verbindet – über Unterschiede hinweg. Allein in Deutschland erreicht er täglich Millionen von Kindern und Jugendlichen aus allen gesellschaftlichen Schichten und mit unterschiedlichsten kulturellen Hintergründen. Als Vereins- und Mannschaftssport ist Fußball darauf angewiesen, dass der Umgang mit dieser Vielfalt gelingt und Zusammenhalt ganz praktisch im Team gelebt wird. Das bedeutet etwa, Toleranz einzuüben und Verschiedenheit anzuerkennen, sie als bereichernd wahrzunehmen und auch ihr Potenzial zu nutzen. Dabei geht es nicht nur um kulturelle, religiöse und soziale Unterschiede, sondern auch um den Umgang mit unterschiedlichen Persönlichkeiten, Stärken und Potenzialen. Denn jedes Team braucht Spieler mit verschiedenen Fähigkeiten, die sich gegenseitig ergänzen und gut zusammenarbeiten. Als Trainerin oder Trainer ist es Ihre Aufgabe, auf die unterschiedlichen Spielerpersönlichkeiten einzugehen, individuell zu motivieren und ein gutes Zusammenspiel zu fördern, ohne das es keinen Erfolg geben kann.

Genau das macht den Mehrwert von Wertebildung für den Jugendfußball aus: Über das Lernen und Leben von Werten können gemeinsame Werte entwickelt sowie soziale Kompetenzen und ein gutes Miteinander bewusst gefördert werden. Die Grundlagen und das praktische Handwerkszeug für eine wirkungsvolle und nachhaltige Wertebildung im Jugendfußball vermittelt TeamUp!. Das Konzept lässt sich gut ins Training und in die Arbeit mit der eigenen Mannschaft integrieren. TeamUp! setzt dafür auf mehreren Ebenen an und bietet Ihnen verschiedene Möglichkeiten, Wertebildung in Ihrer Trainertätigkeit zu verankern.

Selbstreflexion: Was Ihnen persönlich wichtig ist

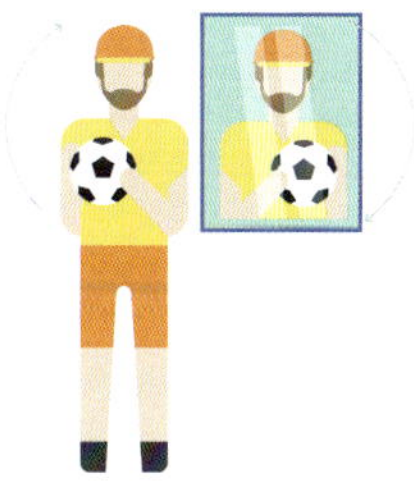

Grundvoraussetzung dafür, überhaupt mit Werten im Jugendfußball arbeiten zu können, ist die Reflexion darüber, was Ihnen persönlich wichtig ist: Was hat Sie als Mensch geprägt? Welche Vorbilder hatten oder haben Sie? Welche Werte sind Ihnen in Beruf, Privatleben und im sportlichen Engagement wichtig? All das prägt die Art und Weise, wie Sie Ihr Leben gestalten und wie Sie sich in unterschiedlichen Situationen verhalten. Wer glaubwürdig und wirksam Wertebildung von Jugendlichen fördern will, sollte zunächst für sich selbst klären, worauf es ihm im Leben ankommt und was er – oder sie – an die Spielerinnen und Spieler weitergeben will. Denn erst das eigene Bewusstsein dafür macht es möglich, das eigene Handeln gezielt daran ausrichten und auch zu hinterfragen.

Wenn Sie für sich geklärt haben, welche Werte Ihnen persönlich wichtig sind, können Sie daraus auch diejenigen Werte ableiten, die Sie als Trainer besonders fördern wollen. Diese Selbstreflexion ist für viele ungewohnt. Sie ist aber nicht schwer: TeamUp! hilft durch praktische Übungen und Alltagstipps dabei, sich die eigenen Werte bewusst zu machen. Die Selbstreflexion versetzt Sie in die Lage, sich selbst wohlwollend kritisch auf den Prüfstand zu stellen. Im besten Fall nehmen Sie danach Ihr eigenes Verhalten bewusster wahr und verbessern Ihre Kommunikation sowie die Art und Weise, wie Sie mit Ihren Jugendspielern umgehen. Sie beobachten Spieler und Mannschaft bewusster, auch und vor allem in Hinblick auf ihr Sozialverhalten. Sie wissen vielleicht auch besser, wie Sie mit schwierigen Situationen und Spannungen umgehen können. Und Ihnen wird klarer, was Sie mit Ihrem Team sportlich und menschlich erreichen wollen.

TeamUp!

setzt bei der Reflexion der eigenen Werte, Einstellungen und des eigenen Verhaltens an.

Ihre (Vorbild-)Rolle als Trainer

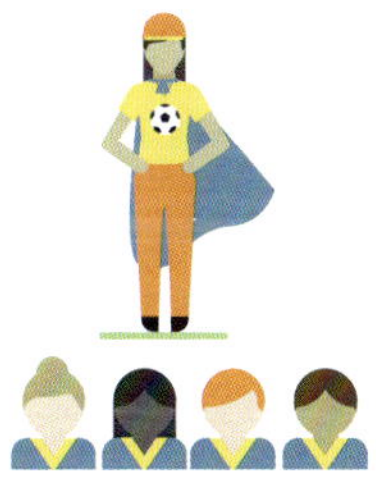

Als Trainer haben Sie eine besondere Verantwortung: Für die Jugendlichen sind Sie Vorbild. Sie leben Werte und Verhaltensweisen vor, an denen sich die jungen Spieler orientieren. Das gilt im Positiven wie im Negativen. Deshalb ist es wichtig, die eigene Haltung und das eigene Verhalten zu reflektieren und gegebenenfalls auch zu ändern. TeamUp! unterstützt Sie dabei und gibt Anregungen dazu, sich mit der eigenen Vorbildrolle zu beschäftigen und bewusst Werte im Alltag vorzuleben. Der Vorteil: Jugendliche, die ihre Trainer als positives Vorbild erleben, entwickeln sich besser und sind bereit, selbst Verantwortung zu übernehmen.

Die eigene Haltung ist zugleich die Voraussetzung dafür, um Training, Mannschaftsführung und Teamentwicklung so zu gestalten, dass zusätzlich zu fußballerischen Fähigkeiten gemeinsame Werte und soziale Kompetenzen bei den Jugendspielern gefördert werden. Hierfür bieten sich sowohl Übungen und Trainingseinheiten als auch wertebildende Anlässe im Alltag an. Denn Wertebildung findet praktisch immer statt und nahezu alles, was Sie mit Ihrer Mannschaft machen, hat Einfluss auf die Wertebildung – nur ist uns das oft nicht bewusst.

TeamUp! schärft den Blick dafür, wann es überhaupt um Werte geht und wo Sie als Trainer in alltäglichen Situationen bewusst wertebildend wirken können. Im Umgang mit Mitspielern, Gegnern oder Schiedsrichtern etwa können Jugendliche Respekt und Fairness einüben. Sie lernen, Verantwortung zu übernehmen und Konflikte friedlich zu regeln. Hierin steckt viel Potenzial, das Sie als Trainer leicht nutzen können und auch sollten. Denn wie Sie und Ihre Spieler miteinander oder mit anderen umgehen, bringt zum Ausdruck, welche Werte im Verein wirklich gelebt werden und welches Verhalten akzeptiert wird.

TeamUp!

sensibilisiert für wertebildende Situationen im Trainingsalltag und zeigt Möglichkeiten auf, wie Sie diese nutzen können.

Jugendtrainerinnen und -trainer, die sich im Rahmen von TeamUp! intensiv mit ihren eigenen Werten und ihrer Vorbildrolle auseinandergesetzt haben und für wertebildende Potenziale im Alltag sensibilisiert sind, berichten, wie sich ihre Perspektive verändert hat und dass sie bewusster ins Training gehen: Manche haben an sich gearbeitet und sind nun gelassener im Umgang mit den Jugendlichen; andere haben verstanden, dass die Spielerinnen und Spieler selbst viel Verantwortung übernehmen können – und wollen. Das wiederum nimmt Druck aus dem Alltag. Viele Trainer haben für sich herausgefunden, wie sie ihre Vorbildrolle wahrnehmen möchten, und setzen das auch um.

Im Team gemeinsam Werte finden und Regeln ableiten

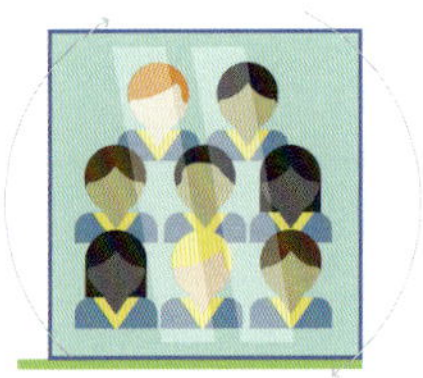

Ebenso wie für Sie selbst ist es für die Jugendlichen wesentlich, sich mit ihren eigenen Werten auseinanderzusetzen. Ziel ist es, bei ihnen ebenfalls eine Reflexion über Werte anzustoßen und Haltungen sowie soziale Kompetenzen zu fördern. Dazu gilt es auch hier, Fragen zu stellen: Was ist euch wichtig – persönlich und für eure Mannschaft? Wie wollt ihr miteinander umgehen? Gemeinsam mit Ihrem Team können Sie Werte erarbeiten, die Orientierung für den Umgang miteinander und für die sportliche Arbeit geben. Daraus lassen sich Regeln für das Miteinander ableiten, die für alle gelten sollen.

TeamUp!

vermittelt, wie Sie mit Ihrer Mannschaft über gemeinsame Werte sprechen und diese im Fußballalltag aktiv leben können.

Diese Vorarbeit zahlt sich aus: Denn Werte und Regeln helfen dabei, Training und Fußballalltag so zu gestalten, dass ein respektvolles Miteinander, eine bessere Zusammenarbeit und Kommunikation sowie ein lösungsorientierter Umgang mit Konflikten möglich sind.

Im Team Werte gemeinsam leben

Die Selbstreflexion und die Erarbeitung gemeinsamer Werte und Regeln sind grundlegend, aber sie reichen nicht aus, um Wertebildung und ein gutes Miteinander im Fußball wirksam und nachhaltig zu fördern. Schließlich geht es darum, die gemeinsamen Werte im Alltag auch zu leben – also ins Handeln zu kommen. Erst indem Sie Ihre Vorbildrolle wahrnehmen, sprechen Sie nicht nur über Werte, sondern leben sie vor. Nur wenn Sie im Training, bei Teamaktivitäten und im täglichen Umgang miteinander den

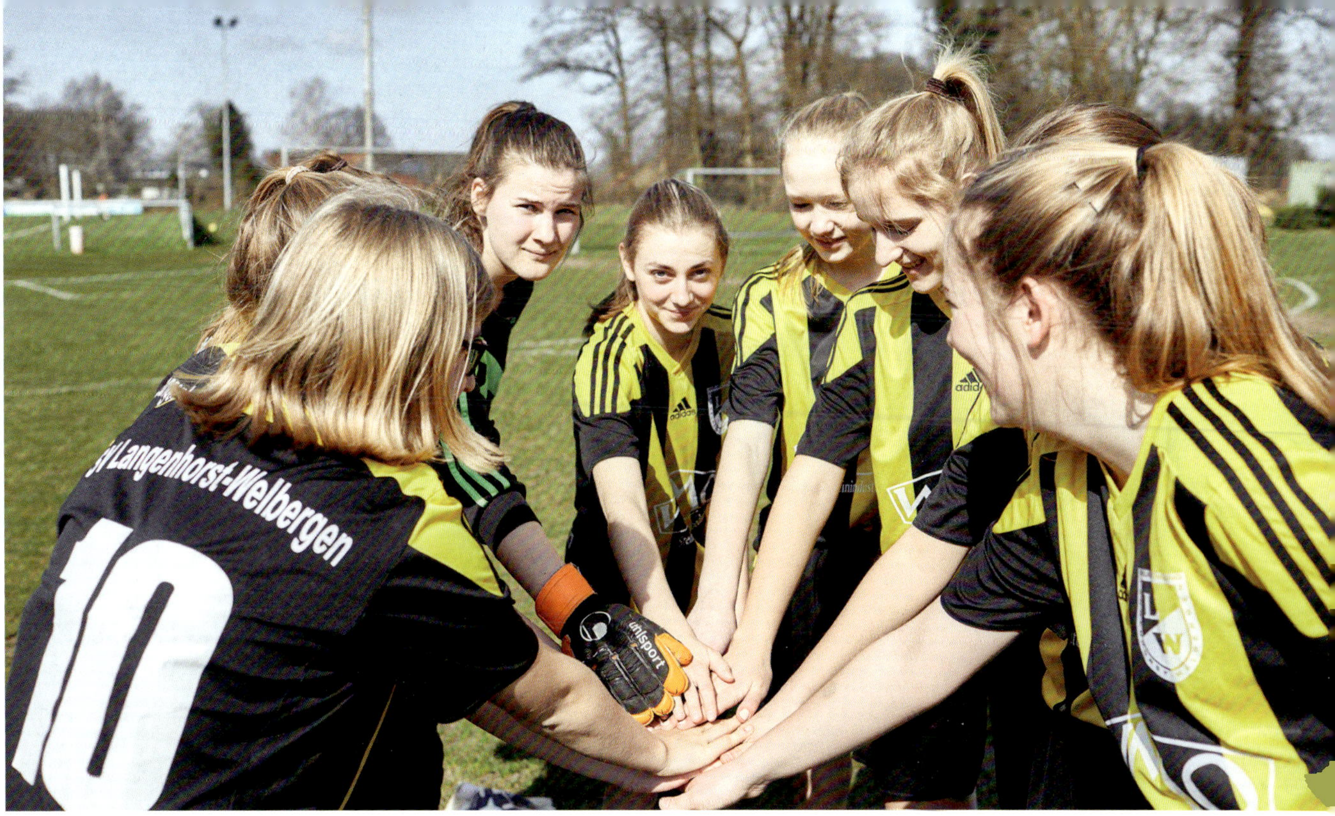

Im Team Werte leben

Jugendlichen die Möglichkeit geben, wertorientiertes Handeln einzuüben, werden Werte wirklich gelebt. Dann wird nicht nur über Verantwortung gesprochen oder Respekt eingefordert, sondern die Jugendlichen übernehmen tatsächlich Verantwortung, verhalten sich respektvoll, lösen Konflikte friedlich und trainieren Fairplay. Die Ebene des Handelns ist entscheidend, damit Werte im Verein wirklich umgesetzt werden.

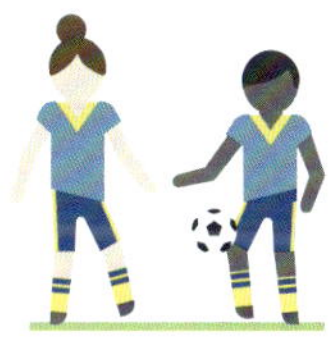

Durch geeignete Trainings und Teamübungen, die Werte erlebbar und erfahrbar machen, können Sie mit Ihren Spielern wertorientiertes Handeln einüben. Um Werte auch im alltäglichen Umgang miteinander zu leben, spielen zudem Kommunikation und der Umgang mit Konflikten eine zentrale Rolle. Beides ist für das Lernen und Leben von Werten grundlegend. In der Art und Weise, wie wir miteinander kommunizieren, leben wir Werte wie Respekt, Rücksichtnahme oder auch Leidenschaft und Begeisterung, Fairness und Toleranz. Dazu gehört es, Entscheidungen und Sichtweisen für andere nachvollziehbar zu machen und auf Ich-Botschaften, aktives Zuhören sowie konstruktives Feedback als Mittel der Wertebildung zu achten.

Auch indem wir friedlich und lösungsorientiert mit Konflikten umgehen, leben wir Werte. Im Grunde gibt es kein menschliches Miteinander ohne Konflikte – das gilt auch für den Fußballalltag. Oft bieten sie eine Chance, etwas zu verändern, für die Wertebildung sind sie jedenfalls sehr gute Anlässe: Die Jugendlichen können daran wachsen. Dazu empfiehlt es sich, mögliche Ursachen von Konflikten zu kennen sowie Wege, konstruktiv mit ihnen umzugehen. Das gilt nicht nur für Sie als Trainer und Vorbild; Sie sollten auch wissen, welche Hilfestellungen Sie den Jugendlichen dafür geben können.

Wertebildende Trainingseinheiten (ab Seite 119), erlebnispädagogische Übungen (ab Seite 93) sowie Tipps und Methoden für gute Kommunikation (ab Seite 151) und Konfliktbearbeitung (ab Seite 165) helfen Ihnen, ein respektvolles und wertschätzendes Miteinander im Jugendfußball dauerhaft und nachhaltig zu gestalten.

Dranbleiben: Wertebildung als ständigen Aspekt im Jugendfußball verankern

TeamUp!

gibt Ihnen viele Anregungen, wie Sie mit Ihrer Mannschaft im Training und im Alltag, Werte gemeinsam leben können.

Mit der Wertebildung verhält es sich nicht anders als mit dem Training von Kondition und Technik: Man muss dranbleiben! Nur über die andauernde wertebildende Arbeit können Kinder und Jugendliche wichtige Kompetenzen erlernen und ein stabiles Wertegerüst entwickeln, das ihnen Orientierung gibt und sie in ihrem Handeln leitet. Wertorientiertes Handeln muss im Alltag immer wieder eingeübt werden, damit Haltungen sich festigen.

Mit TeamUp! ist das möglich. Dazu orientiert sich der Ansatz an der Saisonplanung im Fußball und zeigt, wie Sie Wertebildung als ständigen begleitenden Aspekt in die Arbeit mit Ihrer Mannschaft einbauen können – bedarfsgerecht und eng bezogen auf sportliche Ziele. Wichtige Etappen oder Meilensteine und bestimmte Entwicklungen während der Saison bieten dafür gute Anlässe. Zu Beginn können wertebildende Übungen dabei helfen, Vertrauen aufzubauen, Regeln für das Miteinander zu erarbeiten, sich auf gemeinsame Ziele zu verständigen und aus einer Mannschaft ein echtes Team zu machen. Während der Saison können Sie mit wertebildenden Trainingseinheiten arbeiten sowie erlebnispädagogische Übungen und kurze Reflexionen ins Training einbauen. So können Sie gezielt Respekt, Teamgeist, Selbstvertrauen, Verantwortungsübernahme oder Fairplay fördern – je nachdem, was für Ihre Mannschaft gerade wichtig ist. Zusätzlich können Sie im Vereinsalltag die praktischen Tipps für eine gute Kommunikation und den Umgang mit Konflikten nutzen, die TeamUp! bereitstellt. Wenn Sie so Wertebildung kontinuierlich unterstützen, dann ist das nachhaltig.

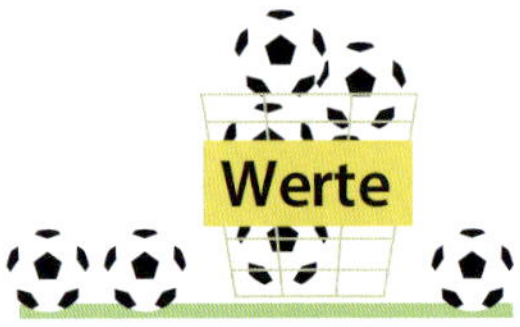

Wertebildung nachhaltig zu fördern, bedeutet übrigens auch, die Ressourcen, Stärken, Potenziale und Ideen aller Beteiligten (Trainer, Jugendspieler, Eltern, Vereinsmitglieder) wahrzunehmen und sie bei der Gestaltung des Miteinander im Verein einzubeziehen. Damit ist TeamUp! ein ressourcenorientierter und präventiver Ansatz: Wertebildende Aspekte in den Jugendfußball einzubringen bedeutet Fehlverhalten und Konflikten vorzubeugen.

Die Gesellschaft im Blick: Persönlichkeit stärken – Werte und Kompetenzen fürs Leben fördern

Mit **TeamUp!**

können Sie in die Saisonplanung mit Ihrer Mannschaft Wertebildung sinnvoll und mit Mehrwert für das soziale und sportliche Miteinander integrieren.

TeamUp! zielt darauf ab, die Werte und Kompetenzen zu fördern, die für ein friedliches, respektvolles und demokratisches Miteinander unverzichtbar sind – im Jugendfußball genauso wie in unserer vielfältigen Gesellschaft.

Dazu gehören zum einen die demokratischen Grundwerte, wie sie im Grundgesetz sowie den Kinder- und Menschenrechten verankert sind – wie etwa Respekt, Toleranz, Selbstbestimmung, Gewaltfreiheit, Akzeptanz von Vielfalt, Fairness, Solidarität, Gleichberechtigung und Gleichwertigkeit aller Menschen. Diese (gelebten) Werte tragen dazu bei, dass junge

Menschen zu selbstbestimmten, verantwortungsvollen, gemeinschafts- und demokratiefähigen Persönlichkeiten heranwachsen.

Zum anderen gehören dazu persönliche und soziale Kompetenzen, die es braucht, um wertorientiert handeln zu können – wie die Fähigkeit, Konflikte friedlich zu lösen und im Team zusammenzuarbeiten, oder die Fähigkeit, mit negativen Gefühlen umzugehen. TeamUp! orientiert sich hierbei vor allem an den von der Weltgesundheitsorganisation (englisch World Health Organization, WHO) definierten Lebenskompetenzen: »Lebenskompetenzen sind diejenigen Fähigkeiten, die es den Menschen ermöglichen, ihr Leben zu steuern und auszurichten und ihre Fähigkeiten zu entwickeln, mit den Veränderungen in ihrer Umwelt zu leben und selbst Veränderungen zu bewirken« (WHO 1994/1999).

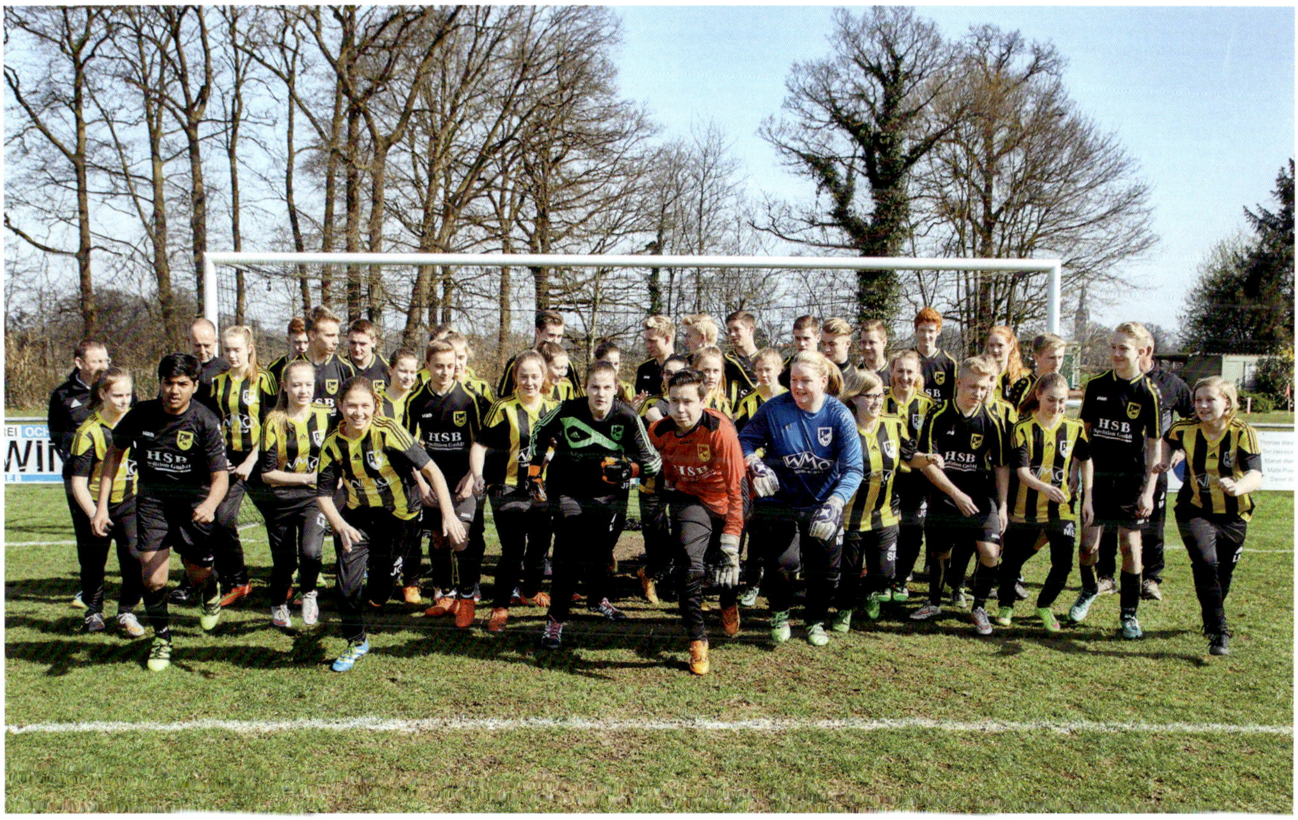

Wertebildung im Jugendfußball: erfolgreich im Team zusammenarbeiten

Lebenskompetent

ist laut WHO, wer sich selbst kennt und mag, empathisch ist, kritisch und kreativ denkt, kommunizieren und Beziehungen herbeiführen kann, durchdachte Entscheidungen trifft, erfolgreich Probleme löst, Gefühle und Stress bewältigen kann. Diesen prinzipiellen Überlegungen folgend hat die WHO zehn zentrale Kernkompetenzen formuliert, sogenannte Core Life Skills (Lebenskompetenzen):

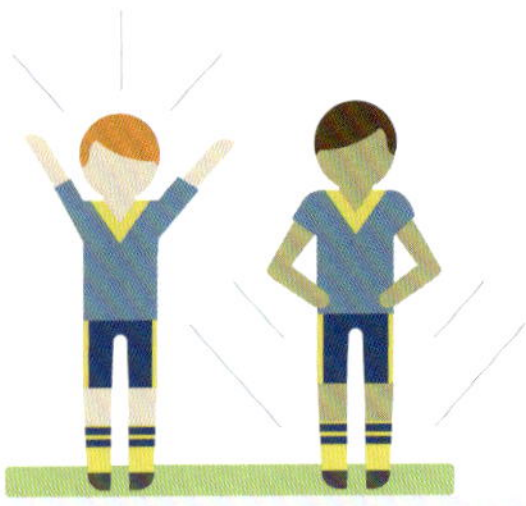

Lebenskompetenzen nach WHO

1

Selbstwahrnehmung

Bezieht sich auf das Erkennen der eigenen Person, des eigenen Charakters sowie auf eigene Stärken und Schwächen, Wünsche und Abneigungen.

2

Empathie

Die Fähigkeit, sich in andere Personen hineinzuversetzen.

3

Kreatives Denken

Ermöglicht es, adäquate Entscheidungen zu treffen sowie Probleme konstruktiv zu lösen.

4

Kritisches Denken

Die Fertigkeit, Informationen und Erfahrungen objektiv zu analysieren.

5

Entscheidungen treffen

Die Fähigkeit, konstruktiv mit Entscheidungen im Alltag umzugehen.

6

Problemlösungsfähigkeiten

Dient dazu, Schwierigkeiten und Konflikte im Alltag konstruktiv anzugehen.

7

Effektive Kommunikationsfähigkeiten

Tragen dazu bei, sich kultur- und situationsgemäß sowohl verbal als auch nonverbal auszudrücken.

8

Interpersonale Beziehungsfähigkeiten

Befähigen dazu, Freundschaften zu schließen und aufrechtzuerhalten.

9

Gefühlsbewältigung

Die Fertigkeit, sich der eigenen Gefühle und der Gefühle anderer bewusst zu werden, angemessen mit Gefühlen umzugehen sowie zu erkennen, wie Gefühle Verhalten beeinflussen.

10

Stressbewältigung

Die Fähigkeit, Ursachen und Auswirkungen von Stress im Alltag zu erkennen und stressreduzierende Verhaltensweisen zu erlernen.

Quellen: http://praevention-in-der-schule-bw.de, https://www.leitbegriffe.bzga.de/

Wenn Sie als Trainer mit TeamUp! arbeiten, leisten Sie also einen wertvollen Beitrag zur Persönlichkeitsentwicklung junger Menschen. Sie können demokratische Grundwerte und Lebenskompetenzen stärken und in Ihrem Verein eine Kultur mit prägen, die von Respekt, Verantwortung und solidarischem Miteinander getragen ist. So bereiten Sie – gemeinsam mit anderen, die an der Wertebildung junger Menschen beteiligt sind – Jugendliche auf das Leben in unserer unübersichtlichen, vielfältigen und sich ständig verändernden Welt vor und tragen ganz praktisch zum gesellschaftlichen Zusammenhalt bei.

Sie finden in diesem Handbuch viele Übungen zur Teamentwicklung sowie wertorientierte Trainingsformen, die – neben den fußballerischen Fähigkeiten – auch die genannten Werte und Kompetenzen in den Blick nehmen und sie bewusst ins Training integrieren. So tragen Sie dazu bei, die Potenziale des einzelnen Spielers, aber auch der Mannschaft zu nutzen und wichtige Kompetenzen individuell zu stärken.

Notizen

TeamUp! Werte gemeinsam leben

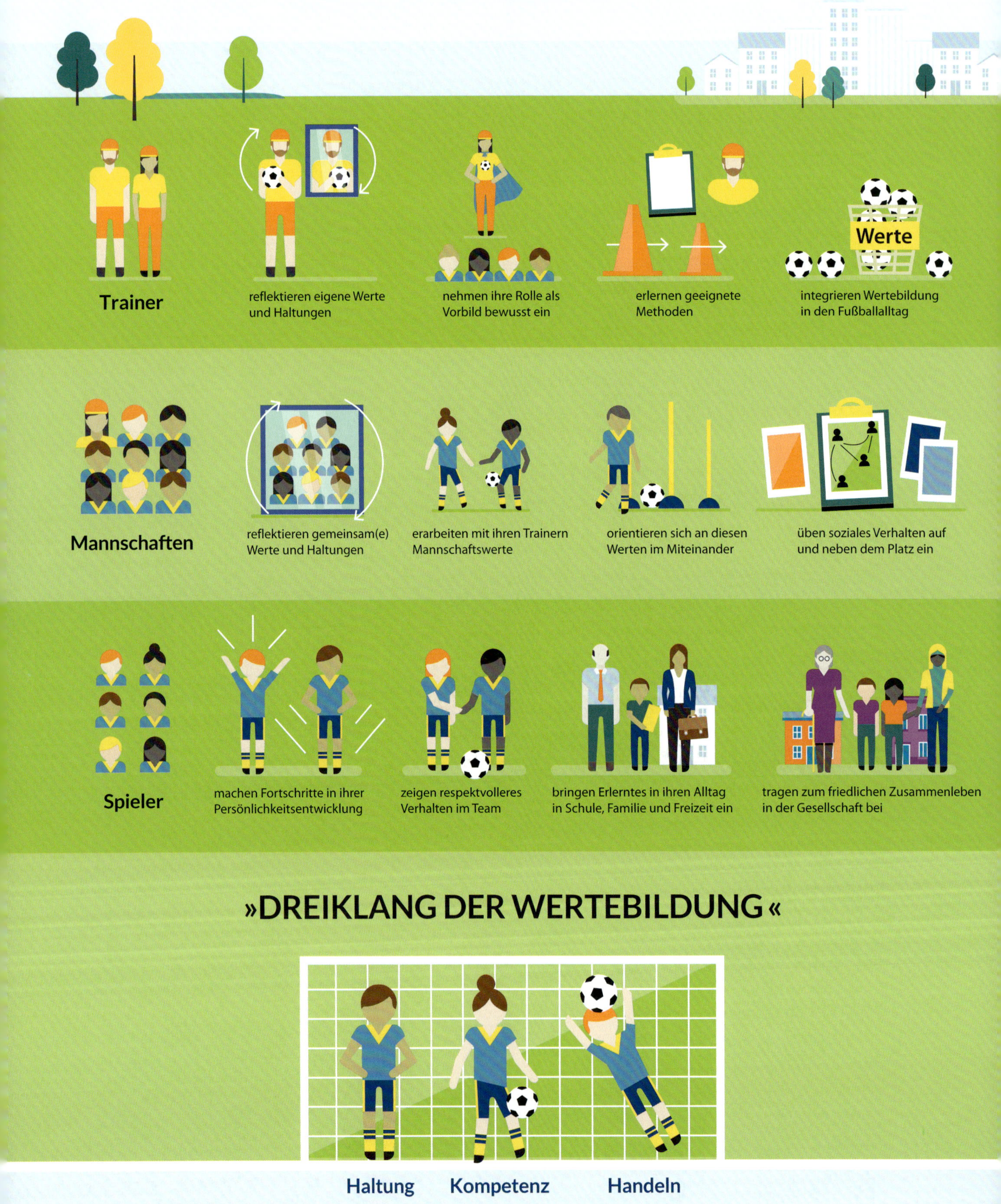

TeamUp! auf einen Blick

Mit TeamUp! Wertebildung nachhaltig gestalten: Vier Prinzipien guter Praxis, die Sie kennen sollten

TeamUp! basiert auf den Prinzipien wirksamer Wertebildung, die Experten und Praktiker in dem von der Bertelsmann Stiftung initiierten Netzwerk Wertebildung formuliert haben. Vier davon sind für den Jugendfußball besonders bedeutend und mit TeamUp! erprobt.

1 Wertebildung in den Fußballalltag integrieren

TeamUp! ist so konzipiert, dass die Wertebildung in alle fußballerischen Aktivitäten auf und neben dem Platz integriert werden kann und direkt an die Lebenswelt der Jugendlichen anknüpft. So können Sie TeamUp! im normalen Fußballtraining einsetzen, indem Sie es um wertebildende Übungen ergänzen. Mit einer wertorientierten Mannschaftsführung können Sie zudem über einzelne Trainingseinheiten hinaus Wertebildung kontinuierlich und sinnvoll in Ihre Arbeit einbauen.

Sie können mit TeamUp! aber auch wertebildende Anlässe und Situationen im Vereinsalltag nutzen. Denn Wertebildung findet praktisch immer statt, wenn Menschen miteinander interagieren. Auch vieles von dem, was Sie als Trainer tun, wirkt schon wertebildend, wenn auch oft unbewusst. Mit TeamUp! schärfen Sie Ihren Blick dafür und lernen, wo und wie Sie als Trainer in alltäglichen Situationen bewusst wertebildend wirken können.

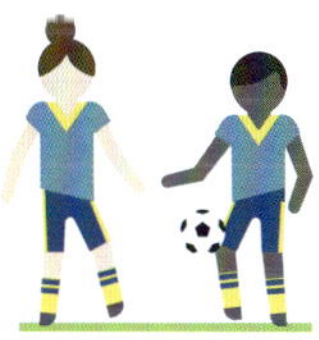

2 Direkt und indirekt arbeiten, Erleben und Reflexion miteinander verbinden

TeamUp! bietet Ihnen verschiedene Möglichkeiten, Wertebildung im Rahmen Ihrer Trainertätigkeit zu fördern: direkt durch geeignete Übungen und Reflexionseinheiten im Training oder durch die Erarbeitung von Mannschaftswerten und Verhaltensregeln; indirekt, indem Sie Werte im eigenen Verhalten vorleben oder den Jugendlichen Gelegenheit geben, das Handeln nach Werten einzuüben (z.B. Fairplay, Verantwortungsübernahme, respektvoller Umgang miteinander). Die direkte Wertebildung zielt vor allem darauf ab, Werte explizit zum Thema zu machen und die bewusste Auseinandersetzung mit ihnen zu fördern. Beim indirekten Ansatz geht es darum, dass Werte emotional erlebbar werden, wodurch die Entwicklung von Werthaltungen unterstützt wird. Auch Umfeldbedingungen wie ein gepflegter Platz oder heile Bälle und ein wertschätzender Umgang miteinander im Verein tragen hierzu bei. Am wirkungsvollsten ist es, wenn Sie die direkte und indirekte Wertebildung miteinander verbinden. Das geht besonders gut, wenn Sie Erleben und Reflexion miteinander verbinden.

Wir alle lernen von klein auf Werte vor allem dadurch, dass sie uns vorgelebt werden und indem wir durch eigenes Handeln Erfahrungen machen. Gleichzeitig gehört zur Wertebildung immer auch das Nachdenken über Werte, darüber, was einem persönlich oder für das Miteinander wichtig ist. Erst wenn wir uns dessen bewusst sind, ist es möglich, das eigene Handeln zu reflektieren und gegebenenfalls zu korrigieren. So ist es auch im Fußball: Wenn Sie wissen, was Ihnen für Ihre Mannschaft und den Fußball wichtig ist, können Sie Ihre Trainer- und Vorbildrolle besser ausfüllen und die Arbeit mit der Mannschaft entsprechend gestalten. Das gilt genauso für Ihre Jugendspieler. Deshalb bietet TeamUp! viele Anregungen, wie Sie mit Spielerinnen und Spielern über Werte ins Gespräch kommen, Regeln gemeinsam diskutieren und festlegen und zum Beispiel das Verhalten beim letzten Spiel auswerten können.

3 Ganzheitlich vorgehen: Haltung, Kompetenz und Handeln fördern

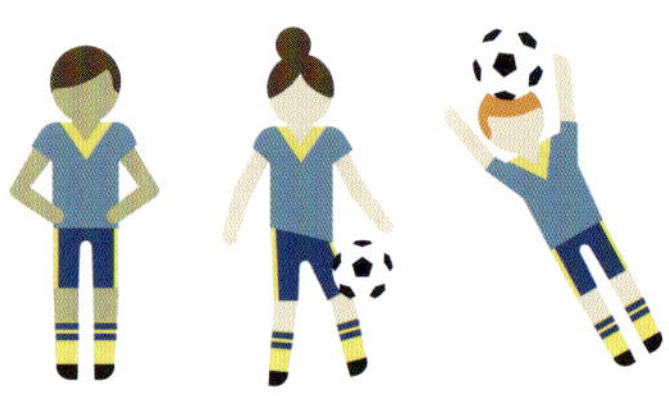

TeamUp! setzt ganzheitlich an: Das Konzept fördert alle für die Wertebildung entscheidenden Aspekte: Haltung (Welche Werte sind mir wichtig? Für welche Werte stehe ich ein?), Kompetenz (Welche Fähigkeiten brauche ich, um wertorientiert zu handeln?) und Handeln (Wie verhalte ich mich? Welche Werte lebe ich? Wie gehe ich mit meinen Mitmenschen um?). Mit TeamUp! stärken Sie also Werthaltungen bei Jugendlichen (z.B. Respekt, Teamgeist). Sie fördern wichtige Kompetenzen, die nötig sind, um wertorientiert zu handeln – wie Empathie oder Kooperationsfähigkeit. Schließlich unterstützen Sie die Jugendlichen darin, wertorientiertes Verhalten einzuüben – zum Beispiel, indem die Jugendlichen im Verein Verantwortung übernehmen, Konflikte friedlich lösen oder Fairplay trainieren.

4 Beteiligung und Dialog ermöglichen

Werte lassen sich weder verordnen, noch kann man sie auswendig lernen und so verinnerlichen. Vielmehr eignen wir uns Werte an, indem wir uns aktiv mit ihnen auseinandersetzen und eigene Erfahrungen machen. TeamUp! ist deshalb darauf angelegt, Jugendliche in vielfältiger Weise einzubinden – zum Beispiel bei der Konfliktlösung, durch die Übernahme von Aufgaben in Training und Vereinsalltag, die Wahl eines Mannschaftsrats oder die Mitbestimmung bei der Gestaltung von Teamausflügen. Beteiligung zahlt sich aus: Wenn Sie etwa Mannschaftswerte und Regeln gemeinsam mit den Jugendlichen erarbeiten, dann identifizieren diese sich stärker damit, halten sich eher daran und treten selbst für die Einhaltung ein. Zugleich üben Ihre Spielerinnen und Spieler in den verschiedenen Beteiligungsformen soziale Kompetenzen (etwa kommunikative Fähigkeiten) sowie die Werte demokratischer Verständigung (zuhören, eigenen Standpunkt begründen) ein. Zudem erfahren sie Selbstwirksamkeit, was das Selbstvertrauen und das Verantwortungsgefühl der Jugendlichen stärkt.

2 Was ist Wertebildung und warum ist sie im Jugendfußball wichtig?

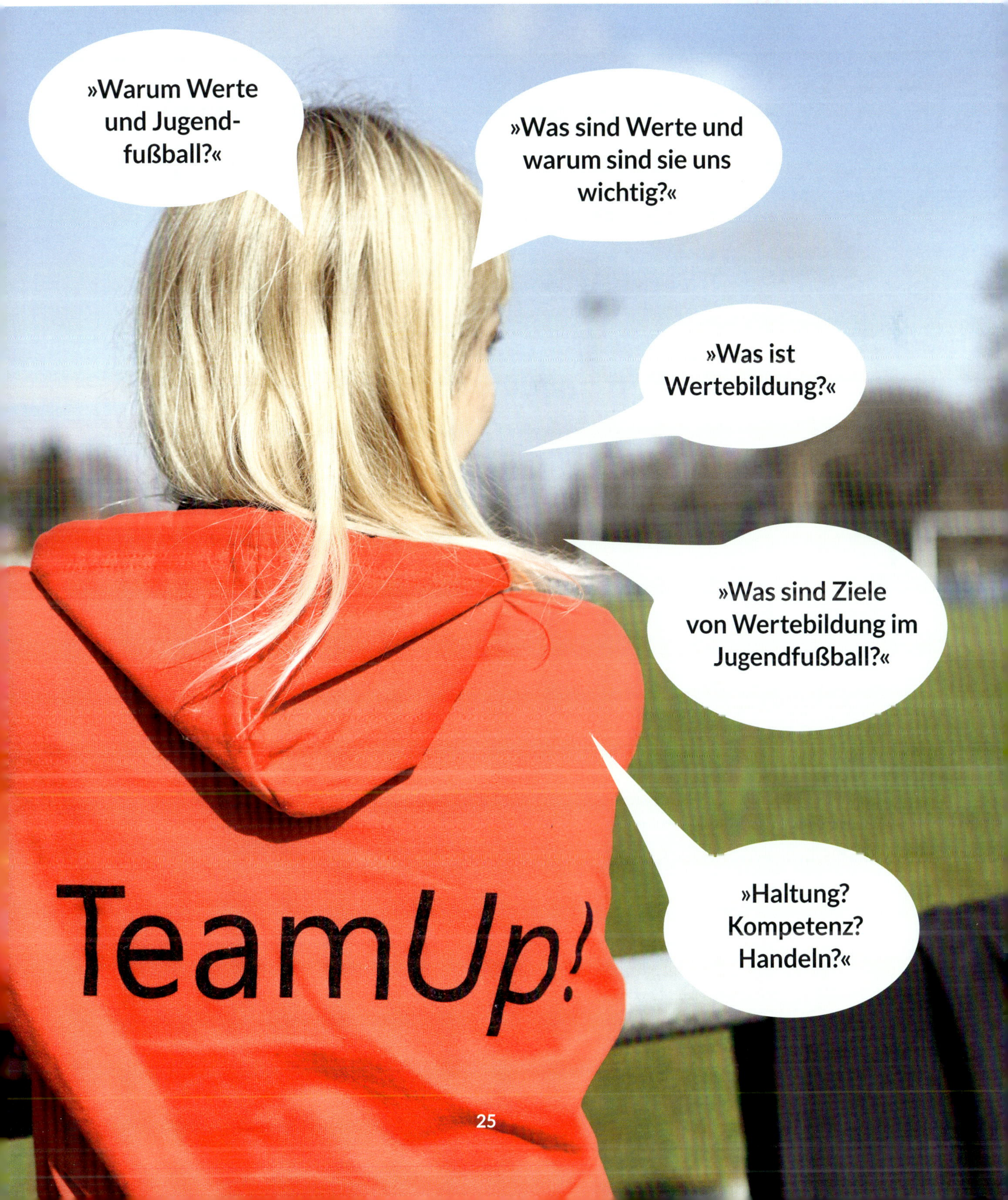

2.1 Was sind Werte?

Werte dienen uns als Kompass dafür, wie wir handeln und miteinander umgehen.

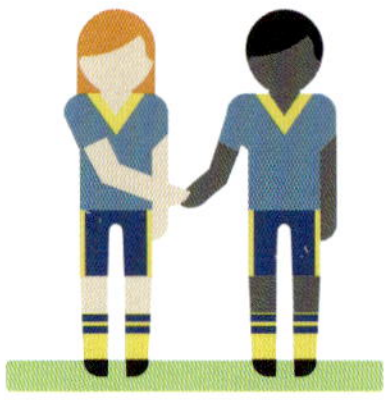

Werte bringen zum Ausdruck, was uns wichtig ist. Sie sind Vorstellungen davon, was wir persönlich und gesellschaftlich für wünschenswert halten. Damit steckt einiges in ihnen: Sie prägen unsere Persönlichkeit und geben uns Orientierung für unser Handeln, unsere Lebensführung und den Umgang miteinander. Halten wir zum Beispiel Toleranz für sehr bedeutsam, wird sich das in unserem Leben widerspiegeln. Toleranz wird zu einer Haltung, die beeinflusst, wie wir anderen Menschen begegnen und wie wir in bestimmten Situationen handeln. Wenn Ihnen als Trainer Toleranz viel bedeutet, kann sich das im Fußballalltag etwa darin äußern, dass Sie andere Meinungen eher gelten lassen oder Ihre Jugendspieler dazu ermuntern, gelassen oder sogar kreativ damit umzugehen, dass in der Mannschaft unterschiedliche kulturelle Hintergründe zusammenkommen.

Sicher können Sie nach kurzem Nachdenken Werte benennen, die für Sie ganz persönlich, aber auch in Ihrer Rolle als Trainer einer Jugendmannschaft relevant sind. Teamgeist zum Beispiel, Vertrauen, Respekt oder Erfolg. Diese Begriffe bleiben zunächst eher abstrakt. Wenn Sie jedoch überlegen, was diese Werte genau für Sie bedeuten und warum sie Ihnen so wichtig sind, gewinnen sie an Gestalt. Es wird deutlich, das ein Wert wie Respekt je nach Sichtweise sehr vieles meinen kann: sich gegenseitig mit Achtung begegnen, Rücksicht aufeinander nehmen, andere Menschen als gleichwertig betrachten, ehrlich sein, Versprechen halten, sich gegenseitig grüßen, einander zuhören und ausreden lassen, niemanden beleidigen, das Handy beiseitelegen beim gemeinsamen Mittagessen, pünktlich zum Training kommen, Kritik konstruktiv und wertschätzend formulieren und generell andere so behandeln, wie man selbst behandelt werden möchte.

So werden Werte durch das, was wir persönlich mit ihnen verbinden, sehr konkret. Wir füllen sie durch unsere ganz eigenen Bedeutungen erst mit Leben. Deshalb kann ein Wert für unterschiedliche Menschen auch ganz unterschiedliche Bedeutungen haben. Für den einen bedeutet Respekt, niemanden zu verletzen, für den anderen, ehrlich zu sein, auch wenn damit eine Verletzung des Gegenübers verbunden ist. Für die eine bedeutet Erfolg, das Spiel zu gewinnen, für die andere, dass alle im Team zusammenhalten. Für den einen bedeutet Gerechtigkeit, jedem die gleiche Chance zu geben. Für den anderen geht es gerecht zu, wenn diejenigen, die eine bessere Leistung erbringen, belohnt werden. Dass Werte unterschiedlich verstanden werden, hat Auswirkungen auf das Miteinander. Wenn beispielsweise ein Trainer mit Erfolg vor allem den Anspruch verbindet, immer zu gewinnen, kann das dazu führen, dass nur die talentiertesten Spieler Spielzeit bekommen. Wenn ein Jugendspieler es für gerecht hält, wenn diejenigen mehr Spielzeit bekommen, die leistungsstärker sind, ein anderer Spieler es hingegen gerecht findet, wenn diejenigen eingesetzt werden, die regelmäßig am Training teilnehmen, kann das zu Unruhe im Team führen oder dazu, dass einzelne Spieler nicht mehr so motiviert sind.

Ein Wert kann aber nicht nur unterschiedlich verstanden werden, sondern von verschiedenen Leuten auch für unterschiedlich wichtig gehalten werden. Das zeigt sich besonders dann, wenn mehrere Werte in Konkurrenz zueinander stehen: Den Spielern geht es bei der Aufteilung der Spielzeit vielleicht vor allem um Gerechtigkeit. Dem Trainer dagegen geht es darum, ein möglichst starkes Team für das Spiel aufzustellen, sodass er dem Wert Leistung gegenüber Gerechtigkeit in dieser Situation Priorität einräumt.

Auch für ein und denselben Menschen kann ein Wert im Laufe des Lebens oder in bestimmten Situationen seine Bedeutung verändern oder auch an Wichtigkeit im Vergleich zu anderen Werten zu- oder abnehmen. Vielleicht haben Sie selbst Erfolg für sich in verschiedenen Situationen unterschiedlich definiert und möglicherweise war es für Sie als Jugendspieler ganz entscheidend zu gewinnen, wohingegen Sie heute als Trainer Fairplay und Teamgeist bedeutsamer finden.

Indem Sie über Ihre Werte nachdenken, machen Sie sich bewusst, was Ihnen wichtig ist im Leben, im Beruf, im Verein – und was Ihnen persönlich Orientierung gibt. Werte sind eine Art Kompass, an dem wir unser Leben ausrichten. Sie helfen uns dabei, Situationen und Handlungsoptionen zu bewerten, begründete Entscheidungen zu treffen und entsprechend zu handeln – und sie machen uns letztlich zu der Person, die wir sind.

2.2 Welche Rolle spielen Werte im Fußball?

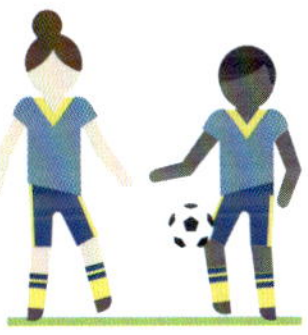

Werte drücken nicht nur aus, was uns persönlich wichtig ist, sondern auch, was gesellschaftlich als bedeutend und wünschenswert erachtet wird. Hierbei handelt es sich um Werte, die wir miteinander teilen – im Kleinen wie im Großen. Das Miteinander in Familie, Verein oder Mannschaft ist genauso von Werten geprägt wie das Miteinander in der Gesellschaft als Ganzer. Geteilte Werte geben Orientierung für das Zusammenleben und den Umgang miteinander und bilden den sozialen Kitt, der eine Gesellschaft, einen Verein oder eine Mannschaft zusammenhält. Sie ermöglichen Verständigung und bilden den Rahmen für die Gestaltung des Miteinanders.

Fundamentale Bedeutung kommt hierbei den Grundorientierungen unserer demokratischen Gesellschaft zu. Das sind vor allem die im Grundgesetz und den Kinder- und Menschenrechten verankerten Werte. Sie gelten für alle gesellschaftlichen Bereiche und daher auch für die Vereins- und Jugendarbeit. Von Relevanz sind hierfür etwa der Schutz des Kindeswohls, körperliche und psychische Unversehrtheit, Selbstbestimmung, Glaubens- und Meinungsfreiheit, Gleichberechtigung von Mann und Frau, Gleichwertigkeit aller Menschen. Aber auch viele sportliche Werte wie Respekt, Gewaltfreiheit und Fairness lassen sich von den demokratischen Grundwerten ableiten.

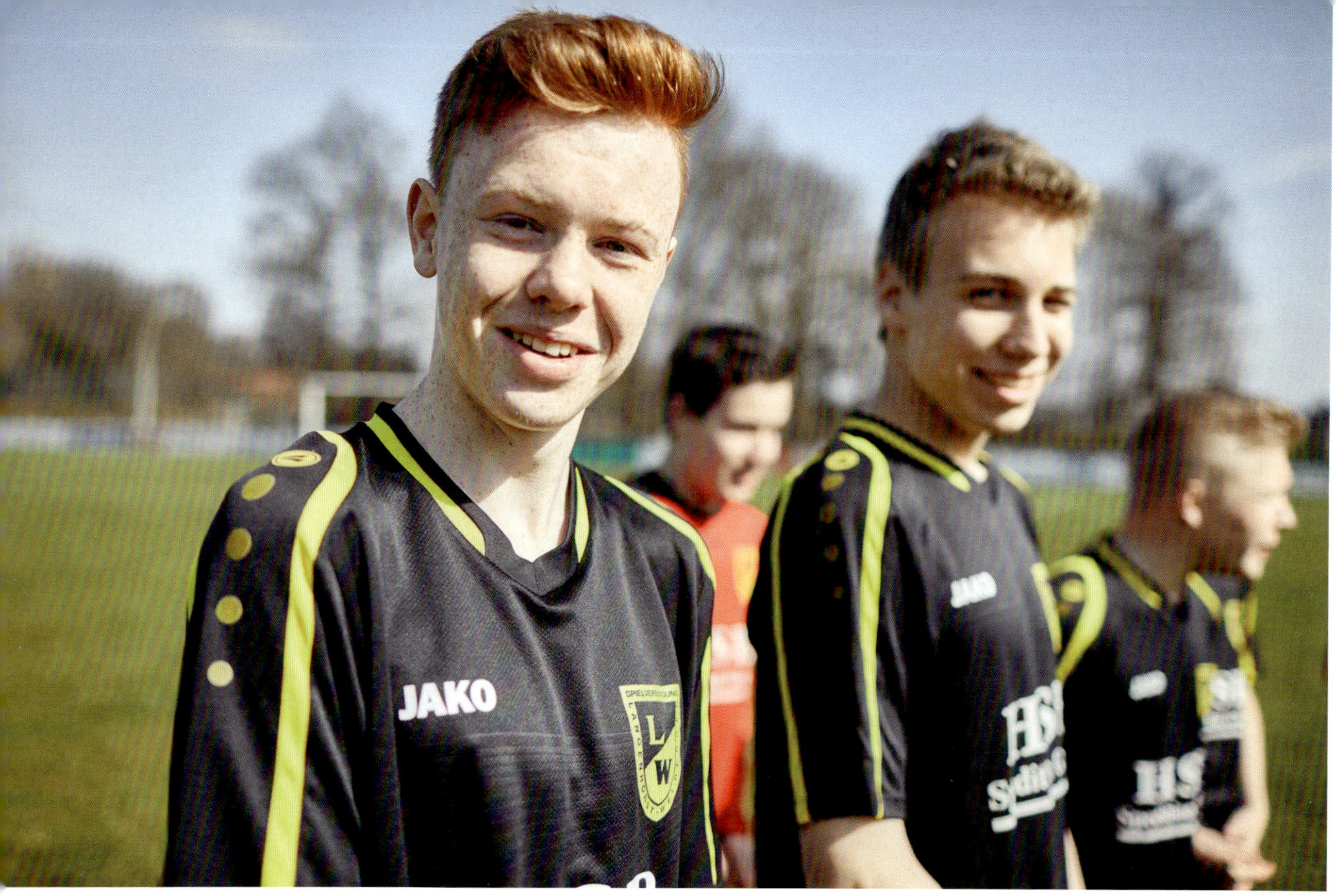

Erfolg ist nicht alles, auch das Miteinander spielt eine große Rolle.

Die im Grundgesetz verankerten Werte werden als nicht verhandelbar angesehen, denn sie setzen die Spielregeln, die ein friedliches und faires Zusammenleben in unserer pluralistischen Gesellschaft erst ermöglichen. Aber auch diese Werte müssen interpretiert und konkret ausgestaltet werden. Das lässt sich am Beispiel Fairness im Fußball zeigen: Auch dieser Wert ist unverhandelbar, aber was damit in Bezug auf ein konkretes Verhalten im Sport gemeint ist und wo die Grenzen zu ziehen sind zwischen unfairem Spiel und erlaubter Attacke, darüber muss man reden und sich verständigen. Erst wenn ein gemeinsames Verständnis darüber hergestellt ist, was ein bestimmter Wert für das Verhalten auf und neben dem Platz konkret bedeutet und wie er im Alltag gelebt werden soll, ist eine gemeinsame Orientierung daran im Umgang miteinander möglich.

Andere Werte wiederum sind verhandelbar und können von Spieler zu Spieler oder Mannschaft zu Mannschaft unterschiedlich gewichtet und interpretiert werden. Erfolg etwa ist so ein Wert, der – trotz des Wettkampfsports Fußball – gerade im Jugendbereich sehr unterschiedlich verstanden werden kann. Im Jugendfußball ist Sieg nicht alles. Das soziale Miteinander und das Einüben von sozialen Regeln spielen hier ebenfalls eine große Rolle. Wenn hier unterschiedliche Meinungen dazu bestehen, sollte man darüber sprechen. Dabei lässt sich klären, wie wichtig Erfolg im Vergleich zu anderen Werten – wie etwa Teamgeist – für die Mannschaft ist und wie eine Definition von Erfolg lauten könnte, hinter der alle stehen. So kann die Auseinandersetzung mit Werten dazu beitragen, dass aus einer Mannschaft ein Team wird, das auf gemeinsame Ziele hinarbeitet und gemeinsame Regeln einhält.

Werte | Normen | Tugenden

Werte sind Vorstellungen davon, was wir persönlich und gesellschaftlich für wünschenswert halten. Sie prägen unsere Persönlichkeit und geben Orientierung für unser Handeln, die Lebensführung und den Umgang miteinander. Aus Werten lassen sich konkrete Verhaltensregeln ableiten und Verhaltensweisen begründen. Werte bilden daher die Grundlage für Normen und Tugenden.

Normen sind allgemein anerkannte und verbindlich geltende Regeln bzw. Handlungsanweisungen. Sie sagen uns, was wir tun oder lassen sollen, was von uns erwartet wird (z.B. »Behandle andere respektvoll«).

Tugenden sind vorbildliche Verhaltensweisen (z.B. Pünktlichkeit, Disziplin). Sie sind in der Regel auf Werte bezogen (z.B. pünktlich sein aus Respekt den anderen gegenüber).

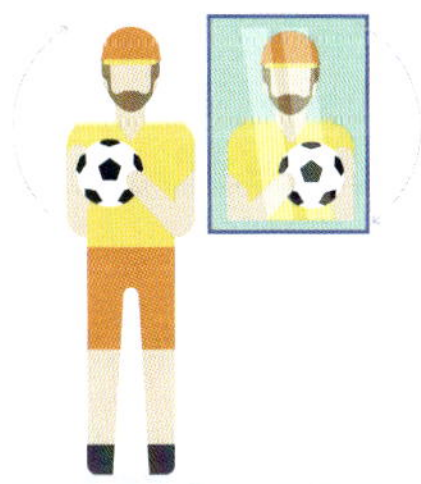

Reflexion: Werte, die mir wichtig sind

Die nachfolgende Wertereflexion soll Sie dazu anregen, sich intensiver mit den Werten auseinanderzusetzen, die Ihnen persönlich wichtig sind. Um in die Reflexion einzusteigen, können Sie – wenn Sie möchten – auch die Werteliste auf den Seiten 30–33 als Anregung nutzen. Sie enthält Werte, die Teilnehmer oder Referenten in den TeamUp!-Lehrgängen in die Diskussion und bei Brainstormings eingebracht haben oder die in unterschiedlichen Wertetrainings aufgelistet werden. Manche von ihnen finden sich auch ganz klassisch in verschiedenen Nachschlagewerken und in der Literatur. Die Liste ist natürlich nicht umfassend und auch nicht systematisch. Es gibt viele andere Werte, die hier nicht stehen. Sie können für sich weitere Werte aufschreiben, die Ihnen wichtig sind und die Sie hier vermissen.

Werte	Allgemeine Bedeutung
In dieser Spalte finden Sie Werte, die in unserer Gesellschaft eine Rolle spielen.	**Je nach Perspektive variiert die Bedeutung, die ein Wert für einen Menschen hat. Verstehen Sie die Inhalte in dieser Spalte als allgemeine Erläuterungen, nicht als Definitionen.**
Akzeptanz	jemanden oder etwas anerkennen, annehmen, akzeptieren, so, wie jemand oder etwas ist
Anerkennung	andere Menschen und ihre Leistungen achten, sie wertschätzen und würdigen
Ausgeglichenheit	mit sich selbst im Reinen sein, in sich ruhen, zufrieden sein
Authentizität	in Übereinstimmung mit sich selbst sein, unverstellt sein, echt sein
Begeisterung	unbedingt für etwas brennen
Dankbarkeit	wertschätzen, was man hat
Ehrlichkeit	aufrichtig sein
Entwicklung	persönlich, körperlich oder geistig wachsen, sich selbst und die eigenen Fähigkeiten entwickeln
Erfolg	gesteckte Ziele erreichen
Fairness	anständig sein; gerechte, ehrliche Haltung anderen gegenüber
Familie	das private Familienleben hat eine hohe persönliche Bedeutung
Freiheit	unabhängig und ohne Zwänge sein, selbst entscheiden können, sich entfalten können
Freude	sich über jemanden oder etwas freuen, glücklich gestimmt sein
Frieden	gewaltfrei und ohne Spannungen leben, in Harmonie leben
Gelassenheit	eine ruhige, ausgeglichene, offene Haltung einnehmen
Gemeinschaft	sich zugehörig fühlen

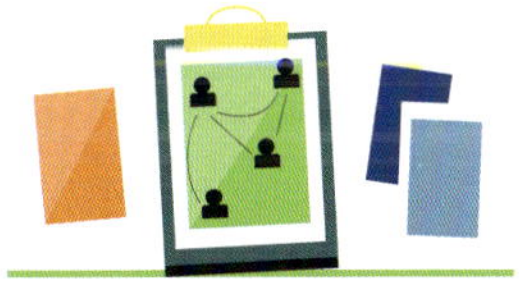

Werte	Allgemeine Bedeutung
In dieser Spalte finden Sie Werte, die in unserer Gesellschaft eine Rolle spielen.	**Je nach Perspektive variiert die Bedeutung, die ein Wert für einen Menschen hat. Verstehen Sie die Inhalte in dieser Spalte als allgemeine Erläuterungen, nicht als Definitionen.**
■ **Gerechtigkeit**	fair sein, alle Menschen gleich behandeln, unparteiisch sein, angemessen handeln
■ **Gesundheit**	körperliche und seelische Unversehrtheit
■ **Gewaltfreiheit**	keine körperliche oder verbale Gewalt zulassen oder ausüben
■ **Gleichheit**	alle Menschen gleich(wertig) behandeln und als gleichwertig ansehen
■ **Hilfsbereitschaft**	Bereitschaft, andere zu unterstützen
■ **Identifikation**	sich selbst in etwas oder jemandem wiederfinden, mit etwas oder jemandem übereinstimmen
■ **Integration**	alle beteiligen und mitnehmen
■ **Integrität**	entsprechend den eigenen Überzeugungen handeln: sagen, was man tut, und tun, was man sagt
■ **Kontinuität**	nach Dauer/Beständigkeit streben
■ **Kooperation**	miteinander arbeiten
■ **Leidenschaft**	große Begeisterung für etwas haben, sich engagiert einsetzen
■ **Leistung**	sich für ein Ziel einsetzen, durch Einsatz zum Erfolg kommen
■ **Loyalität**	sich selbst und anderen treu sein
■ **Menschlichkeit**	das Verbindende zwischen allen Menschen sehen, human handeln, empathisch sein
■ **Miteinander**	gemeinschaftlich agieren, Zusammenhalt leben, in Beziehung sein
■ **Mut**	ohne Furcht zu sein, wo man eigentlich Angst haben könnte, sich etwas trauen

Werte	Allgemeine Bedeutung
In dieser Spalte finden Sie Werte, die in unserer Gesellschaft eine Rolle spielen.	Je nach Perspektive variiert die Bedeutung, die ein Wert für einen Menschen hat. Verstehen Sie die Inhalte in dieser Spalte als allgemeine Erläuterungen, nicht als Definitionen.
■ **Nachhaltigkeit**	auf lang anhaltende, positive Wirkung abzielen
■ **Nähe**	jemandem nah sein, Beziehungen pflegen
■ **Offenheit**	sich mit anderen unvoreingenommen auseinandersetzen, anderen Menschen und Meinungen ohne Vorbehalte begegnen, für Neues und Veränderungen aufgeschlossen sein
■ **Partizipation**	sich aktiv einbringen, teilhaben, mitbestimmen und Teilhabe ermöglichen
■ **Realismus**	die Wirklichkeit im Blick haben, sich erreichbare Ziele setzen
■ **Respekt**	wertschätzend mit anderen Menschen und Meinungen umgehen, Achtung vor jemandem oder etwas haben
■ **Selbstbestimmung**	frei und eigenständig entscheiden und handeln, autonom agieren
■ **Sicherheit**	geschützt sein vor Gefahr, Gefährdungen oder Schaden
■ **Solidarität**	einander verbunden sein, sich gegenseitig unterstützen, zusammenhalten und sich füreinander verantwortlich fühlen, füreinander einstehen
■ **Teamgeist**	zusammenhalten, kooperieren, sich für gemeinsame Interessen einsetzen, füreinander einstehen, gemeinsam handeln
■ **Teilhabe**	teilnehmen, mitmachen, an etwas mitwirken, sich einbringen können
■ **Toleranz**	andere Meinungen gelten lassen, andere Lebensweisen dulden
■ **Unabhängigkeit**	frei sein, nicht gebunden sein
■ **Veränderung**	sich weiterentwickeln, etwas Bestehendes durch Neues ersetzen, fortschreiten

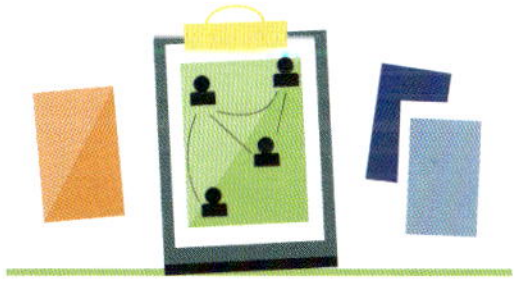

Werte	Allgemeine Bedeutung
In dieser Spalte finden Sie Werte, die in unserer Gesellschaft eine Rolle spielen.	Je nach Perspektive variiert die Bedeutung, die ein Wert für einen Menschen hat. Verstehen Sie die Inhalte in dieser Spalte als allgemeine Erläuterungen, nicht als Definitionen.
■ **Verantwortung**	für das eigene Handeln und dessen Konsequenzen einstehen, zu einer Sache oder Handlung stehen
■ **Verbindlichkeit**	sich an Absprachen halten
■ **Verlässlichkeit**	vertrauenswürdig und zuverlässig sein
■ **Vertrauen**	aneinander glauben, aufeinander bauen können, sich aufeinander verlassen
■ **Akzeptanz von Vielfalt**	Unterschiede akzeptieren oder sogar als Bereicherung ansehen
■ **Wachstum**	größer werden, durch Herausforderungen stärker werden
■ **Wertschätzung**	andere achten und anerkennen
■ **Zuverlässigkeit**	verlässlich und zuverlässig sein und handeln
■ **Zusammenarbeit**	gemeinschaftlich eine Aufgabe lösen und/oder Ziele erreichen

Notizen

Reflexion

Welche Werte sind Ihnen persönlich besonders wichtig und warum? Was bedeuten diese Werte für Sie konkret im Alltag (z.B. in Familie, Beruf, Freundeskreis, Verein)?	Wodurch sind diese Werte Ihnen wichtig geworden (z.B. durch Erlebnisse, Entscheidungen, Erfahrungen, Personen …)?

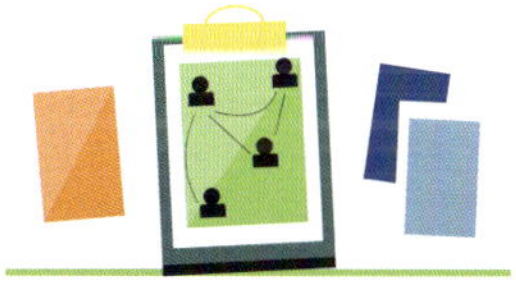

Reflexion

Welche Werte sind Ihnen persönlich besonders wichtig und warum? Was bedeuten diese Werte für Sie konkret im Alltag (z. B. in Familie, Beruf, Freundeskreis, Verein)?	Wodurch sind diese Werte Ihnen wichtig geworden (z. B. durch Erlebnisse, Entscheidungen, Erfahrungen, Personen …)?

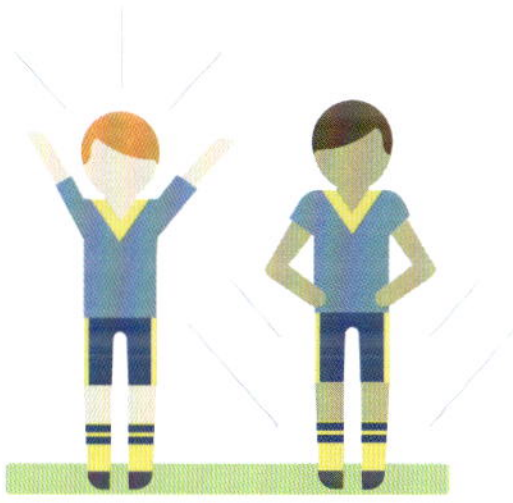

Notizen

Einige Tipps zum Thema

1 Stellen Sie sich selbst eine Erinnerung in Ihren Kalender ein für einen Zeitpunkt in einer Woche, einem Monat und drei Monaten. Fragen Sie sich dann: Sind Ihnen die eigenen Werte bewusster geworden? Hat sich etwas verändert in der Wahrnehmung Ihrer Werte?

2 Nehmen Sie sich einen Wert vor, der Ihnen besonders wichtig ist, und leben Sie ihn bewusst im Alltag während einer Woche oder einem Monat. Achten Sie beispielsweise darauf, in einer Woche besonders respektvoll zu sein.

3 Führen Sie ein Werte-Tagebuch und nehmen Sie sich abends oder einmal in der Woche fünf Minuten Zeit, um zu notieren, in welchen Situationen der zurückliegenden Tage Sie welche Werte gelebt haben.

Teamübungen tragen wesentlich zur Wertebildung bei.

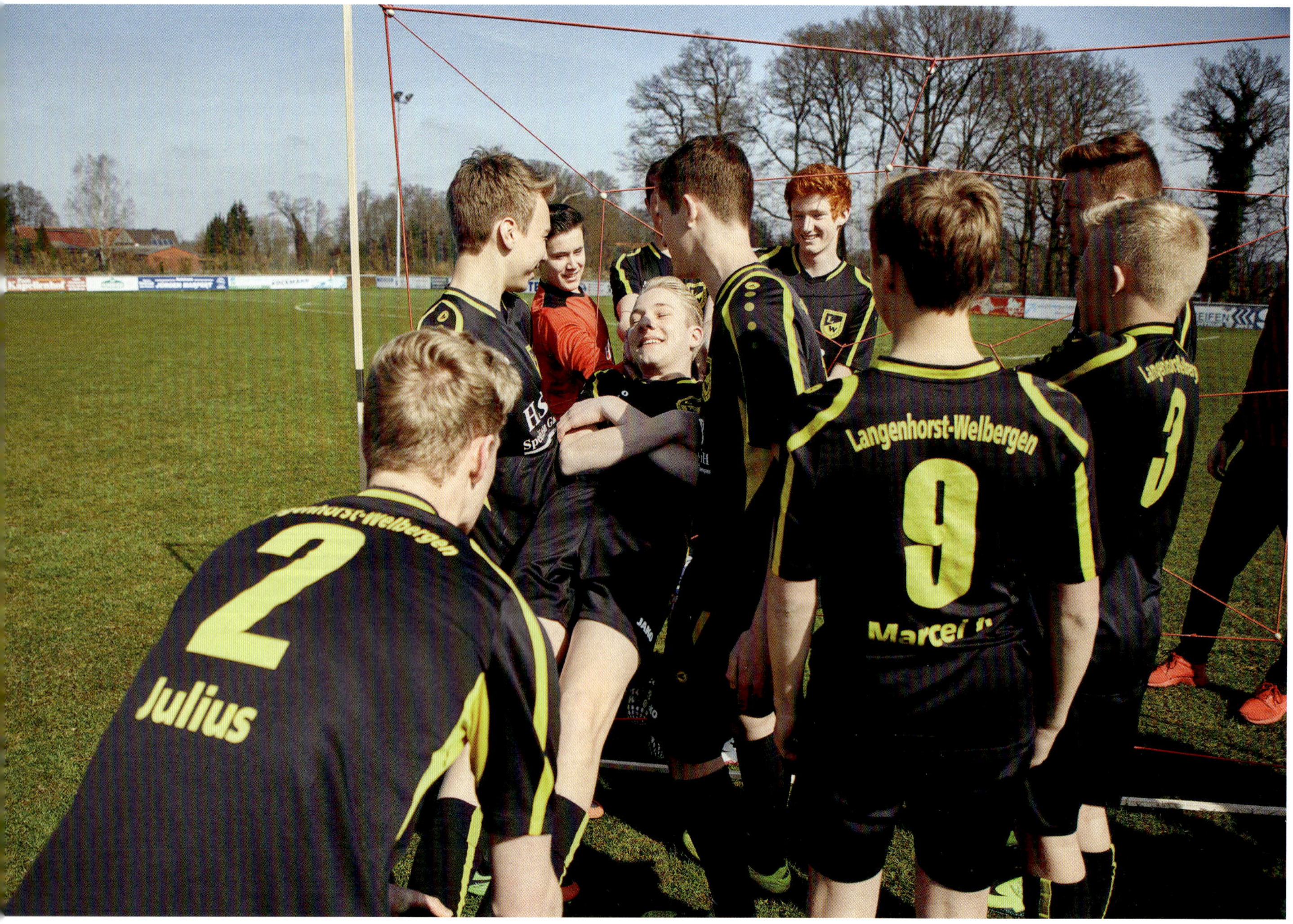

2.3 Wie lernen wir Werte?

Unsere Werte bilden wir durch eigene Erfahrungen in der Auseinandersetzung mit unserer Umwelt. Es gibt in jedem Leben Erlebnisse, die dazu beitragen, dass ein Wert individuell besonders bedeutsam wird.

Welche Werte uns persönlich wichtig sind, hat damit zu tun, wie wir aufgewachsen sind und erzogen wurden, und reicht daher weit zurück in die Kindheit. Werte bilden sich im Laufe unserer Persönlichkeitsentwicklung, indem wir Erfahrungen machen und uns mit den eigenen Vorstellungen und denen unserer Mitmenschen auseinandersetzen. Schon als Kinder werden wir früh mit den Moral- und Wertvorstellungen unserer Umwelt konfrontiert: Was ist richtig, was ist falsch? Was ist gut, was schlecht? Dies geschieht in der Familie, in Kita und Schule, aber auch im Freundeskreis und Sportverein. Hier werden Werte im alltäglichen Umgang miteinander gelebt, vorgelebt und auch ausgehandelt. Beeinflusst durch diese Erfahrungen und indem wir uns mit ihnen auseinandersetzen, entwickeln wir eigene Wertvorstellungen.

Wenn uns Teamgeist wichtig ist, liegt das vielleicht an den ersten prägenden Erfahrungen mit einem Mannschaftssport wie Fußball. Wer als Kind früh verinnerlicht hat: Gemeinsam, im Zusammenspiel mit anderen, geht es besser, wird Teamarbeit wahrscheinlich auch im beruflichen Alltag eher schätzen und besser in der Lage sein, sich in eine Gruppe einzubringen.

Eine besondere Rolle für die Entwicklung von Werthaltungen spielt zudem die Qualität von Beziehungen, etwa zu Eltern, Familie, Freunden, Lehrern und Schulkameraden. Wie wertschätzend wir diese Beziehungen erleben, entscheidet mit darüber, ob und in welchem Maße wir soziale Werte als wichtig erachten.

Die Bildung von Werten ist ein lebenslanger Prozess.

Viele Werte, die wir in unserer Kindheit und Jugend verinnerlicht haben, gelten für uns im Erwachsenenalter weiterhin. Als Teil unserer Persönlichkeit haben sie Bestand. Doch kann sich die Bedeutung, die wir einzelnen Werten beimessen, je nach Lebensphase und Situation durchaus verändern. Nach dem Schulabschluss sind Freiheit und Selbstbestimmung entscheidend, in späteren Phasen vielleicht eher Sicherheit, Kontinuität und eine Partnerschaft, für die man gerne einen Teil der eigenen Freiheit aufgibt. Auch einschneidende Erlebnisse können unsere Wertvorstellungen verändern. Mit der Geburt eines Kindes etwa ändern sich viele Perspektiven: Die Freude über den Familienzuwachs mischt sich mit der Sorge um das Kind und die Familie gewinnt an Bedeutung. Eine schwere Erkrankung macht uns klar, welch hohen Wert Gesundheit hat, und führt vielleicht dazu, dass wir Freizeit und Erholung für eine bestimmte Zeit mehr Bedeutung beimessen als der beruflichen Selbstverwirklichung. Nicht zuletzt beeinflusst die Auseinandersetzung mit den Sichtweisen anderer unsere Wertvorstellungen. Wenn Sie mit Ihrer Mannschaft über einen Wert wie Toleranz (oder auch die Grenzen von Toleranz) diskutieren, spüren Sie mitunter, wie sich Ihre eigene Perspektive auf diesen Wert verschiebt. Oder Sie erinnern sich daran, wie sich Ihr Verständnis von Toleranz im Laufe Ihres Lebens gewandelt hat. Dieser lebenslange Prozess der sich bildenden und verändernden, aber auch gelebten Werte wird Wertebildung genannt.

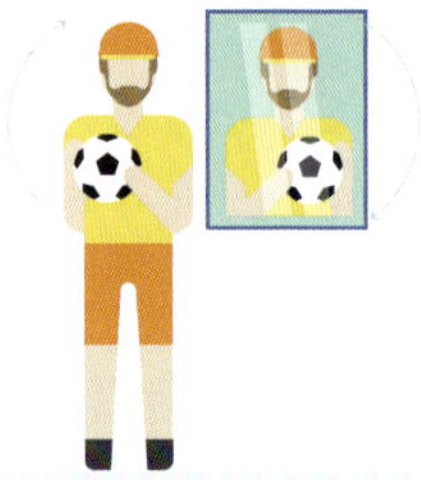

Reflexion

Denken Sie an Ihre Kindheit.

- Von wem haben Sie bestimmte Werte erfahren?
- Wer war in Bezug auf einen Wert ein wichtiges Vorbild?
- Welche Personen, Erfahrungen oder Erlebnisse in Ihrem Leben waren prägend?
- Gibt es Werte, die im Laufe Ihres Lebens an Bedeutung gewonnen/verloren haben?

2.4 Was ist Wertebildung?

Wertebildung ist Teil der Persönlichkeitsentwicklung. Vereinfacht ausgedrückt meint sie das Lernen und Leben von Werten und findet – wie oben beschrieben – vor allem in Kindheit und Jugend, aber letztlich ein Leben lang statt. Wertebildung ist allerdings ein komplexer Prozess: Menschen setzen sich aktiv mit ihrer Umwelt und den vielfältigen Wertvorstellungen, die ihnen hier begegnen, auseinander, erleben und reflektieren Werte und entwickeln dabei eigene Wertvorstellungen sowie Kompetenzen, um auch entsprechend den eigenen Werten handeln zu können (z.B. sich auf dem Platz tatsächlich fair zu verhalten, wenn Fairness als wichtig erachtet wird). Insofern ist Wertebildung ein ganzheitlicher Prozess: Sie umfasst Haltungen (Was ist mir wichtig? Woran orientiere ich mich? Für welche Werte trete ich ein?), Kompetenzen (Welche Fähigkeiten brauche ich, um meine Werte zu leben?) und Handeln (Wie verhalte ich mich? Welche Werte lebe ich? Wie gehe ich mit meinen Mitmenschen um?).

Zu den Kompetenzen für wertorientiertes Handeln zählen zum Beispiel die Fähigkeit, Konflikte friedlich zu regeln und mit anderen zusammenzuarbeiten, Empathie und die Fähigkeit zur Perspektivübernahme, Dialogfähigkeit und die Kompetenz, vertrauensvolle Beziehungen aufzubauen und zu pflegen, sowie Reflexions- und Urteilsfähigkeit (was etwa dazu dient, das eigene Verhalten oder das anderer überdenken zu können). Ebenfalls wichtig – gerade auch im Jugendfußball – ist Frustrationstoleranz. All dies sind grundlegende persönliche und soziale Kompetenzen, die im Laufe der Persönlichkeitsentwicklung und im Zuge von Wertebildung erworben werden.

Instanzen wie Familie, Kita, Schule und Vereine haben großen Einfluss auf die Wertebildung von Kindern und Jugendlichen. Sie können sic darin unterstützen, sich Werte anzueignen, die ihre Identität prägen, sie in ihrem Handeln leiten und ihnen ermöglichen, sich zu selbstbestimmten, gemeinschaftsfähigen und verantwortungsvollen Persönlichkeiten zu entwickeln. Ziel in Bildungseinrichtungen wie Kita und Schule oder der Jugendarbeit ist es hierbei vor allem, demokratische Werthaltungen und soziale Kompetenzen zu fördern.

So verstanden, trägt Wertebildung dazu bei, ein gelingendes und verantwortungsvolles Leben zu führen, an der Gesellschaft teilzuhaben und sich für ein demokratisches Miteinander in Vielfalt einzusetzen. Wer die Wertebildung von Kindern und Jugendlichen in diesem Sinne versteht und unterstützt, fördert damit auch wichtige persönliche, soziale und demokratische Kompetenzen.

Lesetipps

- **Bertelsmann Stiftung (Hrsg.) (2016). *Werte lernen und leben.* Gütersloh.**
- **Togeler, Julia, und René Märtin (2017). *Leitlinien für die Wertebildung mit Kindern und Jugendlichen.* Gütersloh.**

2.5 Warum hat Wertebildung im Jugendfußball ihren Ort?

Dem Thema »Werte« kommt in der Jugendarbeit generell und daher auch im Jugendfußball eine enorme Bedeutung zu, wie die Tabelle der altersspezifischen Entwicklungsaufgaben (siehe Seite 41) zeigt: Im Alter von sechs bis zwölf Jahren entwickelt ein Kind Gewissen, Moral und eine Werteskala. Es lernt, was als richtig und falsch, gut oder weniger gut wahrgenommen wird. Mit zwölf bis 18 Jahren entwickeln junge Menschen ein Wertebewusstsein, das heißt, sie haben eigene und sehr persönliche Vorstellungen davon, was ihnen wichtig ist. Ihnen ist der so entstehende ethische Kompass sehr bewusst und sie versuchen auch, danach zu leben. Jugendliche befinden sich also in der Lebensphase, in der die – auch kritische – Auseinandersetzung mit Werten eine besondere Rolle spielt, weil es nur so gelingen kann, zu sich selbst zu finden und authentisch zu werden.

Dieses Wertelernen findet im Alltag der Jugendlichen statt – somit auch im Fußballverein. Viele Jugendliche verbringen hier ihre Freizeit und machen vielfältige Erfahrungen, die auf ihre Wertebildung Einfluss haben: Sie messen sich sportlich mit anderen, siegen und verlieren, erleben Gemeinschaft und Freundschaft, gestalten das Miteinander und erfahren Selbstwirksamkeit. Im besten Fall lernen sie, Konflikte friedlich zu regeln, Niederlagen zu akzeptieren, Rücksicht auf andere zu nehmen, im Team zusammenzuarbeiten, Verantwortung zu übernehmen, tolerant gegenüber unterschiedlichen Meinungen zu sein und sich fair und respektvoll zu verhalten. Jugendfußball ist also ein wichtiger Ort des Wertelernens in

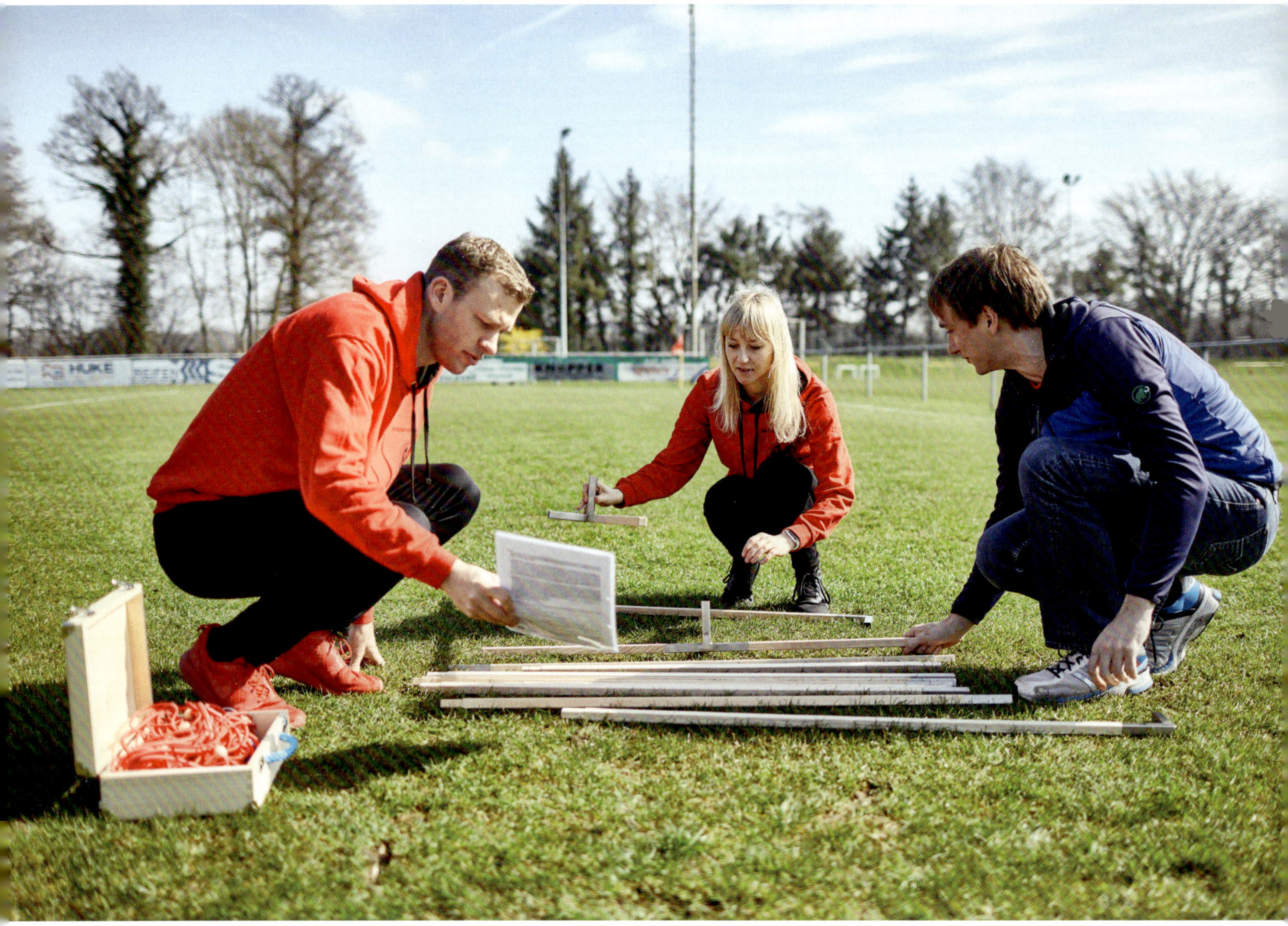

Viele Übungen lassen sich leicht ins Training integrieren, manche brauchen etwas Vorbereitung, die sich lohnt!

einer sehr entscheidenden Lebensphase. Dazu kommt: Die Jugendlichen sind (zumeist) freiwillig da! Sie bringen eine hohe Eigenmotivation mit und diese können Sie nutzen.

Jugendliche befinden sich in einer entscheidenden Lebensphase. Sie können sie darin unterstützen, ihren eigenen Lebenskompass zu entwickeln.

Als Jugendtrainer können Sie diesen Prozess des Wertelernens unterstützen – und das sollten Sie auch. Damit fördern Sie sowohl die Persönlichkeitsentwicklung Ihrer Jugendspieler als auch ein gutes soziales und sportliches Miteinander auf und neben dem Platz. Wie Sie und Ihre Spieler miteinander oder mit anderen umgehen, hat Einfluss auf deren Wertebildung und zeigt letztlich auch, welche Werte im Verein wirklich gelebt werden und welches Verhalten akzeptiert wird.

Entwicklungsaufgaben nach Havighurst (1982)

Mittlere Kindheit (6–12 Jahre)	Adoleszenz (12–18 Jahre)	Frühes Erwachsenenalter (18–30 Jahre)
Erlernen körperlicher Geschicklichkeit, die für gewöhnliche Spiele notwendig ist	Neue und reifere Beziehungen zu Altersgenossen beiderlei Geschlechts aufbauen	Auswahl eines Partners
Aufbau einer positiven Einstellung zu sich als einem wachsenden Organismus	Übernahme der männlichen oder weiblichen Geschlechtsrolle	Mit dem Partner leben lernen
Lernen, mit Altersgenossen zurechtzukommen	Akzeptieren der eigenen körperlichen Erscheinung	Gründung einer Familie
Erlernen eines angemessenen männlichen oder weiblichen Rollenverhaltens	Emotionale Unabhängigkeit von den Eltern und von anderen Erwachsenen	Versorgung und Betreuung der Familie
Entwicklung grundlegender Fertigkeiten im Lesen, Schreiben und Rechnen	Vorbereitung auf Ehe und Familienleben	Ein Heim schaffen, den Haushalt organisieren
Entwicklung von Konzepten und Denkschemata, die für das Alltagsleben notwendig sind	Vorbereitung auf berufliche Karriere	Berufseinstieg
Entwicklung von Gewissen, Moral und einer Werteskala	Werte und ein ethisches System erlangen, das als Leitfaden für das Verhalten dient	Verantwortung als Staatsbürger ausüben
Erreichen persönlicher Unabhängigkeit	Sozial verantwortliches Verhalten erstreben und erreichen	Eine angemessene soziale Gruppe finden
Entwicklung von Einstellungen gegenüber sozialen Gruppen und Institutionen		

Quellen: Bertelsmann Stiftung (2016); Lösel und Ott (2010)

2.6 Wie lässt sich Wertebildung im Jugendfußball unterstützen?

Der Alltag Ihrer Jugendspielerinnen und -spieler bietet viele Anlässe, die als Lerngelegenheiten für Wertebildung dienen können. Das fängt an beim Umgang miteinander auf und neben dem Platz – etwa wenn es um das Zusammenspiel im Team geht oder um faires Verhalten gegenüber Mitspielern und Gegnern. Auch die Aufnahme eines Neuzugangs in die Mannschaft oder Meinungsverschiedenheiten können Anknüpfungspunkte für das Lernen von Werten sein.

Wertebildung findet bereits statt, wenn Sie mit den Jugendlichen auf oder neben dem Platz in Kontakt kommen. Machen Sie sich bewusst, dass jede Situation einen Einfluss auf die Wertebildung von Jugendlichen haben kann.

Im Grunde findet Wertebildung immer statt und vieles von dem, was Sie als Trainerin oder Trainer tun, ist bereits wertebildend. Wenn Sie zum Beispiel zwei Spielern Ihrer Mannschaft die Aufgabe übertragen, das Aufwärmen beim Training anzuleiten, stärken Sie ihre Verantwortungsübernahme. Legen Sie in der Spielersitzung viel Wert darauf, dass jeder zu Wort kommt und die anderen ausreden lässt, dann läuft nicht nur die Sitzung besser, sondern Sie fördern auch gegenseitigen Respekt und Wertschätzung. Lassen Sie unterschiedliche Sichtweisen zu und lösen Sie Konflikte gemeinsam, dann fördern Sie Toleranz, Perspektivübernahme und Konfliktlösungsfähigkeit Ihrer Spieler. Wenn Sie teambildende Übungen im Training einsetzen, stärkt das Teamgeist, Vertrauen und Kooperationsfähigkeit. Kurzum: Der Fußballalltag bietet zahlreiche Gelegenheiten, um die Wertebildung Ihrer Jugendlichen zu unterstützen.

Nutzen Sie das! Machen Sie Werte zum Thema. Gehen Sie dabei auf die Lebenswelt der Jugendlichen ein, indem Sie an ihre besonderen Erfahrungen, Interessen und Bedürfnisse anknüpfen und damit verbundene Wertefragen oder -konflikte aufgreifen. Ein umstrittenes Foul in der Bundesliga am vergangenen Spieltag oder ein gutes mannschaftliches Defensivverhalten zum Thema zu machen, eignet sich dafür genauso wie die Frage, welche Priorität der Fußball in der Freizeitgestaltung der Jugendlichen hat. Manche Gespräche ergeben sich nebenbei, andere Themen sind sicher so wichtig, dass Sie dafür etwas Zeit einräumen sollten.

Schließlich sollte nicht nur über Werte gesprochen, sondern sie sollten auch im Alltag gemeinsam gelebt werden. Als Trainer kommt Ihnen dabei eine besondere Rolle zu, denn Sie werden von den Jugendlichen als Vorbild wahrgenommen. Sie orientieren sich an Ihnen, ahmen Ihr Verhalten – im positiven wie negativen Sinne – nach und bewerten es für sich auch nach Maßgabe der Ansprüche, die Sie an die Jugendlichen stellen. Ihre Worte und Taten sollten daher einander entsprechen, will sagen: Sie sollten über Respekt nicht nur reden, sondern auch respektvoll handeln, Fairplay nicht nur einfordern, sondern sich selbst fair verhalten. Das ist ein hoher Anspruch, an dem sich aber misst, ob Wertebildung wirksam unterstützt wird. Zu Ihrer Vorbildrolle finden Sie ab Seite 56 noch mehr Hinweise.

Überlassen Sie die Wertebildung von Jugendlichen nicht allein Schule und Eltern. Fußballerische Erziehung auf und neben dem Platz – also Ihr Training mit allem, was dazu gehört – können Sie auch als intensiven Bildungsprozess verstehen. Im nächsten Kapitel finden Sie viele Tipps, Methoden und Übungen, mit denen Sie die Wertebildung Ihrer Jugendspieler bewusst fördern können.

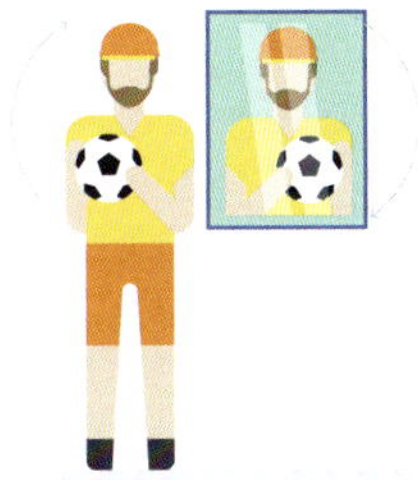

Reflexion

Denken Sie an Ihr letztes Training oder Spiel mit Ihrer Mannschaft:

- Wo ging es versteckt um Werte (Gespräche, Verhalten)?
- Welche Anlässe für Wertebildung gab es?
- Wann haben Sie einen bestimmten Wert vorgelebt?
- Wann haben die Jugendlichen einen Wert gelebt (wertorientiert gehandelt)?

2.7 Werte lassen sich nicht einseitig vermitteln

Immer wenn es in diesem Buch um die Auseinandersetzung mit Werten und die Frage geht, wie Werte gelernt werden, stoßen Sie auf den Begriff »Wertebildung«. Umgangssprachlich bekannter ist der Begriff »Wertevermittlung«. Dieser suggeriert, dass es möglich ist, Werte einseitig wie Wissen zu vermitteln, sie gar vorzuschreiben oder sich durch Auswendiglernen anzueignen. Aber genau das funktioniert nicht. Denken Sie nur daran, wie sich Ihre eigenen Wertvorstellungen entwickelt haben.

Wertebildung heißt nicht Vermittlung, denn Werte lassen sich nicht beibringen oder lehren. Welche Werte Ihren Spielern wichtig sind, können weder Sie noch jemand anderes bestimmen. Werte bilden sich aus eigenen Erfahrungen. Ich werde z.B. erst pünktlich sein, wenn ich es selbst als wichtig erfahren habe, und nicht, weil mir mein Trainer nun zum zehnten Mal gesagt hat, es sei wichtig.

Wir sprechen daher lieber von Wertebildung. Der Begriff »Bildung« macht deutlich, dass es sich beim Lernen und Leben von Werten um einen komplexen, interaktiven Prozess handelt. Wie oben beschrieben, bilden sich Werte in der aktiven Auseinandersetzung des Einzelnen mit seiner Umwelt und durch die Interaktion mit anderen Menschen, vor allem durch das Vorleben und Nachahmen, durch Erleben, Reflektieren und Ausprobieren. Kurz, junge Menschen eignen sich selbstständig Werte an. Ihnen kommt hierbei eine aktive Rolle zu. Sie übernehmen nicht einfach nur, was ihnen vorgegeben wird. Zugleich verweist der Bildungsbegriff darauf, dass dieser Prozess pädagogisch – durch Erziehung – begleitet und unterstützt werden kann.

Das hat Konsequenzen für alle, die Kinder und Jugendliche beim Lernen und Leben von Werten unterstützen möchten, also auch für Sie als Trainer: Welche Werte Ihren Spielern wichtig sind, können weder Sie noch jemand anderes einfach bestimmen. Stattdessen gilt es, die Auseinandersetzung über das, was gelten soll, zu suchen und die Jugendlichen bei der Klärung entscheidender Fragen zu beteiligen.

Selbstverständlich geben Sie für das Training und das Fußballspiel den Rahmen vor und selbstverständlich gelten die Regeln, die für den Fußball gemacht sind. Geht es aber um Themen, die den Umgang miteinander und mögliche Störungen in diesem Miteinander betreffen, dann sind Sie und Ihre Jugendlichen auf einen Dialog miteinander angewiesen. Das kann bei Spielersitzungen geschehen, in Gesprächen vor und nach dem Training, bei Teamtreffen mit der Mannschaft zu Saisonbeginn oder -ende. Oder Sie unterbrechen bei Bedarf eine Trainingseinheit, um mit den Jugendspielern zu reden.

Schließlich gilt es zu beachten, dass Werte – wie oben beschrieben – vor allem im alltäglichen Umgang miteinander ausgebildet werden. Dafür gilt es Freiräume zu schaffen, in denen die Spielerinnen und Spieler Verantwortung übernehmen, wertorientiertes Handeln einüben und dieses auch reflektieren können.

2.8 Ziele von Wertebildung im Jugendfußball

Genau wie für die sportliche Entwicklung braucht es im Jugendfußball auch für die Wertebildung Ziele, damit sie wirkungsvoll unterstützt werden kann. TeamUp! setzt hierbei ganzheitlich an und nimmt die drei Ebenen in den Blick, die für die Wertebildung wichtig sind: Haltung, Kompetenz und Handeln. Die damit verbundenen Ziele sind so etwas wie der Dreiklang der Wertebildung.

1. Ziel: Werthaltungen fördern

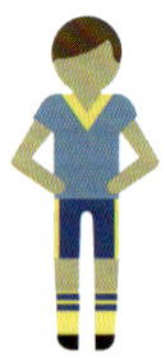

Der im Sprachgebrauch fest verankerte Begriff »Haltung« steht für Werthaltung und drückt aus, dass ein Wert jemandem wichtig ist und der Anspruch ist, diesen Wert auch zu leben. Eine Haltung ist mit Emotionen verbunden. Sie motiviert uns, entsprechend zu handeln, und kommt – wenn uns das gelingt – in unserem Handeln zum Ausdruck. Wenn mir etwa Respekt persönlich wichtig ist und er zu meiner Werthaltung wird, dann fühle ich mich emotional daran gebunden und bin motiviert, nach diesem Wert zu handeln. Dann will ich mich respektvoll verhalten, weil ich davon überzeugt bin, dass dies richtig ist.

Junge Sportlerinnen und Sportler bringen bereits viele Haltungen mit, die sich durch Wertebildung stärken lassen, etwa den Wunsch nach Fairness oder Gerechtigkeit. Einen großen Einfluss auf die Haltung der Spieler haben aber auch die Werte, die Trainer und Mitspieler vorleben oder die die Mannschaft für sich definiert hat und im Umgang miteinander lebt. Deswegen ist es besonders wichtig, dass Sie als Trainer und Vorbild entsprechend den eigenen Haltungen handeln. Gerade Jugendliche merken schnell, wenn Worte und Taten auseinanderdriften – etwa wenn ein Trainer von Fairness spricht und für sich selbst in Anspruch nimmt, gerecht allen Jugendspielern gegenüber zu sein, aber einzelne Spieler bevorzugt. Oder wenn eine Trainerin von den Jugendlichen Disziplin einfordert und sich selbst gehen lässt, indem sie ihre Gefühle nicht unter Kontrolle hält.

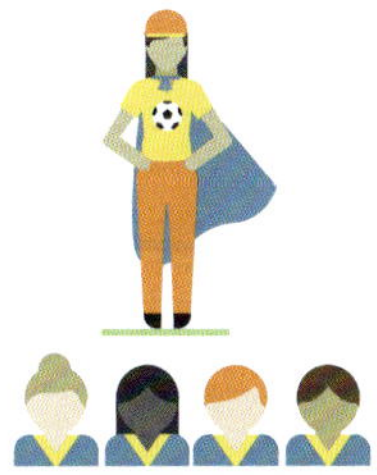

Authentizität ist das Zauberwort! Wenn ich als Vorbild im Einklang mit meinen eigenen Werten lebe, biete ich den Jugendlichen eine hilfreiche Orientierung und leite sie selbst dazu an, zu ihren eigenen Werten zu stehen.

Haltungen sind also der erste Schritt zur Wertebildung: Werthaltungen drücken aus, welche Werte mir wichtig sind, an welchen Werten ich mich orientiere und für welche Werte ich einstehe.

Bei **TeamUp!**

stehen vor allem folgende Werte im Fokus: Miteinander und Freundschaft, Toleranz und Respekt, Verantwortung und Akzeptanz, Teamgeist und Fairness, Motivation und Selbstvertrauen, Gewaltfreiheit und Engagement sowie Offenheit.

2. Ziel: Kompetenzen stärken

Eine Haltung oder Werthaltungen zu haben, reicht allein jedoch nicht. Es braucht auch soziale Kompetenzen, um entsprechend handeln zu können – also etwa die Fähigkeit, mit anderen Menschen entsprechend den eigenen Werthaltungen umzugehen und vor allem Probleme konstruktiv zu bewältigen. Um beispielsweise den Wert Gewaltfreiheit im Fußball zu leben, brauchen die Jugendspieler die Kompetenz, Konflikte friedlich zu regeln und mit negativen Gefühlen umzugehen.

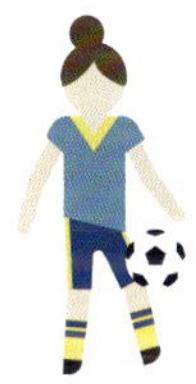

Die Entwicklung wichtiger persönlicher und sozialer Kompetenzen vollzieht sich in der Lebensphase, in der sich Ihre Jugendspieler befinden. Als Trainer können Sie dafür Sorge tragen, dass die Jugendlichen sich auch ihrer eigenen Kompetenzen bewusst werden – und vor allem, dass sie diese weiterentwickeln und neue Kompetenzen hinzulernen. Das gilt nicht nur für fußballerische Fähigkeiten, sondern bezieht das Verhalten auf und neben dem Platz mit ein, das eben dort auch gefördert und entwickelt werden kann. Im Training selbst etwa lässt sich mühelos Zusammenarbeit fördern; andere Kompetenzen benötigen eigene Settings (z.B. die Bearbeitung von Konflikten durch Gespräche). Gezielte Teamübungen und wertebildendes Fußballtraining fördern die Kommunikations- und Kooperationsfähigkeit (z.B. durch Koordinationsspiele). Verantwortungsübernahme stärkt Selbstbewusstsein und Eigenverantwortung (z.B. durch die Übernahme von Aufgaben wie Aufwärmen).

Schließlich zielt die Wertebildung im Jugendfußball mit TeamUp! darauf ab, dass Ihre Jugendspieler neben grundlegenden sozialen und emotionalen Kompetenzen Wertekompetenz erlernen. Damit ist die Fähigkeit gemeint, sich mit unterschiedlichen, auch konkurrierenden Wertvorstellungen auseinanderzusetzen und konstruktiv mit der Vielfalt an Werten in unserer pluralistischen Gesellschaft und den daraus entstehenden Konflikten umzugehen. Dazu gehört auch die Fähigkeit, eigene Werthaltun-

TeamUp!

richtet den Blick insbesondere auf soziale Kompetenzen: Jugendspieler sollen im Umgang mit Mitspielern, Gegnern und im Vereinsalltag soziales Verhalten einüben, das zu einem guten Miteinander auf und neben dem Platz beiträgt.

gen zu reflektieren sowie begründet Werte zu befürworten oder abzulehnen und aufgrund dessen Entscheidungen zu treffen. Wertekompetenz schließt zudem die Fähigkeit ein, wertorientiert – also etwa respektvoll, verantwortungsvoll oder fair – zu handeln.

3. Ziel: Wertorientiertes Handeln fördern

Auch Haltung und Kompetenz allein reichen noch nicht, damit Wertebildung wirklich gelingt. Am Ende geht es um das Handeln nach eigenen Werten, für das Haltungen die Orientierung und Motivation geben und zu dem die Kompetenzen befähigen.

Das beste Lernfeld ist das gemeinsame, auf geteilte Ziele und Werte hin ausgerichtete Tun – wir lernen Werte, indem wir sie erleben, sie uns vorgelebt werden oder wir sie im eigenen Handeln umsetzen. Wie sehr das gemeinsame Handeln durch bestimmte Haltungen und Kompetenzen geprägt ist, zeigt sich konkret im sportlichen Alltag, etwa im Umgang mit Sieg und Niederlage.

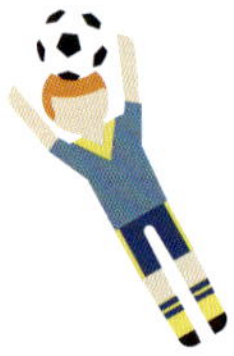

Wertorientiertes Handeln der Spieler kann auf unterschiedliche Weise gefördert werden: Indem zum Beispiel gemeinsam Regeln aufgestellt werden, an denen sich alle orientieren können, und indem die Beteiligten sich gegenseitig Feedback geben, wenn diese Regeln eingehalten oder eben nicht eingehalten werden. Das hilft, das eigene Verhalten zu reflektieren und bewusster an Werten auszurichten.

Eine andere Möglichkeit sind gemeinsame (Lern-)Projekte, die nicht nur rein fußballerisch ausgerichtet sein müssen und das soziale Lernen fördern. So kann sich eine Jugendabteilung etwa neben der Fußballarbeit für (kleinere) soziale Initiativen einsetzen. Das kann ein Fotoprojekt sein, das die Vielfalt der Menschen im Verein nach außen zeigt, oder das Angebot, mit einer Schulklasse oder mit den Kindern einer Kita Fußball zu spielen.

Für Sie als Trainerin oder Trainer ist Ihre Vorbildrolle entscheidend für das wertorientierte Verhalten der Spieler. Durch einen ruhigen und fairen Umgang mit Konflikten kann auch das Konfliktverhalten der Spieler positiv beeinflusst werden. Genauso hilfreich ist es, Spielerinnen und Spieler, sofern praktikabel, an einer Konfliktlösung zu beteiligen. Indem sie lernen, beide Seiten anzuhören, abzuwägen und Vorschläge für die Lösung zu entwickeln, üben sie wertorientiertes Verhalten ein.

Das lässt sich gut begleiten, indem Sie während der Saison immer wieder Kommunikations-, Kooperations- und Vertrauensübungen einbauen oder Gelegenheiten und Anlässe im Alltag dafür nutzen (z.B. bei Mannschaftssitzungen, Konfliktsituationen im Training). Auf lange Sicht wird das die Kultur in der Mannschaft und im Verein positiv beeinflussen, weil sich die gelebten Werte stärker in der Gemeinschaft verankern.

Auch Anlässe auf und neben dem Platz, wie Auseinandersetzungen mit gegnerischen Spielern, gilt es gezielt zu nutzen. Idealerweise geben Sie dabei nicht nur kritisches Feedback, sondern fordern dazu auf, gemeinsam über alternative Verhaltensweisen nachzudenken. Wie zum Beispiel kann es beim nächsten Mal besser gelingen, sich nicht durch Beleidigung provozieren zu lassen und seinen Gegenspieler körperlich anzugehen? Eine Möglichkeit: tief durchatmen, den Ärger in Energie umwandeln und zielstrebiger spielen.

Für die Probleme des Fußballalltags gemeinsam Lösungen zu finden und das Miteinander im Team zu gestalten, ist ein wesentlicher Aspekt von TeamUp!. Hier gilt: Werte sind an sich positiv und als Zielvorstellungen fürs Handeln viel motivierender als Verbote. So können die Spieler lernen, ihr Handeln weiterzuentwickeln.

Mit **TeamUp!**

ist es möglich, Jugendliche stärker an ein selbstverantwortliches Handeln heranzuführen. Sie lernen, Probleme aus eigener Kraft zu lösen, und reflektieren das gemeinsame Handeln in der Gruppe.

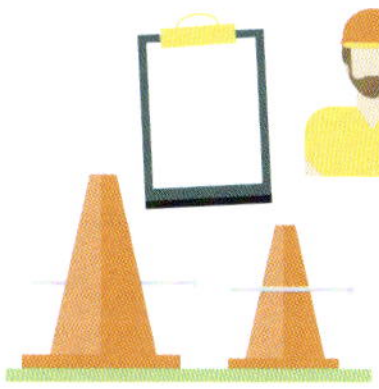

Notizen

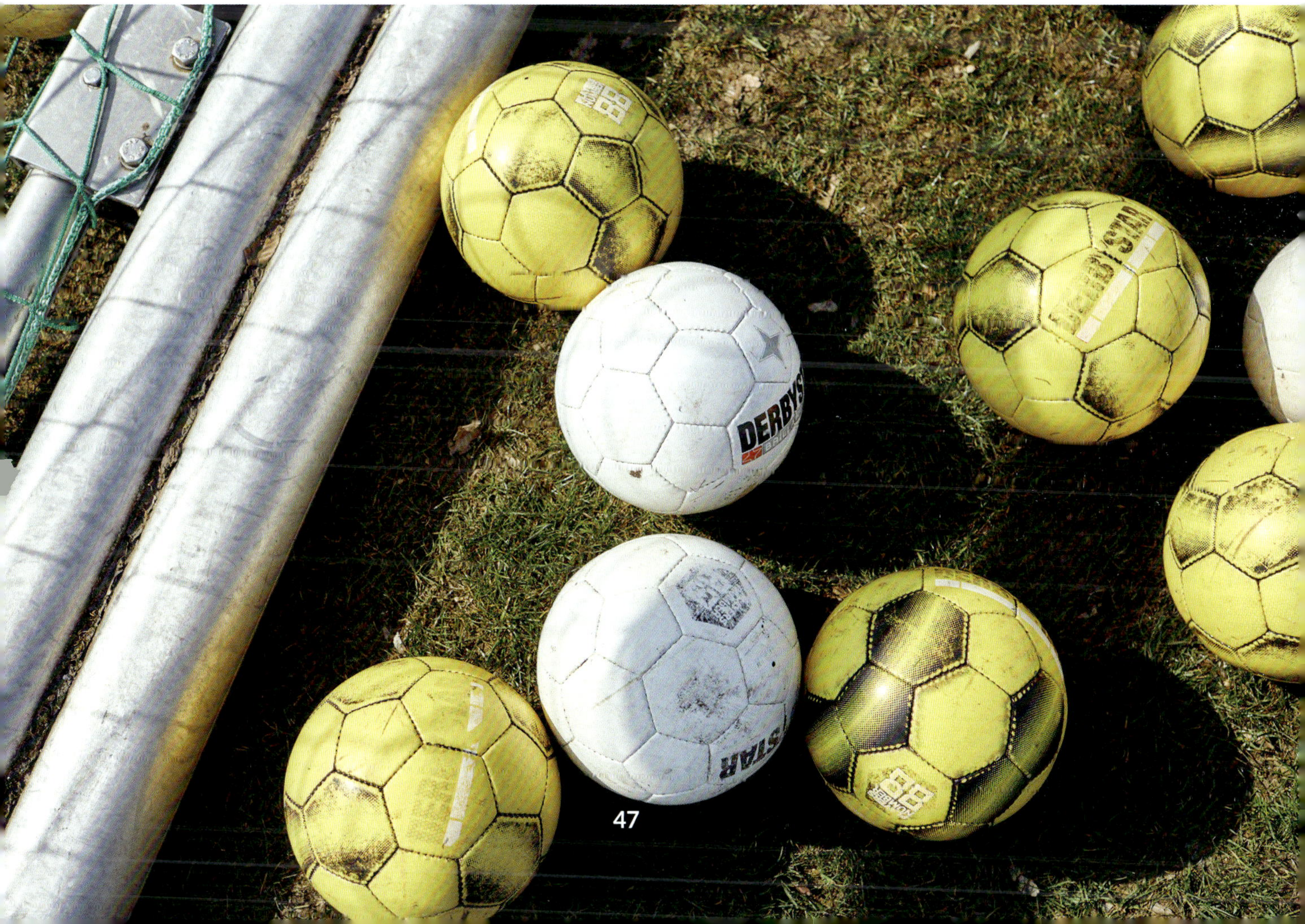

Viele Aufgaben, wie Bälle holen oder Tore aufbauen, lassen sich an Jugendspieler übertragen.

10 Empfehlungen für die Wertebildung im Jugendfußball

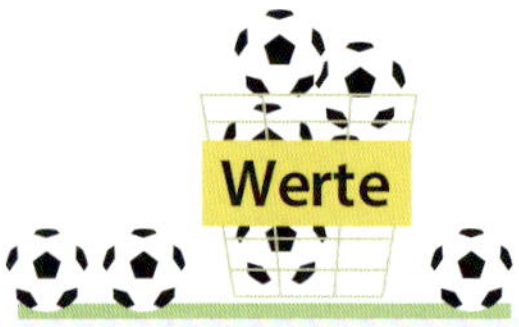

1 **Bauen Sie** wertschätzende Beziehungen auf und pflegen Sie diese – zwischen den unterschiedlichen Akteuren im Verein, aber auch innerhalb der Mannschaft.

2 **Nehmen Sie** Rücksicht auf die Bedürfnisse der Jugendlichen, indem Sie sie zum Beispiel nicht unter- oder überfordern.

3 **Regen Sie** Jugendliche dazu an, sich aktiv mit Werten auseinanderzusetzen. Was bedeutet beispielsweise Respekt für sie und wie wichtig ist er aus ihrer Sicht für den Fußball.

4 **Wertebildung geschieht** kooperativ: gemeinsam in Mannschaft und Verein – auf dem Platz und neben dem Platz. Suchen Sie nach Übungen und Settings, die die Zusammenarbeit und Kooperationsfähigkeit der Jugendlichen fördern.

5 **Setzen Sie** Übungen und Methoden ein, die neben der fußballerischen Kompetenz auch soziale Kompetenzen fördern, zum Beispiel durch Teamentwicklungsübungen oder gemeinsame Konfliktlösung.

6 **Geben Sie** Verantwortung ab und lassen Sie die Jugendspielerinnen und -spieler Aufgaben übernehmen, an denen sie wachsen können: etwa als Spieler- oder Mannschaftsrat, in der Trainingsvorbereitung, bei Lehrgängen.

7 **Fördern Sie** die kommunikativen Kompetenzen der Jugendlichen, indem Sie regelmäßig über Aspekte des Trainings, des Spielbetriebs oder der Mannschaftsentwicklung mit ihnen ins Gespräch kommen. Stellen Sie Fragen und ermuntern Sie die Jugendlichen zur Antwort.

8 **Zeigen Sie** den Jugendlichen, wie sie mit schwierigen Situationen (etwa Konflikten) umgehen können, und suchen Sie gemeinsam nach Lösungen.

9 **Beteiligen Sie** die Jugendlichen an grundlegenden Wertedebatten wie der Erstellung von Mannschaftsregeln oder Leitbildern. Führen Sie demokratische Abstimmungsprozesse in das Training ein, vor allem dort, wo Mitbestimmung wichtig ist (zum Beispiel bei der Gestaltung gemeinsamer Aktivitäten).

10 **Die Reflexion** etwa von Übungseinheiten kann ebenfalls von den Jugendspielerinnen und -spielern übernommen werden. Zeigen Sie den Jugendlichen, welche Fragen gestellt werden können und worum es bei der Reflexion geht.

Wichtige Begriffe zusammengefasst

Wertebildung ist Teil unserer Persönlichkeitsentwicklung. Vereinfacht ausgedrückt meint sie das Lernen und Leben von Werten. Das ist ein komplexer Prozess: Wertebildung vollzieht sich in der aktiven Auseinandersetzung mit unserer Umwelt und unseren Mitmenschen, vor allem indem wir Werte erleben und reflektieren. Besonders in Kindheit und Jugend setzen wir uns mit unterschiedlichen Wertvorstellungen auseinander und entwickeln eigene Vorstellungen und Kompetenzen im Umgang mit Werten. Wertebildung meint darüber hinaus auch die pädagogische Auseinandersetzung mit Werten im Rahmen von Erziehung.

Werte, Wertebewusstsein, Werthaltung, Wertekompetenz und wertorientiertes Handeln sind zentrale Begriffe der Wertebildung.

Werte drücken aus, was uns wichtig ist. Sie sind konkrete Vorstellungen davon, was wir persönlich und gesellschaftlich für wünschenswert halten. Als solche geben sie uns Orientierung für unser Handeln, unsere Lebensführung und für den Umgang miteinander. Dabei können sie einen Ist-Zustand beschreiben, wenn wir sie schon leben, oder auch einen Zielzustand, den wir noch erreichen wollen. Werte bilden sich im Laufe der Persönlichkeitsentwicklung (➔ Wertebildung) und prägen die Identität eines Menschen (Tegeler und Märtin 2017).

Die in einer Gesellschaft oder Gemeinschaft geteilten Grundwerte bilden die Basis für den sozialen Zusammenhalt und die Gestaltung des gesellschaftlichen Miteinanders.

Mit **Wertebewusstsein** ist die Fähigkeit zur Reflexion eigener und anderer Wertorientierungen gemeint.

Persönliche Werthaltungen sind persönliche Wertvorstellungen. Sie drücken aus, dass uns ein Wert wichtig ist, und sie beeinflussen, wie wir handeln. Im Ausdruck »Haltung zeigen« wird deutlich: Wir zeigen in unserem Verhalten und Auftreten, dass uns ein bestimmter Wert wichtig ist, wir identifizieren uns mit ihm und treten für ihn ein.

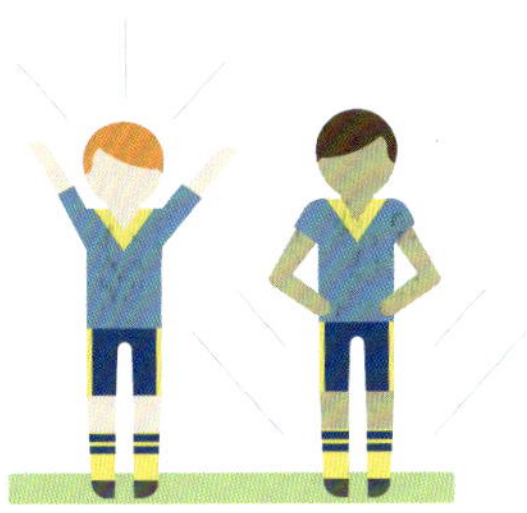

Wertekompetenz umfasst ein ganzes Bündel an Fähigkeiten

Die Fähigkeit:

- sich mit unterschiedlichen, auch konkurrierenden Werten und Wertvorstellungen auseinanderzusetzen und konstruktiv mit der Vielfalt an Werten und daraus entstehenden Konflikten umzugehen;
- eigene Werthaltungen zu entwickeln, zu reflektieren, zu kommunizieren und (begründet) gegenüber anderen zu vertreten;
- Wertvorstellungen anderer nachzuvollziehen und in den Dialog mit einzubeziehen;
- begründet Werte zu bejahen oder abzulehnen;
- wertbezogene Entscheidungen zu treffen und mit Argumenten zu vertreten;
- Wertekonflikte auszuhalten, zu bewältigen und fair, friedlich und kooperativ zu regeln;
- wertorientiert zu handeln.

Das Zusammenspiel aus Wertebewusstsein, Werthaltungen und Wertekompetenz ist schließlich die Voraussetzung für wertorientiertes Handeln, also dass wir unsere persönlichen Werte im eigenen Handeln leben.

Beispiel

Tom ist Respekt (Wert) sehr wichtig. Er versteht darunter, auch andere Ansichten gelten zu lassen. Dieser Wert wurde ihm schon früh in der Familie vorgelebt. Aber er macht auch die Erfahrung, dass anderen Respekt nicht so wichtig ist wie ihm (Wertebewusstsein) oder dass sie ein anderes Verständnis davon haben, was es bedeutet, sich respektvoll zu verhalten. Dennoch versucht er, anderen Meinungen mit Respekt zu begegnen, weil er der Überzeugung ist, dass es nur so zu einem guten Miteinander im Team kommt (Werthaltung). Toms Respekt kennt aber auch Grenzen, zum Beispiel wenn andere diskriminiert werden. Er hat sich entschieden, in solchen Situationen das direkt anzusprechen und klarzumachen, warum das für ihn nicht geht (Wertekompetenz). In der Vergangenheit hat er dabei gelernt, dass dazu Mut gehört, dass es ihn aber auch in seiner Persönlichkeit stärkt und einen positiven Einfluss auf die Mannschaft hat. Dadurch ist für ihn persönlich die Bedeutung des Wertes gestiegen und er orientiert sich in allen Lebenslagen daran (wertorientiertes Handeln).

Wie unterstütze ich als Trainer die Wertebildung von Jugendlichen?

3

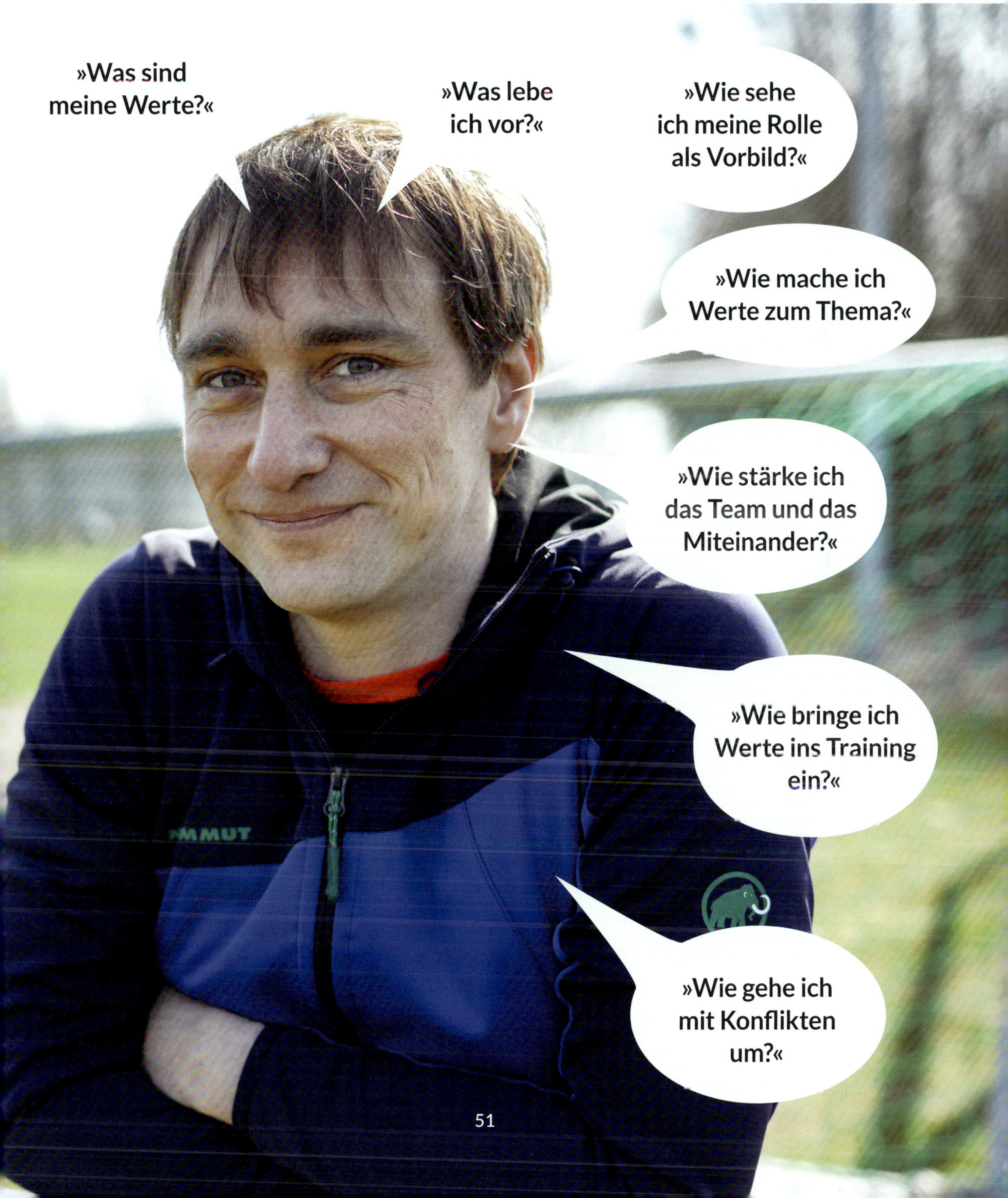

Wertebildung kommt der Persönlichkeitsentwicklung der Jugendlichen zugute und stärkt das Miteinander. In Ihrer Rolle als Jugendtrainerin oder Jugendtrainer ist sie daher im Grunde unverzichtbar. Im vorausgehenden Kapitel haben Sie gelernt, dass nahezu alles, was Sie sich inhaltlich und methodisch im Training vornehmen, was Sie mit Ihren Jugendspielern erleben – und vor allem, wie Sie Ihre Vorbildrolle als Trainer leben – auf die Wertebildung der Jugendlichen einwirkt. Sie können also darauf bauen, dass Sie bereits sehr viel für die Wertebildung Ihres Teams tun! Entscheidend ist, dass Sie sich dessen bewusst sind und Ihre Möglichkeiten gezielt nutzen. Dann können Sie Ihre Jugendlichen noch besser und wirkungsvoller dabei unterstützen, soziale Werte und Kompetenzen zu entwickeln.

Dabei können Sie die Wertebildung vielfältig unterstützen, sowohl direkt als auch indirekt. Am wirkungsvollsten ist es, beide Ansätze miteinander zu verknüpfen.

3.1 Direkt und indirekt im Wechselspiel

Direkte Wertebildung zielt darauf ab, über Werte ins Gespräch zu kommen, die bewusste Auseinandersetzung mit ihnen zu fördern und Jugendlichen so einen bewussten Zugang zu wertebezogenem Handeln zu verschaffen. Werte können im sportlichen Alltag auf unterschiedlichste Weise thematisiert werden. Anlässe dafür gibt es genug, etwa Konfliktsituationen auf dem Platz. In der gemeinsamen Auseinandersetzung lernen die Jugendlichen, die Perspektive zu wechseln, sich zu beteiligen, Verantwortung zu übernehmen, Konflikte auszuhandeln und Rückmeldungen zu geben sowie über Werte zu diskutieren und ihr eigenes Verhalten zu reflektieren.

Indirekte Wertebildung zielt darauf ab, Werte für die Jugendlichen erlebbar und erfahrbar zu machen. Das können Sie einerseits durch Ihr eigenes Tun erreichen, indem Sie Werte vorleben. Eine wichtige Voraussetzung dafür ist, dass Sie sich der eigenen Rolle als Vorbild bewusst sind, diese reflektieren und im Umgang mit den Jugendlichen eine wertorientierte, authentische Haltung einnehmen. Genauso wichtig ist das Handeln der Jugendlichen selbst: Wenn Sie Ihren Spielern beispielsweise Freiräume geben, um Konflikte selbst zu regeln und Lösungen gemeinsam zu erarbeiten, dann ermöglichen Sie ihnen, Werte im eigenen Handeln zu erleben und wertorientierte Erfahrungen zu machen.

Oft vermischen sich direkte und indirekte Wertebildung: Bei einer Konfliktbearbeitung etwa sprechen Sie einerseits direkt über den Konflikt und über die Werte, die von dem Konflikt berührt sind; andererseits erleben die Jugendlichen sich in der Konfliktbearbeitung auch selbst und handeln nach Werten, die zu einer friedlichen Konfliktlösung beitragen – wie etwa Respekt, Gewaltfreiheit, Fairness. Wenn Sie mit den Jugendlichen über respektvolles Verhalten sprechen, thematisieren Sie nicht nur den Wert Respekt, sondern unterstützen die Wertebildung auch indirekt, indem alle während des Gesprächs respektvoll miteinander umgehen – sich ausreden lassen, zuhören und so Werte im Handeln erfahren.

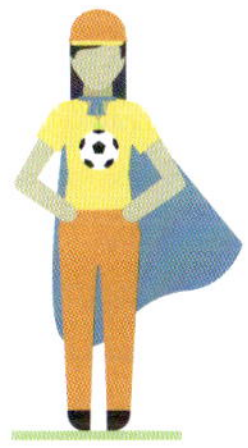

3.2 Überblick: Das können Sie für die Wertebildung tun

Direkt

Werte zum Thema machen:

- Mannschaftswerte gemeinsam erarbeiten und konkrete Verhaltensregeln ableiten
- anlassbezogen im Fußballalltag über Werte sprechen:
  - Einhaltung der Regeln reflektieren
  - Werte im Alltag (anlassbezogen) diskutieren, begründen und hinterfragen
  - Verhalten auf/neben dem Platz besprechen und dabei einen Bezug zu Werten herstellen (z.B. Fairplay, Teamwork, Verhalten einzelner Spieler)
  - Meinungen und Sichtweisen zu aktuellen Themen einholen und darüber mit Bezug auf Werte sprechen (z. B. Umgang mit Trainingsmaterial, Verhalten prominenter Spieler, Umgang mit Sieg/Niederlage)
  - Konflikte zum Thema machen und gemeinsam nach konstruktiven Lösungen suchen
- Wertereflexion ins Training integrieren:
  - Übungen oder Trainingseinheiten mit Wertebezug durchführen und Reflexionsphase anschließen (z.B. über Teamgeist, Verantwortung, Vertrauen, Kooperation)

Indirekt

Werte erlebbar und erfahrbar machen:

- als Trainer/Trainerin ein positives Vorbild sein
- authentisch sein
- wertschätzende, vertrauensvolle Beziehungen aufbauen und pflegen
- gewaltfreie, wertschätzende Kommunikation üben (z.B. Feedbackregeln einhalten, zuhören, ausreden lassen, Interesse zeigen)
- Konflikte gemeinsam konstruktiv bearbeiten
- Verantwortung abgeben und Partizipation fördern (z.B. bei Spielersitzungen, der Aufgabenverteilung und der gemeinsamen Erarbeitung von Regeln)
- Entscheidungen transparent machen
- Teamaktionen anbieten (z.B. Ausflüge)
- Kooperations- und Vertrauensübungen ins Training integrieren
- wertebildende Trainingseinheiten abhalten

3.3 Wertebildung beginnt bei mir selbst

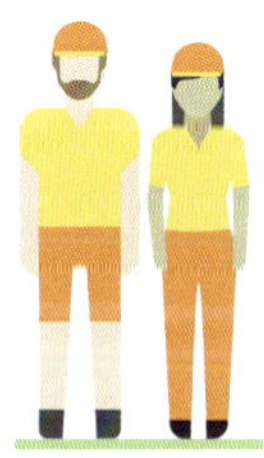

Wenn Sie als Trainerin oder Trainer die vielfältigen Möglichkeiten zur Wertebildung nutzen möchten, dann besteht der erste Schritt darin, auf sich selbst zu schauen. Wollen Sie mit Jugendlichen wertebildend arbeiten, setzt das voraus, dass Sie Ihre eigenen Werte und Haltungen reflektieren. Denn (nur) so können Sie ganz bewusst Haltungen einnehmen, die Ihre Trainerrolle stärken, und die Werte, die Ihnen wichtig sind, bewusst vorleben. Gleichzeitig ist ein reflektiertes Wertebewusstsein eine wichtige Voraussetzung dafür, überhaupt über Werte mit den Jugendspielern oder mit Trainerkollegen im Verein zu sprechen.

Nur wenn Sie wissen, welche Werte Ihnen warum wichtig sind, können Sie diese bewusst vorleben und mit Spielern oder Trainern über Werte sprechen.

Die Frage nach den eigenen Werten und Haltungen (siehe dazu die Begriffsübersicht auf Seite 29) ist also eng verwoben mit Ihrer Rolle als Trainer: Was ist Ihnen wichtig und was wollen Sie vorleben oder weitergeben? Wie verstehen Sie Ihre Vorbildrolle? Welche Haltung nehmen Sie ein? Nach Klärung Ihrer Werte und Haltungen haben Sie vorerst eine gute Orientierung für Ihr Handeln und die Arbeit mit Ihrer Mannschaft. Denn Werte und Haltungen sind relativ stabil und ändern sich nicht täglich. Trotzdem lohnt es sich, immer einmal wieder darüber nachzudenken und die eigenen Werthaltungen im Blick zu behalten.

Denn natürlich sind diese nicht in Stein gemeißelt (vgl. »Was ist Wertebildung ...?« ab Seite 25): Vor allem in der Auseinandersetzung mit den Jugendlichen im Training oder im Wettkampf, in Diskussionen im Trainerkreis oder im Verein kommen sie von Zeit zu Zeit auf den Prüfstand. Immer wieder gibt es Situationen, in denen es notwendig ist, neu zu bewerten, was einem wichtig ist und wie bestimmte Werte verstanden werden sollen. Anlässe dazu liefern Herausforderungen im Umgang miteinander (wie Fehlverhalten Einzelner, Konflikte innerhalb der Mannschaft oder zwischen Trainern und Spielern), besondere Ereignisse im Vereinsalltag (wie unerwartete Erfolge oder Niederlagen, Umbrüche in der Vereinsführung, Konflikte in der Jugendabteilung) oder auch Entwicklungen in Ihrem privaten oder beruflichen Leben.

Neubewertung bedeutet nicht, dass ein Wert für Sie ungültig wird. Er kann jedoch durch bestimmte Erlebnisse Bestätigung erfahren, an Bedeutung gewinnen oder verlieren oder Sie sehen diesen Wert plötzlich aus einer anderen Perspektive (etwa aus der Perspektive der Jugendspieler). Dazu kommt, dass Werte miteinander in Konflikt geraten und eigene Wertvorstellungen in Auseinandersetzung mit denen anderer stehen können. Auch diese normale Dynamik macht es erforderlich, immer wieder über die eigenen Werte nachzudenken, sie gegeneinander abzuwägen und zu priorisieren.

Beispiel

Sie sind eigentlich tolerant, aber nachdem zahlreiche Spieler aus Ihrer Mannschaft permanent unpünktlich zum Training erscheinen, sehen Sie sich gezwungen, Grenzen zu ziehen. Gleichzeitig ist Ihnen etwa ein gutes Miteinander wichtig, aber das funktioniert nur, wenn sich die Gruppe darauf einlässt und Übereinkünfte wie die Startzeit des Trainings respektiert. Sie finden es wichtig, Ihren Spielern direkt Feedback zu geben und Hilfestellung, damit diese ihr Zusammenspiel verbessern, aber andererseits wollen Sie die Verantwortungsübernahme der Jugendlichen stärken und sie selbst Lösungen finden lassen. In all diesen Fällen müssen Sie abwägen, welcher Weg Ihnen in einer bestimmten Situation wichtiger ist.

Für die Wertebildung im Jugendfußball ist es also wichtig, über die eigenen Werte und Haltungen immer mal wieder nachzudenken und sich diese bewusst zu machen.

Reflexion

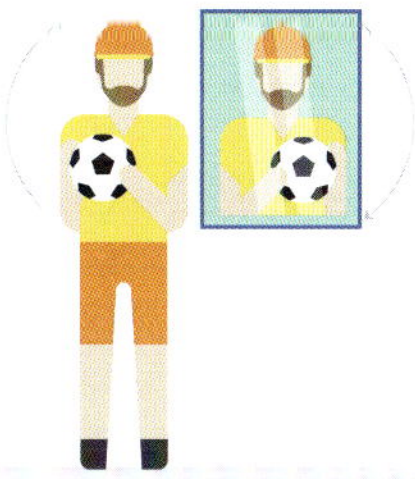

Werte, die mir für meine Mannschaft wichtig sind:

- Welche Werte finden Sie für den Jugendfußball besonders wichtig und warum?
- Tauschen Sie sich auch einmal mit einer Trainerkollegin oder einem Freund darüber aus.
- Was bedeuten diese Werte für Ihre Arbeit als Trainer?

Sie können an dieser Stelle nochmals einen Blick auf Ihre wichtigsten Werte werfen (ab Seite 29) und für diese Reflexion nutzen.

Welche Werte sind mir als Trainerin/Trainer wichtig?

Wodurch wird das in meinem Alltag/meinem Handeln sichtbar? Wo und wie lebe ich diese Werte (vor), was tue ich konkret?

Welche Werte sind mir für die Mannschaft wichtig? Warum?

Wie kann ich diese Werte fördern?

Was will ich zukünftig anders machen?

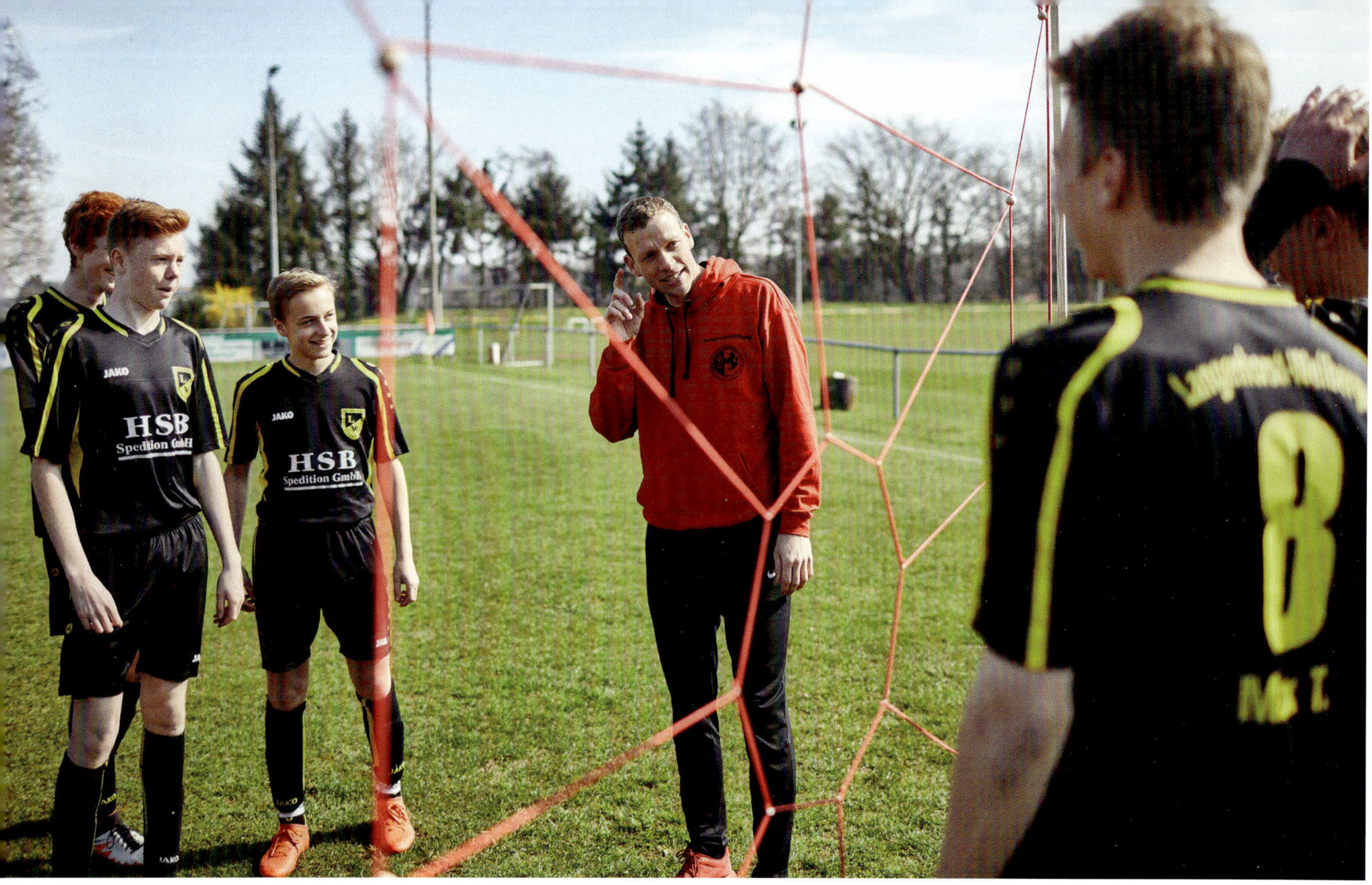

Für die Jugendspieler sind Sie als Trainer ein wichtiges Vorbild.

3.4 Wie fülle ich meine Vorbildrolle aus?

Ich bin in jeder Sekunde ein Vorbild für meine Spieler, auf und neben dem Platz.

Wenn Sie sich bewusst gemacht haben, welche Werte Ihnen wichtig sind, können Sie Ihr Verhalten daran ausrichten und diese Werte bewusst vorleben, also Vorbild sein.

Vorbild sein – das ist neben den sportlichen Anforderungen eine der zentralen Aufgaben eines Jugendtrainers und für die Wertebildung enorm bedeutsam. Viele, vor allem diejenigen, die viel Trainingserfahrung mitbringen, agieren in dieser Rolle einfach aus dem Bauch heraus. Dass das oft gut genug funktioniert, zeigt sich etwa darin, dass der Trainings- und Spielbetrieb reibungslos läuft, die Spieler einander vertrauen, das Miteinander in der Mannschaft gut ist und vielleicht sogar auch die sportlichen Ergebnisse stimmen. Dennoch lohnt es sich, sich genauer mit der Vorbildrolle auseinanderzusetzen, die Sie als Trainer innehaben.

Diese Vorbildfunktion gegenüber den Spielern ist weitreichend. Sie werden in Ihrer Trainertätigkeit auf und neben dem Platz genau beobachtet; die Jugendlichen identifizieren sich mit Ihnen, ahmen Ihr Verhalten nach und lassen sich in ihren Urteilen von Ihrem Beispiel leiten. Das geschieht meist unbewusst, hat aber für die Persönlichkeitsentwicklung der jungen Spielerinnen und Spieler eine große Bedeutung. Jugendliche befinden sich mit der Pubertät in einer Lebensphase, in der sie zu den gewohnten Vorbildern wie Eltern oder Lehrkräften häufig eine kritische Haltung einnehmen. Als Trainer stellen Sie hingegen eine besondere Vertrauensperson dar. Dazu kommt: Anders als die Schule ist der Jugendfußball eine (zumeist) freiwillige Freizeitbeschäftigung.

Sicherlich spielen Eltern, Lehrerinnen und Lehrer und vor allem Gleichaltrige insgesamt eine größere Rolle beim Lernen am Vorbild als die Jugendtrainerin oder der Jugendtrainer. Unterschätzen Sie aber nicht die Bedeutung, die der Fußball für die Jugendlichen hat! Dadurch erhält Ihre Rolle ein großes Gewicht im Alltag der Spieler. Das ist Verantwortung und Chance zugleich. Denn Vorbild sind Sie im positiven wie auch im negativen Sinne. Wenn Sie etwa bei einem Konflikt zwischen zwei Spielern beide Seiten anhören und dann gemeinsam mit ihnen ruhig und konstruktiv nach einer Lösung suchen, dann leben Sie genauso ein bestimmtes Verhalten vor, wie wenn Sie am Spielfeldrand lauthals auf den Schiedsrichter schimpfen oder einen Spieler wegen eines unnötigen Fehlers anschreien, weil Ihre Emotionen mit Ihnen durchgehen. Reden Sie nicht nur über Respekt, sondern leben Sie respektvolles Verhalten auch selbst vor, dann hat das eine große Wirkung auf die Wertebildung der Jugendlichen. Jugendliche, die Sie als positives Vorbild erleben, entwickeln sich besser und sind bereit, selbst Verantwortung zu übernehmen.

Ebenfalls zur Auseinandersetzung mit Ihrer Vorbildfunktion gehört es, die unterschiedlichen Rollen zu betrachten, die Sie als Trainerin oder Trainer innehaben. Was für ein Trainer wollen Sie sein, was für ein Bild haben Sie da vor Augen? Inwieweit wechseln Sie zwischen verschiedenen Rollen? Auch Ihre Stärken und Schwächen sollten Sie in den Blick nehmen. Wo sind Sie besonders gut? Wo wollen Sie noch besser werden? Nicht zuletzt gehört es zu Ihrer Vorbildrolle, fachliche, soziale und persönliche Kompetenzen weiterzuentwickeln und das eigene Handeln zu reflektieren.

Eine gute Basis für diese Auseinandersetzung haben Sie bereits gelegt, wenn Sie sich mit der Übung im vorherigen Abschnitt (ab Seite 29) bewusst gemacht haben, welche Werte Ihnen etwas bedeuten und wie Sie diese im Fußballalltag leben wollen. Denn wie Sie Ihre Rolle als Trainer ausfüllen wollen und was für ein Trainer Sie sein wollen, hängt davon ab, was Ihnen wichtig ist oder wo Sie Prioritäten setzen.

3.5 Meine unterschiedlichen Trainerrollen

Je nach Kontext befinden Sie sich in unterschiedlichen Rollen. Im Privatleben sind Sie zum Beispiel in der Rolle des Vaters, der Mutter oder des Partners und Sie sind dabei mal Vorbild, mal Erzieher, mal Streitschlichterin, Spielpartner, Seelsorgerin oder Familienmanager. Im Berufsleben und im Ehrenamt ist es genauso. Und auch hier können Sie jede Rolle ganz unterschiedlich ausfüllen. Als Jugendtrainerin oder Jugendtrainer haben Sie innerhalb der Trainerrolle je nach Situation und deren Anforderungen viele verschiedene Rollen inne.

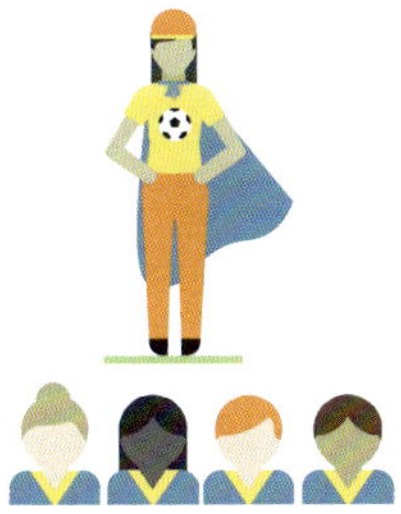

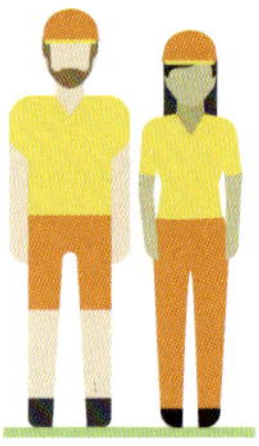

Vorbild	Moderator	Trainer
Erzieher	Manager	Coach
Ansprechpartner	Streitschlichter	Netzwerker
Sprachrohr	Lehrer	Organisator
Leiter	Ausbilder	Innovator
Berater	Elternersatz	Seelsorger
Kümmerer	Problemlöser	Kommunikator
Interessenvertreter	Motivator	…
Weitere Rollen		

Jede soziale Rolle steht im Zusammenspiel mit anderen Rollen: In der Trainerrolle interagieren Sie zum Beispiel mit Eltern, Spielern, dem Jugendleiter, der Vereinsleitung. Erst durch diese Beziehungen, in denen eine Rolle zu anderen Rollen im Verhältnis steht, wird deutlich, wie eine Rolle – etwa die des Trainers, der Trainerin – ausgefüllt werden kann. Die Ausgestaltung ergibt sich aus dem Zusammenspiel der Erwartungen, die andere an Sie richten, und Ihrer eigenen Vorstellung davon, wie Sie die jeweilige Rolle ausüben wollen.

Die Handlungsanforderungen an die Trainerrolle werden demnach geprägt von Ihrer eigenen Persönlichkeit (persönlicher Stil, Wertvorstellungen, Selbst- und Rollenverständnis) und den Anforderungen durch den Verein, die Eltern, Spielerinnen und Spieler sowie andere Gruppen. Dazu gehören sowohl formale Anforderungen, wie die spezifischen Aufgaben eines Fußballtrainers, als auch kulturelle Verhaltensweisen, wie etwa die Orientierung an den im Verein gelebten Traditionen.

An jede Rolle, die wir im Leben ausfüllen, werden von unserer Umwelt Erwartungen geknüpft, die als Hinweise zu verstehen sind, wie wir uns verhalten sollen. Diese kollektiven Erwartungen sind in sich nicht widerspruchsfrei. Um einer Rolle gerecht zu werden, brauchen Sie Rollenkompetenz, also die Fähigkeit, zwischen den unterschiedlichen Rollen und deren Anforderungen zu differenzieren (Stangl, 2019). So sind Sie, wie oben beschrieben, in Ihrer Trainerrolle oft gefordert, einerseits Ausbilder der Jugendspieler zu sein, aber auch Streitschlichter oder Kümmerer. Was es mitunter schwierig macht: Diese kollektiven Erwartungen werden oft nicht ausgesprochen, sondern als selbstverständlich angesehen. Dies kann dann leicht zu Missverständnissen und Spannungen führen. Deshalb ist es wichtig, dass Sie sich im Klaren darüber sind, welche Rollen Sie als Trainer jeweils einnehmen, was Ihre Umwelt von Ihnen erwartet und was Sie selbst von sich erwarten bzw. wie Sie diese Rollen ausfüllen wollen.

Dieser Mix an verschiedenen Rollen spielt auch in Ihre Vorbildrolle hinein: Ihre Jugendspielerinnen und -spieler beobachten zum Beispiel, wie Sie mit Konflikten umgehen oder wie Sie sich um persönliche Probleme einzelner Mitspieler kümmern. Ihre Rollenkompetenz zeigt den Jugendlichen, wie sie selbst in verschiedenen Situationen unterschiedliche Rollen einnehmen und in diesen handeln können. Indem beispielsweise Spielerinnen eine schwierige Trainingsaufgabe selbstständig lösen, können sie sich als Problemlöserinnen versuchen. Bei Streit oder schlechter Stimmung nach einer Niederlage kann ein Spieler die Rolle des Streitschlichters oder Motivators übernehmen. Auch auf diese Weise können Jugendliche wertorientiertes Handeln einüben und Kompetenzen erlernen, die benötigt werden, um bestimmte Rollen auszufüllen. Rollenkompetenz ist daher eine weitere wichtige Fähigkeit, auf die Wertebildung abzielt. Um sie zu fördern, können Sie Rollen vorleben und den Jugendlichen die Möglichkeit geben, Rollen auszuprobieren.

Deshalb ist es für Sie als Jugendtrainerin oder -trainer sinnvoll, immer wieder über die unterschiedlichen Rollen nachzudenken, die Sie einnehmen. So erhalten Sie mehr Klarheit über Ihre Vorbildfunktion und stärken Ihre Trainerrolle! Welche Rolle Sie ausfüllen und wie Sie das tun, hat wie gesagt viel mit den Werten zu tun, die Ihnen wichtig sind. Als Kümmerer leben Sie Werte wie Hilfsbereitschaft oder Solidarität, als Coach ist Ihnen die Selbstverwirklichung der Jugendlichen wichtig, als Managerin sorgen Sie für Stabilität.

Im Sinne der Wertebildung können Sie sich bewusst entscheiden, welche Rollen Sie mit welchem Ziel stärken, sodass Sie nicht nur die Rollen ausüben, die Ihnen besonders liegen. Vielmehr können Sie ganz bewusst auch Rollen einnehmen, die bestimmte Werte, die für die Entwicklung der Mannschaft bedeutsam sind, in den Blick nehmen und fördern. Als Moderatorin und Problemlöser zeigen Sie beispielsweise, wie man konstruktiv mit Konflikten umgeht. Als Motivator machen Sie deutlich, wie wichtig Ziele und Leidenschaft sind, als Seelsorgerin lassen Sie erkennen, dass auch das Menschliche im Fußball nicht zu kurz kommen darf.

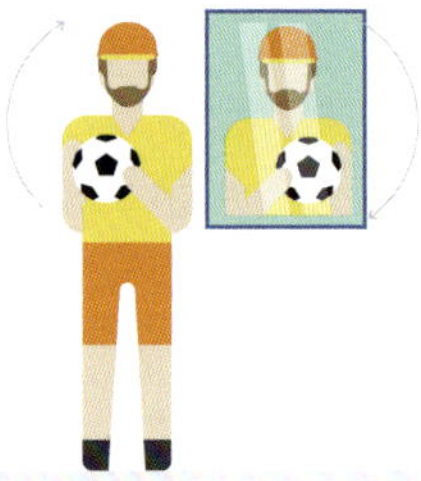

Reflexion

So sehe ich persönlich meine Rolle als Trainer

Nehmen Sie sich einen Moment Zeit, um sich Ihre unterschiedlichen Rollen als Jugendtrainerin oder -trainer bewusst zu machen (vgl. die Beispiele auf Seite 58). Ziel dieser Reflexion ist es, mehr Klarheit in den eigenen Rollen zu erlangen und diese zu stärken. Sie brauchen dafür etwa 15 Minuten Zeit.

Welcher Trainer/welche Trainerin ist eigentlich mein Vorbild und was macht ihn/sie aus?

Was für ein Trainer/eine Trainerin bin ich und was macht mich aus?

Was für ein Trainer/eine Trainerin will ich sein?

Welche Rollen bevorzuge ich besonders? Warum?

**Welches Selbstverständnis als Jugendtrainer wird darin deutlich?
Welche Werte hängen damit zusammen?**

**Wie kann ich diese Rollen für die Wertebildung einsetzen?
Welche Werte und Kompetenzen fördere ich damit?**

**Was möchte ich beibehalten? Was möchte ich ändern?
Welche Rollen will ich stärker einnehmen?**

Was mir noch wichtig ist

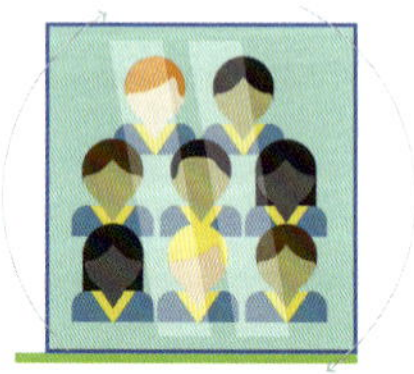

Werte mit der Mannschaft zum Thema machen

4

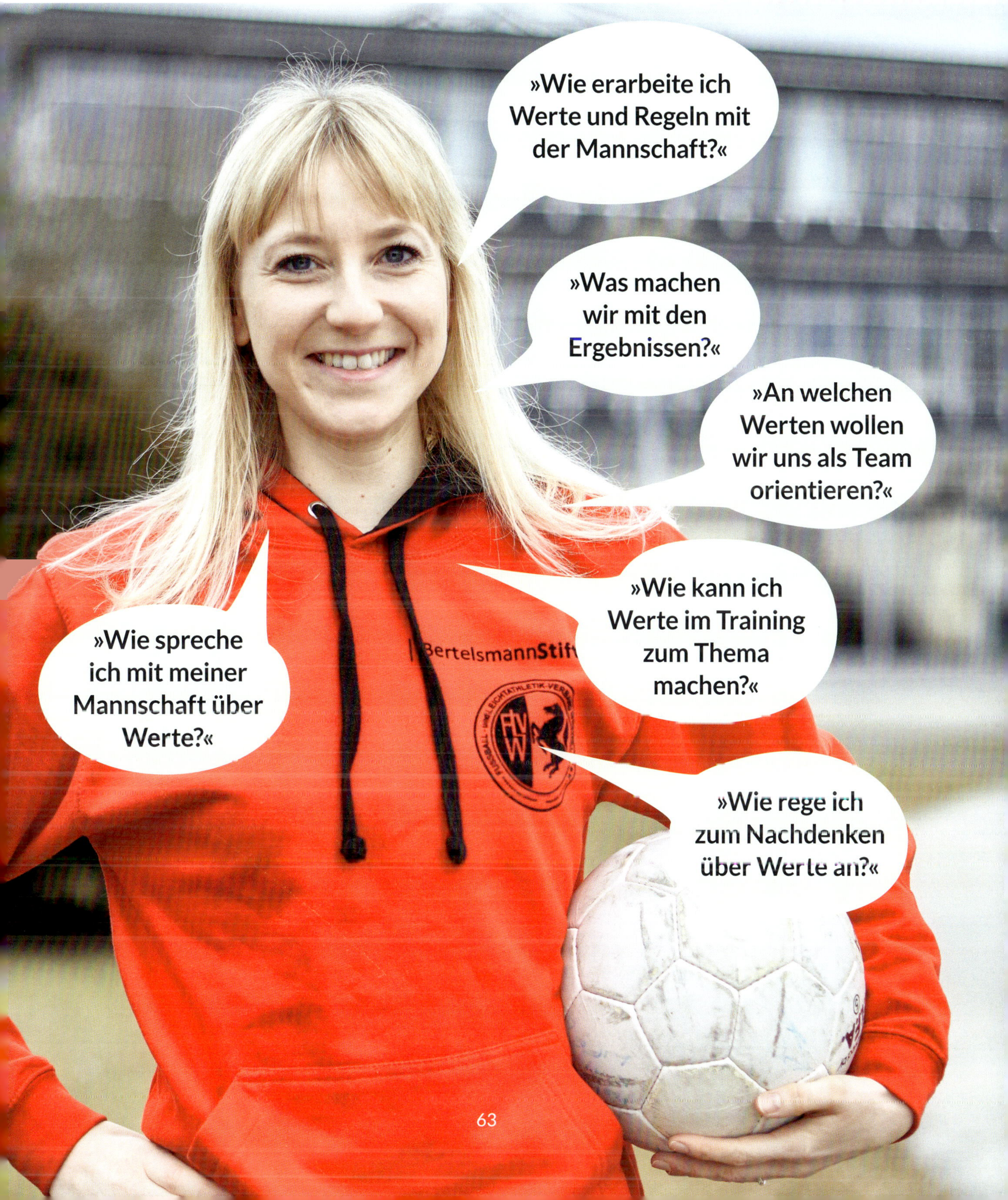

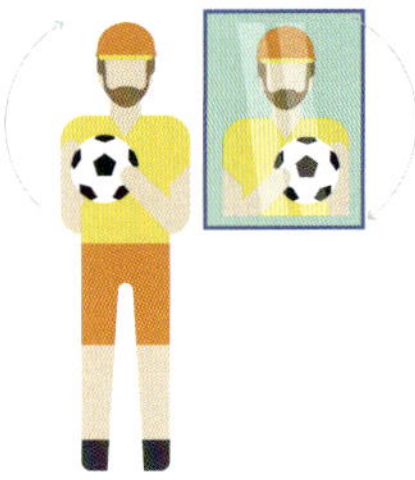

Sie haben sich mit Ihren persönlichen Werten und Ihrer Trainerrolle auseinandergesetzt. Als Nächstes nehmen Sie nun Ihre Mannschaft in den Blick. Vor allem drei Zugänge bieten sich an, um mit Ihrer Mannschaft Werte zum Thema zu machen und zur Auseinandersetzung mit wertorientiertem Handeln anzuregen:

- Gemeinsam mit Ihren Spielern können Sie Mannschaftswerte erarbeiten und daraus auch konkrete Verhaltensregeln ableiten. Solche gemeinsamen Werte und Regeln geben Orientierung für das Miteinander, schweißen als Team zusammen und helfen dabei, gemeinsam den Trainingsalltag zu gestalten und auf sportliche Ziele hinzuarbeiten (ab Seite 63).
- Im weiteren Verlauf der Saison können Sie dann immer wieder Bezug auf diese gemeinsamen Werte nehmen und sie anlassbezogen zum Thema machen. Dadurch geben Sie den Jugendlichen die Möglichkeit, ihre eigenen Werte und ihr Verhalten zu reflektieren und dieses bewusst an Werten auszurichten. Solche Anlässe können Meinungsverschiedenheiten und Konflikte sein, aber auch andere Themen, die einer Klärung bedürfen und eine Bedeutung für das Miteinander haben (ab Seite 81).
- Eine dritte Möglichkeit, Werte mit Ihrer Mannschaft zum Thema zu machen, besteht darin, Übungen und Trainingssituationen zu reflektieren, in denen es um Werte geht – etwa durch Fragen zum Verhalten während des Trainings und Bezugnahme auf Werte wie Teamgeist, Fairness, Verantwortung oder Kooperation (Teamübungen ab Seite 93 und wertebildendes Fußballtraining ab Seite 119).

4.1 Mannschaftswerte und Regeln erarbeiten

Bevor Sie mit Ihren Jugendlichen Mannschaftswerte erarbeiten, sollten Sie ihnen die Möglichkeit eröffnen, einen eigenen, persönlichen Zugang zu diesem Thema zu finden und herauszufinden, welche Rolle eigentlich Werte in ihrem Leben spielen. Denn wie bereits (Grundlagenkapitel ab Seite 25, Selbstreflexion) beschrieben:

Wertebildung beginnt bei einem selbst.

Von den persönlichen Werten und der Bedeutung, die verschiedene Werte für das Miteinander in Familie, Schule, Freundeskreis und Freizeit haben, können Sie dann im nächsten Schritt zu der Frage übergehen, welche Werte den Spielerinnen und Spielern für den Jugendfußball und die eigene Mannschaft wichtig sind und warum. Im Dialog können Sie sich schließlich auf gemeinsame Werte verständigen, die Orientierung für das sportliche und soziale Miteinander geben. Bleiben Sie dabei nicht bei abstrakten Begriffen wie Respekt oder Teamgeist stehen, sondern verständigen Sie sich darüber, was diese Werte genau für das Verhalten im Alltag bedeuten sollen.

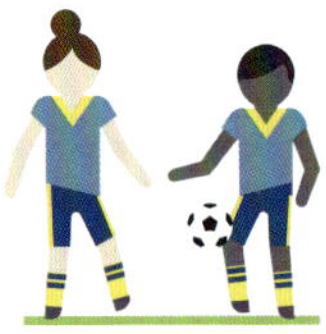

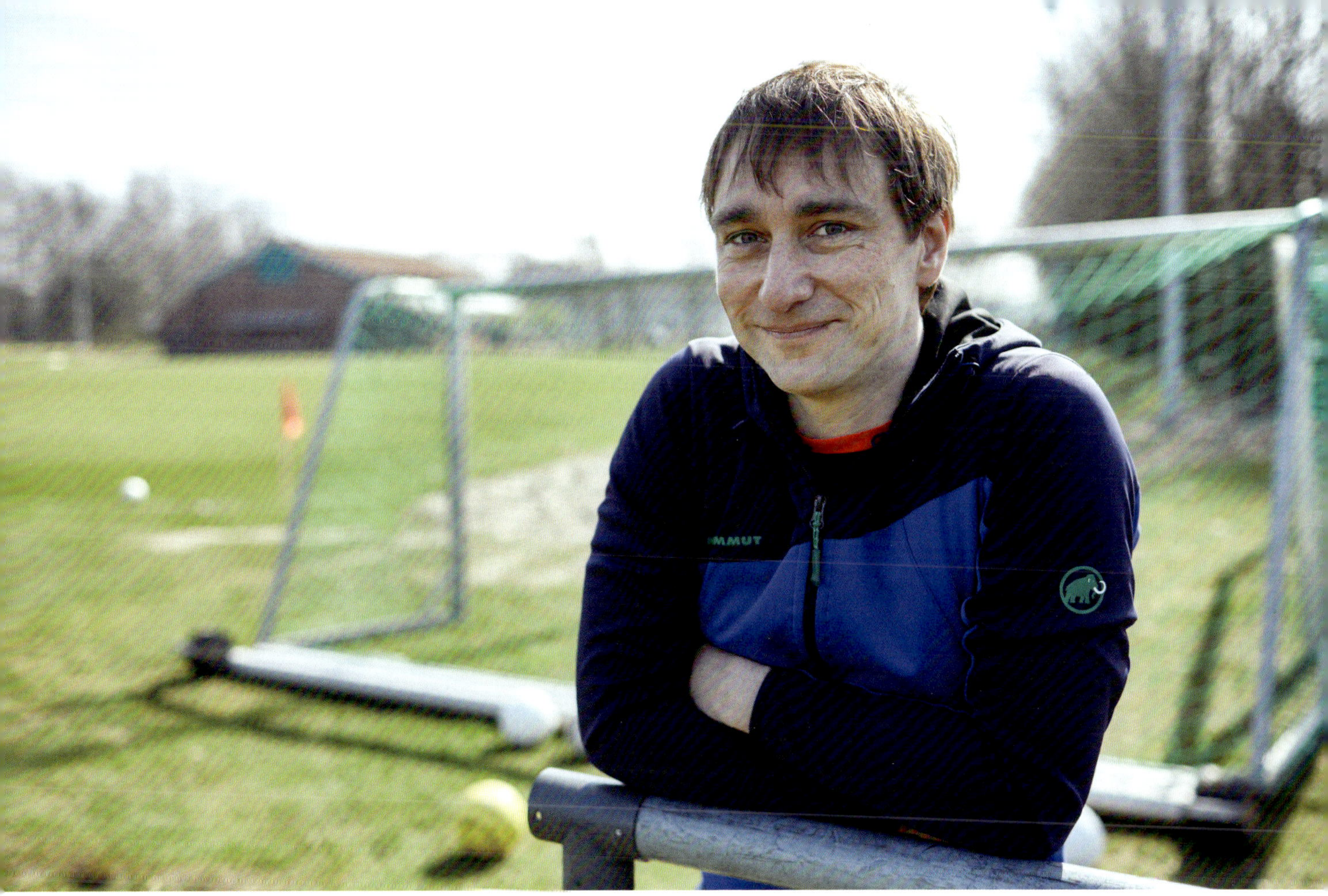

Mit etwas Anleitung lassen sich Ihre Jugendspieler auf das Thema Werte ein.

Vertrauen Sie darauf: Ihre Jugendspielerinnen und -spieler sind in der Lage, genau das auszudrücken, was ihnen für sich selbst und den Mannschaftssport wichtig ist. Vielleicht nutzen sie dafür, ihrem Alter entsprechend, andere Worte, als Sie es tun würden. Aber sie nehmen damit vermutlich auf Werte Bezug, die auch Ihnen vertraut sind. Um diese Werte zur Sprache zu bringen und miteinander zu diskutieren, benötigen Ihre Jugendspieler nur etwas Anleitung, einen geeigneten Ort und genügend Zeit. Das heißt, es bietet sich an, dass Sie sich an folgenden drei Schritten orientieren, wenn Sie das Thema »Werte« mit Ihrer Mannschaft aufgreifen.

Schritt 1: Was sind Werte? Alle mitnehmen und auf den gleichen Wissensstand bringen

Zunächst stellen Sie sicher, dass die Spielerinnen und Spieler wissen, was Werte überhaupt sind. Hierfür können Sie die Wertedefinition auf Seite 73 zu Hilfe nehmen und gemeinsam Beispiele für Werte sammeln. Dabei ist es wesentlich, sich darüber auszutauschen, was die einzelnen Spieler jeweils unter einem bestimmten Wert – wie zum Beispiel Respekt oder Freundschaft – verstehen. Nicht nur, weil es hier große Unterschiede geben kann, sondern auch, weil Werte sonst bloß abstrakte Begriffe bleiben. Letztlich geht es ja darum, sich darüber zu verständigen, wie ein Wert im Alltag bzw. im konkreten Handeln gelebt werden kann oder soll. Es kommt also auch darauf an, ein gemeinsames Verständnis zu entwickeln, und darüber muss man sich austauschen. Sonst versteht und lebt jeder einen Wert ganz anders.

Tipp

Schauen Sie für die Frage, was Werte sind und wie unterschiedlich sie verstanden werden können, in das Grundlagenkapitel. Dort finden Sie hilfreiche Erläuterungen und Beispiele (ab Seite 25).

Schritt 2: Was ist uns wichtig und warum? Gemeinsam Werte für das Team sammeln

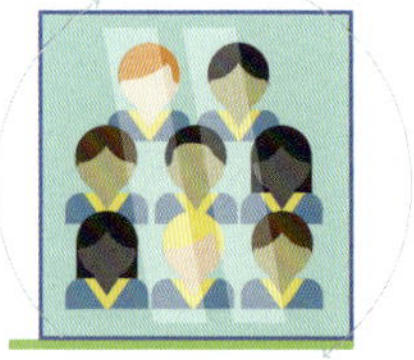

Wenn die Jugendlichen eine Vorstellung davon haben, was Werte sind und welche davon für sie persönlich zählen, können Sie gemeinsam mit ihnen Werte ausfindig machen, die für Ihre Mannschaft bedeutsam sind.

Dabei sollten Sie auf keinen Fall Werte vorgeben, sondern die Jugendlichen dazu anregen, eigene Ideen dazu zu entwickeln, welche Werte ihnen für die Mannschaft wichtig sind, und das auch zu begründen. Als Trainer sind Sie natürlich Teil des Teams und bringen Ihre Vorstellungen mit in die Diskussion ein. Halten Sie sich aber zunächst zurück und lassen Sie die Jugendlichen diskutieren! Eine aktive Rolle und die eigenständige Auseinandersetzung sind grundlegend für die Wertebildung der Jugendlichen (Kapitel »Was ist Wertebildung …?« ab Seite 25). Zudem ist das Commitment, also die persönliche und emotionale Verbundenheit der Spielerinnen und Spieler mit den gemeinsam festgelegten Werten, wesentlich höher, wenn sie diese Werte selbst erarbeitet und in der Auseinandersetzung damit einen persönlichen Bezug entwickelt haben: Was bedeutet der Wert für mich? Was bedeutet er für uns als Mannschaft? Was bedeuten bestimmte Werte für den Verein, für den Fußball generell? Welche Werte Ihren Jugendspielern wichtig sind, können ohnehin weder Sie noch jemand anderes einfach bestimmen. Geben Sie den Jugendlichen also Zeit, auch wenn es etwas dauert, bis die Diskussion in Gang kommt, oder wenn sie zwischendurch stockt. Ein Moment der Stille ist in der Regel ein Zeichen für Nachdenken. Bleiben Sie geduldig, warten Sie gelassen ab und unterstützen Sie erst, wenn das Team tatsächlich nicht weiterkommt – dann am besten mit Fragen, nicht mit Antworten.

Es kann sein, dass die Mannschaft Werte auswählt, die Ihnen selbst nicht relevant erscheinen, oder dass aus Ihrer Sicht wichtige Werte in der Sammlung fehlen. Diese fehlenden Werte können Sie als Vorschlag in die Runde geben und erläutern, warum Sie diese hinzufügen würden. Darüber lässt sich dann diskutieren. Ansonsten sollten Sie sich mit den Jugendlichen über die Bedeutung der ausgewählten Werte für den Fußball austauschen. Es kann sein, dass Ihre Spieler bestimmte Werte anders verstehen als Sie oder andere Begründungen für sie vorbringen. Erläutern Sie Ihre Perspektive und begründen Sie diese. Hören Sie auch den Jugendlichen zu und lassen Sie sie gegebenenfalls über bestimmte Werte nochmals diskutieren. Am Ende sollte eine Auswahl von Werten stehen, die alle als relevant für die Mannschaft erachten, und es sollten alle auch ein gemeinsames Verständnis davon haben, was diese Werte bedeuten.

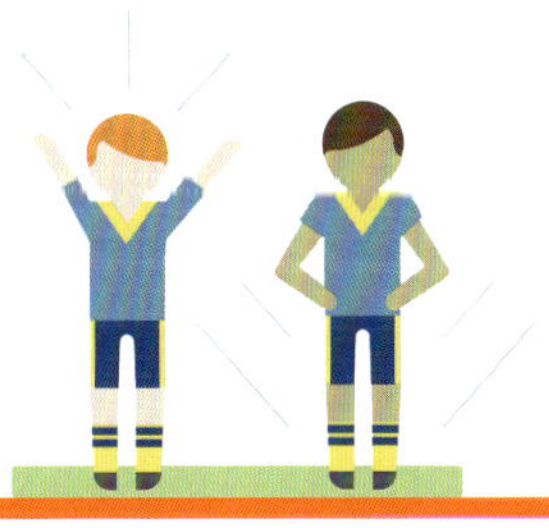

Tipp

Nutzen Sie die Potenziale, die Ihr Team bietet. Beherrschen die Jugendlichen beispielsweise mehrere Sprachen, können Sie diese Kompetenz miteinbeziehen und die Bedeutung der Wertebegriffe in den einzelnen Sprachen vergleichen. Damit zeigen Sie nicht nur Wertschätzung für die Spielerinnen und Spieler, sondern erfahren auch mehr darüber, was den Jugendlichen wichtig ist.

Beispiel

Was bedeutet Fairplay? Die Gegner und den Schiedsrichter nach dem Spiel abklatschen? Beim Stand von 1:1 in der Nachspielzeit des Pokalfinales auf Nachfrage des Schiedsrichters ein Handspiel im eigenen Strafraum zugeben? Sie sehen: Ein Wert kann sehr unterschiedlich verstanden werden und er bleibt abstrakt, wenn nicht geklärt wird, was er für das Handeln im Alltag bedeutet. Das gilt es gemeinsam mit der Mannschaft herauszufinden, wenn es nicht zu Missverständnissen und Konflikten kommen soll.

Schritt 3: Welche Werte sollen uns Orientierung geben? Werte mit Leben füllen

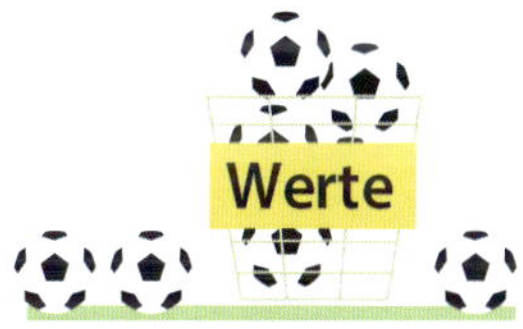

Nachdem Sie sich mit Ihrer Mannschaft auf gemeinsame Werte verständigt haben, geht es im nächsten Schritt darum zu klären, wie diese Werte gemeinsam im Alltag gelebt werden sollen. Denn allein über Werte zu reden, reicht nicht. Die Herausforderung ist, ins Handeln zu kommen. Dafür hilft es, sich darüber klar zu werden, in welchen alltäglichen Situationen auf und neben dem Platz ein bestimmter Wert wichtig werden könnte. Wie würden wir uns in dieser Situation verhalten, wenn wir uns an dem Wert orientieren? Woran würden wir erkennen, dass wir den Wert leben? Was bedeutet es, wenn wir unser Verhalten an diesem Wert ausrichten? Welche Konsequenzen hatte das für unser Miteinander (z. B. in Bezug auf Verhaltensweisen, die Reaktion anderer, die Atmosphäre im Team)?

Wenn Werte so in konkrete Lebenssituationen der Spieler übersetzt werden und auch darüber diskutiert wird, welche Konsequenzen die Ausrichtung an einem Wert für das eigene Handeln hat, werden Werte viel greifbarer. Dann können sie tatsächlich Orientierung geben und es können auch konkrete Verhaltensregeln für den Alltag aus ihnen abgeleitet werden.

Im Folgenden finden Sie einige Beispiele dafür, was Werte für das Handeln im Alltag bedeuten können. Auch das lässt sich noch weiter im Hinblick auf gewünschtes Verhalten in bestimmten Situationen konkretisieren.

Teamgeist
»Wir unterstützen uns gegenseitig und wollen Teil einer eingeschworenen Mannschaft sein.«

Erfolg
»Wir verfolgen unsere Ziele und wollen gewinnen, aber nicht um jeden Preis.«

Verantwortung
»Wir stehen für unser Verhalten ein und wollen Vorbild auf und neben dem Platz sein.«

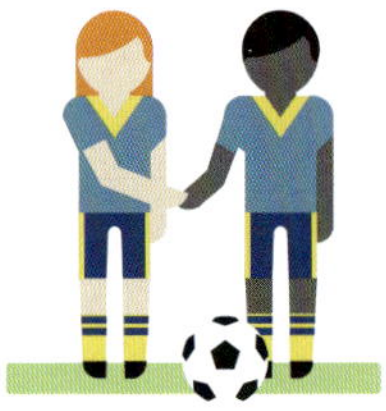

Toleranz
»Wir akzeptieren andere Ansichten und achten verschiedene Meinungen.«

Respekt
»Wir gehen wertschätzend miteinander um und achten einander.«

Respekt und Teamgeist im Beispiel

Wenn Ihre Mannschaft **Respekt** für sich als Wert definiert hat, könnte sich das etwa so zeigen: Die Spieler verhalten sich im Wettkampf fair, sie klatschen die gegnerische Mannschaft ab und akzeptieren Schiedsrichterentscheidungen.

Teamgeist könnte Ihre Mannschaft in folgenden Verhaltensweisen erkennen: Spieler wie auch Trainer vermeiden egoistisches Verhalten. Ein Spieler denkt dann nicht nur an die eigene Torquote, sondern spielt auch vor dem Tor noch ab, wenn ein Mitspieler in einer aussichtsreicheren Position steht. Teamgeist kann auch bedeuten, sich bei Niederlagen nicht gegenseitig die Schuld zuzuweisen. Oder er kann das sofortige, flexible Umschaltverhalten nach einem Ballverlust meinen, wenn ein Mitspieler einen Fehlpass gespielt hat. Nach außen sichtbar wird Teamgeist auch im Motivationskreis, den eine Mannschaft vor dem Spiel bildet.

Jugendliche halten sich an Regeln, die für sie Sinn ergeben.

Aus den vereinbarten Werten können Sie also konkrete Verhaltensregeln ableiten. Auch hierbei kommt es darauf an, die Jugendlichen zu beteiligen und mit ihnen gemeinsam vorzugehen. Außerdem ist es entscheidend zu erläutern, warum bestimmte Regeln aufgestellt werden. Wenn Ihre Jugendspieler die Regeln mitentwickelt haben und sie ihren Sinn verstehen, sind sie eher motiviert, diese Regeln auch einzuhalten. Die vereinbarten Werte liefern dabei eine gute Begründung.

Als Trainer können Sie auf die gemeinsamen Werte und Regeln immer wieder Bezug nehmen: sei es verstärkend, wenn Sie beobachten, dass die Mannschaft sich an die Werte hält, oder konstruktiv-kritisch, wenn Sie Verletzungen der Werte oder Regeln feststellen. Als Team die Mannschaftswerte zu formulieren, ist nichts Neues im Fußball. Auch erfolgreiche Trainer wie Jürgen Klopp nutzen dieses Instrument und setzen es für (wertebildende) Mannschaftsführung und Teamentwicklung ein.

Die Erarbeitung von Mannschaftswerten und Regeln ist ein gutes Mittel für die Wertebildung innerhalb einer Mannschaft. Mit der gemeinsamen Erarbeitung und Einführung von Werten und Regeln übertragen Sie gleichzeitig ein Stück Verantwortung auf die Spieler und legen die Basis, um auch während der Saison daran anzuknüpfen und sowohl fußballerisch als auch im sozialen Miteinander davon zu profitieren.

Gemeinsam das Training vorbereiten: Hier sind Verantwortung, Teamgeist und Respekt gefragt.

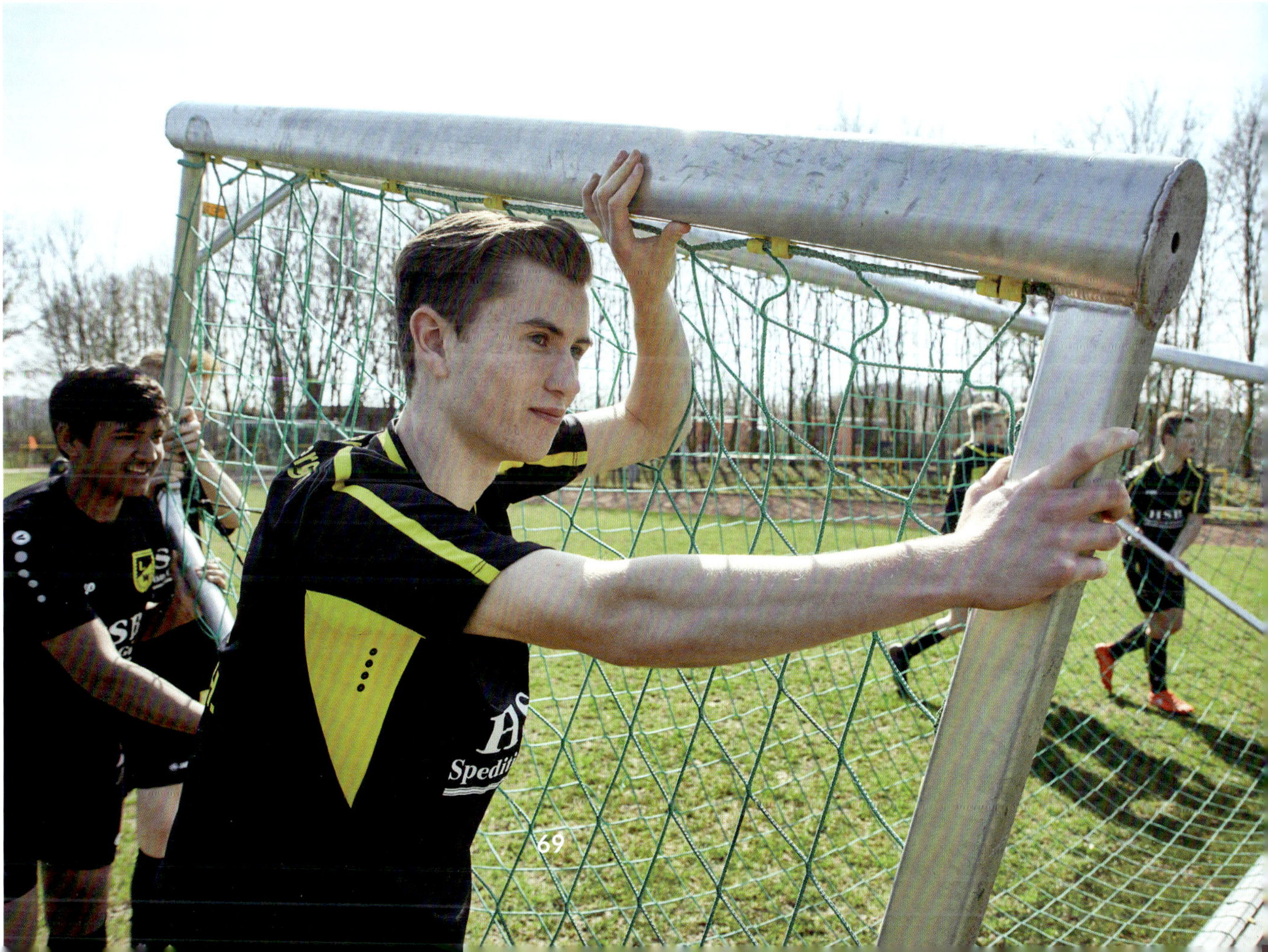

Praxisübung: Das Werteplakat der Mannschaft

Eine hilfreiche Methode für die Einführung von Werten ist das Werteplakat der Mannschaft. Es zeigt, was der Mannschaft für die Saison wichtig ist – an welchen Werten sie sich im Umgang miteinander, aber auch im Wettkampf, auf dem Platz und neben dem Platz orientieren will. So können Sie ein Werteplakat mit Ihrer Mannschaft erstellen:

Jugendspieler erstellen ein Werteplakat.

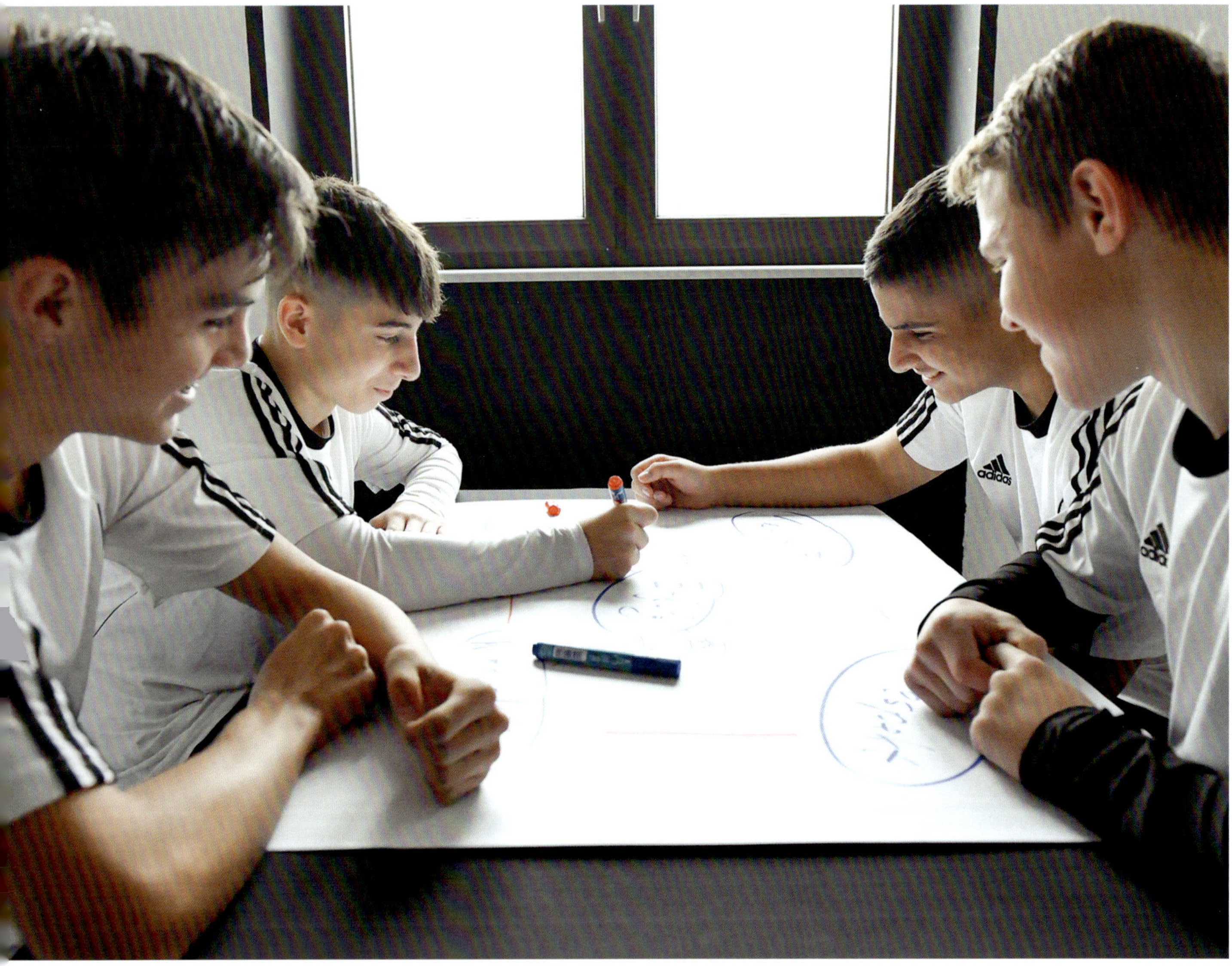

Vorbereitung

1. Eine wichtige Voraussetzung ist, dass Sie sich in Ihrer Rolle als Trainer oder Trainerin selbst mit Ihren Werten auseinandergesetzt haben. Dafür finden Sie in diesem Trainerhandbuch Anleitungen (ab Seite 29).
2. Suchen Sie einen Ort, an dem die Mannschaft ungestört arbeiten kann (Vereinsheim, großer Raum mit Tischen und Stühlen, vielleicht sogar mit Flipchart und Pinnwand).

3. Laden Sie die Mannschaft vor oder nach einem Training oder an einem gesonderten Termin ein und erläutern Sie kurz, worum es gehen soll: »Werte und Regeln sind wichtig für die Zusammenarbeit als Team. Das wollen wir gemeinsam erarbeiten.«
4. Planen Sie etwa zwei Stunden für die Übung ein.
5. Denken Sie an Erfrischungen, gegebenenfalls auch an einen Imbiss.

Informieren Sie die Eltern über den Termin und erläutern Sie ihnen kurz das Vorhaben.

Durchführung

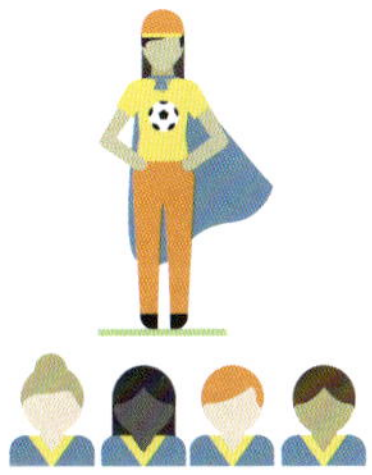

1. Beginn: Erklären Sie den Spielern, dass Sie mit ihnen erarbeiten möchten, an welchen Werten sich die Mannschaft orientieren sollte. Sie wollen das nicht vorgeben, sondern die Jugendlichen sollen das selbst erarbeiten. Am Schluss werden die Werte, auf die sich die Mannschaft geeinigt hat, auf einem Plakat festgehalten.
2. Klären Sie zunächst, was Werte sind. → Arbeitshilfe 1: Wertedefinition für Jugendspieler (Seite 73).
3. Führen Sie aus persönlicher Sicht in das Thema ein: Welche Werte sind Ihnen im Leben/für den Fußball/als Trainer wichtig und warum? Was bedeuten diese Werte für Sie und Ihr Verhalten gegenüber anderen? Was verstehen Sie zum Beispiel unter Respekt oder Toleranz? Wo zeigt sich das aus Ihrer Sicht im Alltag? Wichtiger als genaue Definitionen sind hier Ihre Erfahrungen, Gedanken und persönlichen Geschichten, die Sie mit bestimmten Werten verbinden – etwa Ehrlichkeit im Beruf oder in der eigenen Familie.
4. Den Einstieg für die Jugendlichen können Sie dann über eine erste Werteabfrage gestalten, bei der die Spieler je einen Wert wählen sollen, der ihnen persönlich wichtig ist. Ermuntern Sie die Jugendlichen dazu zu erläutern, was dieser Wert für sie persönlich bedeutet und warum sie ihn wichtig finden. → Arbeitshilfe 2: Werteabfrage (Seite 73 und 74).
5. Ihre Rolle in diesem Part ist vor allem die des Beobachters und nach Bedarf des Moderators. Gerade bei Mannschaften mit älteren Jugendlichen können Sie diese Aufgabe auch einer Spielerin oder einem Spieler übergeben. Sie können darauf vertrauen, dass die Jugendlichen diese Übung selbstständig meistern! Geben Sie ihnen einfach etwas Zeit.
6. In Sachen Jugendsprache und Mehrsprachigkeit bedenken Sie: Wichtig sind nicht die Worte, sondern die Haltung, die sich dahinter verbirgt. Priorität hat, dass die Spieler sich und ihre Werte artikulieren können, nicht, ob sie dabei die korrekten abstrakten Begrifflichkeiten nutzen. Ermutigen Sie dazu, sich mit eigenen Worten zu erklären und bei Bedarf auch die Muttersprache zu nutzen, um die Bedeutung eines Wertes in dieser Sprache zu erklären. Variante: Das, worum es geht, aufmalen lassen.
7. Die Mannschaft soll dann die Werte zusammentragen, die für sie als Team wichtig sind. Das können Werte aus der ersten Werteabfrage sein oder neue Nennungen.

8. Im nächsten Schritt entscheidet sich die Mannschaft für die Werte, die für sie die größte Bedeutung haben. Das betrifft sowohl Werte, die bereits gelebt werden, als auch Zielwerte, die noch nicht erreicht sind. Etwa sechs bis maximal acht Werte sollten dann übrig bleiben. Bei diesem Schritt ist die Auseinandersetzung entscheidend: Warum finden wir welchen Wert wichtiger? Was verbinden wir mit ihm? Was bedeutet er für uns – wie zeigt er sich im Alltag? Wie schlägt er sich in unserem Verhalten nieder?

Reflexion

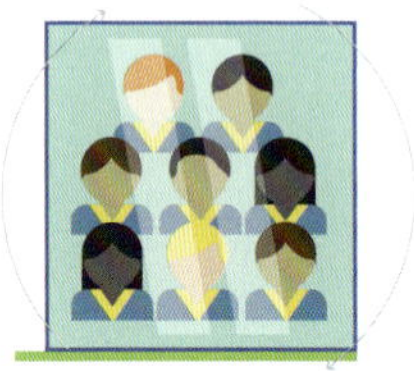

Reflektieren Sie mit den Jugendlichen die Arbeit an den Werten: Sie können während des gesamten Prozesses ins Gespräch mit den Jugendlichen kommen, über die ausgewählten Werte diskutieren oder auch den Auswahlprozess selbst reflektieren.

Hilfreiche Fragen dafür sind zum Beispiel:

- Was sind Werte für euch? Welche Rolle spielen sie für den Umgang miteinander in Verein und Mannschaft – für den Fußball?
- Warum habt ihr euch für diese Werte entschieden?
- Was bedeuten diese Werte für das Training?
- Was bedeuten sie darüber hinaus, zum Beispiel für den Umgang mit anderen Mannschaften oder das Verhalten in Spielen oder für das Miteinander in der eigenen Mannschaft und im Verein?
- Wie können wir diese Werte im Fußballalltag leben?
- Wie sollten wir uns verhalten, wenn uns diese Werte wichtig sind?
- Welche Regeln sollten wir uns vielleicht geben, um uns gemeinsam an die Werte zu erinnern und sie zu halten?

Abschluss

Als Ergebnis sollte ein Plakat entstehen, das die Jugendlichen zum Beispiel in der Kabine aufhängen können. Darauf stehen dann die Werte sowie eine kurze Erläuterung, was mit ihnen gemeint ist, sowie die daraus abgeleiteten Verhaltensregeln. Lassen Sie die Jugendlichen das Plakat selbst gestalten und geben Sie Unterstützung, wo notwendig. Sie können das Plakat auch als Poster drucken lassen – das gibt dem Ganzen mehr Wert und zahlt damit auch indirekt auf die Wertebildung ein: Sie schätzen das gemeinsame Arbeitsergebnis, auch Ihnen sind die Werte wichtig!

Nachbereitung

Im Laufe der Saison gibt es viele Gelegenheiten, auf das Plakat zurückzukommen. Etwa wenn Spieler sich positiv verhalten haben oder – umgekehrt – wenn dies nicht der Fall war. Sie können auch darauf zurückgreifen, wenn Sie wertebildende Übungen einbauen wollen.

Am Ende einer Saison bietet es sich an, gemeinsam mit der Mannschaft darüber zu reflektieren, wo die Mannschaftswerte dem Team geholfen haben und wo sie gelebt wurden.

Arbeitshilfe 1: Wertedefinition für Jugendspieler

Werte drücken das aus, was euch wichtig ist, was ihr für euch selbst und auch für unsere Gesellschaft als positiv und wünschenswert anseht – zum Beispiel Respekt, Toleranz, Freundschaft oder Gerechtigkeit. Eure Werte sind wie ein Kompass. Sie geben euch Orientierung für euer Handeln, dafür, wie ihr leben wollt und wie ihr miteinander umgeht. Welche Werte euch wichtig sind, hängt von euren Erfahrungen und Erlebnissen ab. Hierbei habt ihr mit vielen Menschen zu tun: Euren Eltern etwa, Geschwistern, Freunden, Lehrern, Trainern. Manche Werte findet ihr gut und übernehmt sie zum Beispiel von euren Eltern, andere sind euch vielleicht nicht so wichtig. Indem ihr euch mit den Wertvorstellungen anderer Leute auseinandersetzt, bildet ihr euch eure eigene Meinung und entwickelt eigene Wertvorstellungen. Natürlich werden Werte auch schon in der frühen Kindheit gebildet. Ihr habt zum Beispiel in der Familie oder in der Schule erlebt, was Respekt oder Gerechtigkeit bedeutet. Und bestimmt könnt ihr sagen, was euch von klein auf wichtig ist und worauf ihr auch heute noch Wert legt im Umgang mit Freunden, Lehrern oder in der Familie.

Arbeitshilfe 2: Werteabfrage

Es empfiehlt sich, einige Werte auf Karten zu schreiben, diese auf dem Boden auszulegen oder auf dem Tisch zu verteilen und mit der Mannschaft darüber ins Gespräch zu kommen. Einige leere Karten sollten auch ausgelegt werden, damit Werte ergänzt werden können. Ab der Seite 30 finden Sie Beispiele von Werten.

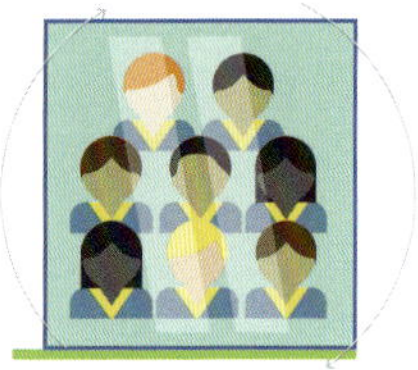

1. Wertekarten auslegen.
2. Die Spieler bitten, sich einen oder mehrere (maximal drei) Werte auszusuchen.
3. Jeder Spieler hängt seinen Wert an eine Pinnwand, ein Flipchart – oder legt ihn auf einen separaten Platz auf dem Boden.
4. Jeder Spieler sagt kurz etwas dazu, warum er diesen Wert ausgewählt hat und erzählt dazu etwas aus dem eigenen Leben (z.B. eine Erfahrung, ein Erlebnis eine Alltagssituation). Fordern Sie die Jugendlichen durch Nachfragen heraus. Denn es geht hier nicht darum, eine abstrakte Definition zu liefern oder bei dem bloßen Begriff stehen zu bleiben – nach dem Motto: »Ich habe Respekt gewählt, weil es wichtig ist, dass man respektvoll miteinander umgeht.« Locken Sie die Spielerinnen und Spieler etwas aus der Reserve, damit sie einen persönlichen Bezug zu dem Wert herstellen und dieser greifbar wird.
5. Sie öffnen das Gespräch für die ganze Gruppe zum Beispiel mit folgenden Fragen: Jetzt habt ihr persönliche Werte benannt, die euch generell wichtig sind im Leben oder in bestimmten Bereichen wie der Familie oder der Schule. Was ist euch jetzt in diesem Zusammenhang wichtig?

- Welche Werte zählen für euch ganz persönlich im Fußball/für das Team? Warum?
- Was bedeuten die einzelnen Werte für euch? Was versteht ihr darunter?
- Warum ist euch der eine Wert wichtiger als der andere?
- Welche Werte fehlen euch noch? (Diese Werte werden dann auf weitere Karten oder auf dem Flipchart festgehalten.)
- Was sind gemeinsame Werte, die wir teilen? Gibt es ein gemeinsames Verständnis davon?

Tipp

Schauen Sie für die Frage, was Werte sind und wie unterschiedlich sie verstanden werden können, in das Grundlagenkapitel. Dort finden Sie hilfreiche Erläuterungen und Beispiele (ab Seite 25).

Notizen

Praxisübung: Gemeinsam Regeln einführen

Regeln wie:

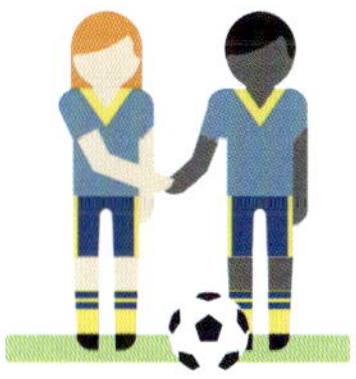

- Wir kommen pünktlich.
- Wir wechseln uns bei dem Materialdienst ab.
- Wir machen einen Motivationskreis vor dem Spiel.
- Wir gehen gemeinsam vom Platz (auch bei Spielen).
- Wir halten uns an die taktischen Vorgaben des Trainers.
- Wir gehen respektvoll miteinander um, lassen uns ausreden.
- Wir lösen Konflikte friedlich.
- Wir tolerieren andere Meinungen.
- …

sind wichtiger Bestandteil der Teamentwicklung, nicht nur im Jugendfußball. Regeln sollten gemeinsam mit den Jugendlichen erarbeitet werden. Dabei können Sie ähnlich vorgehen wie bei dem Thema »Werte« und darauf aufbauen. Als Anknüpfungspunkt bietet sich das Werteplakat an. Denn die Regeln lassen sich durch die Werte begründen und erhalten so mehr Anerkennung: Respekt ist uns wichtig. Es ist respektvoll, andere nicht warten zu lassen beziehungsweise das Training nicht dadurch aufzuhalten, dass man zu spät kommt. Daher kommen wir pünktlich … So erklärt sich der Grund für eine Regel. Das hilft den Jugendlichen bei deren Anerkennung.

Ablauf

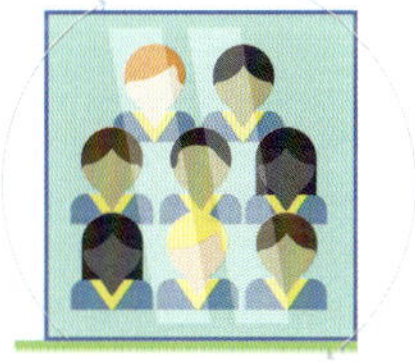

1. **Befestigen Sie** einen Bogen Flipchartpapier an der Wand mit der Überschrift »Teamregeln«. Am besten hängen Sie das Werteplakat daneben.
2. **Erläutern Sie,** dass Sie gemeinsam festhalten wollen, welche Verhaltensweisen die Teammitglieder voneinander erwarten können.
3. **Brainstorming:** Stellen Sie folgende Eingangsfrage: »Welche Regeln möchten wir als Team befolgen?« Sie können dabei auch auf die Werte verweisen und fragen, welche Verhaltensregeln sich daraus ableiten lassen. Bitten Sie die Jugendlichen, ihre Antworten als Regeln zu formulieren und auf Post-its zu schreiben (eine Regel pro Zettel), die sie dann auf den Flipchartbogen kleben.
4. **Geben Sie** einfache Beispiele vor (»pünktlich sein«, »wir gehen respektvoll miteinander um« usw.). Fassen Sie ähnliche Vorschläge zu Gruppen zusammen. Das hilft bei der anschließenden Diskussion.
5. **Diskussion:** Die Gruppierung der Zettel zeigt, bei welchen Regeln bereits weitgehende Übereinstimmung herrscht. Lassen Sie sich dies kurz vom Team bestätigen.

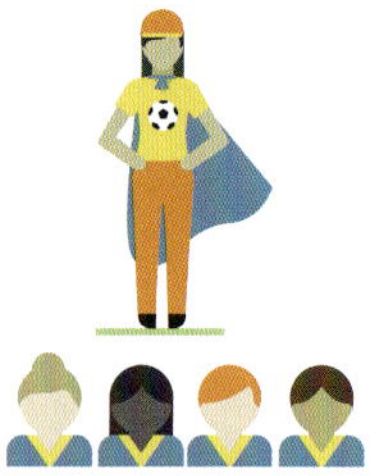

Diskutieren Sie dann strittige oder unklare (gegebenenfalls widersprüchliche) Vorschläge. Sie sollten hier nicht zu schnell sein; schließlich sollen alle Teammitglieder mit den aufgestellten Regeln einverstanden sein und sie unterstützen. Ein wenig Reibung und Diskussion sind hier also durchaus willkommen.

6. **Geben Sie** allen Teammitgliedern Zeit, ihre Vorschläge zu kommentieren. Sie sollen auch erklären, welche Regeln ihnen am wichtigsten sind, und dies begründen.
7. **Finden Sie** abschließend Formulierungen für die ausgewählten Regeln, auf die sich alle verständigen können.
8. **Umsetzung:** Diskutieren Sie mit den Jugendlichen, wie die Regeln praktisch umgesetzt werden können. Was ist dafür nötig? Was braucht die Mannschaft, um mit diesen Regeln arbeiten zu können? Was bedeutet das Einhalten der Regel für das alltägliche Verhalten konkret? Gegebenenfalls: Welcher Wert, der uns allen wichtig ist, steckt dahinter?

Abschluss

Geben Sie den Jugendspielern den Hinweis, dass sehr viele Regeln die Umsetzung schwierig machen. Eine Begrenzung auf zehn Regeln ist daher sinnvoll und die Jugendlichen können sich die Regeln auch einfacher merken.

Bitten Sie die Jugendlichen, aus den Regeln ein Plakat zu machen, das dann wie das Werteplakat zum Beispiel in der Kabine hängen kann. Zusätzlich können Sie eine Art Vertrag aus den Regeln machen, indem alle Teammitglieder und Sie selbst das Plakat unterschreiben. Wichtig: Führen Sie die Regeln erst ein, wenn Sie vorher Werte erarbeitet haben. Denn diese sind ja eine Grundlage für die Regeln. Nur so ist den Jugendlichen der Sinnzusammenhang klar.

Die partizipative Erarbeitung der Regeln führt zudem dazu, dass das Commitment aller Beteiligten höher ist – und gleichzeitig nur Regeln benannt werden, die für die Mannschaft und den Fußball wichtig sind. Wie bei allen anderen Dingen sind Sie auch bei diesem Thema in Ihrer Vorbildrolle gefordert. Das bedeutet, sich vor allem auch selbst an Regeln zu halten.

Notizen

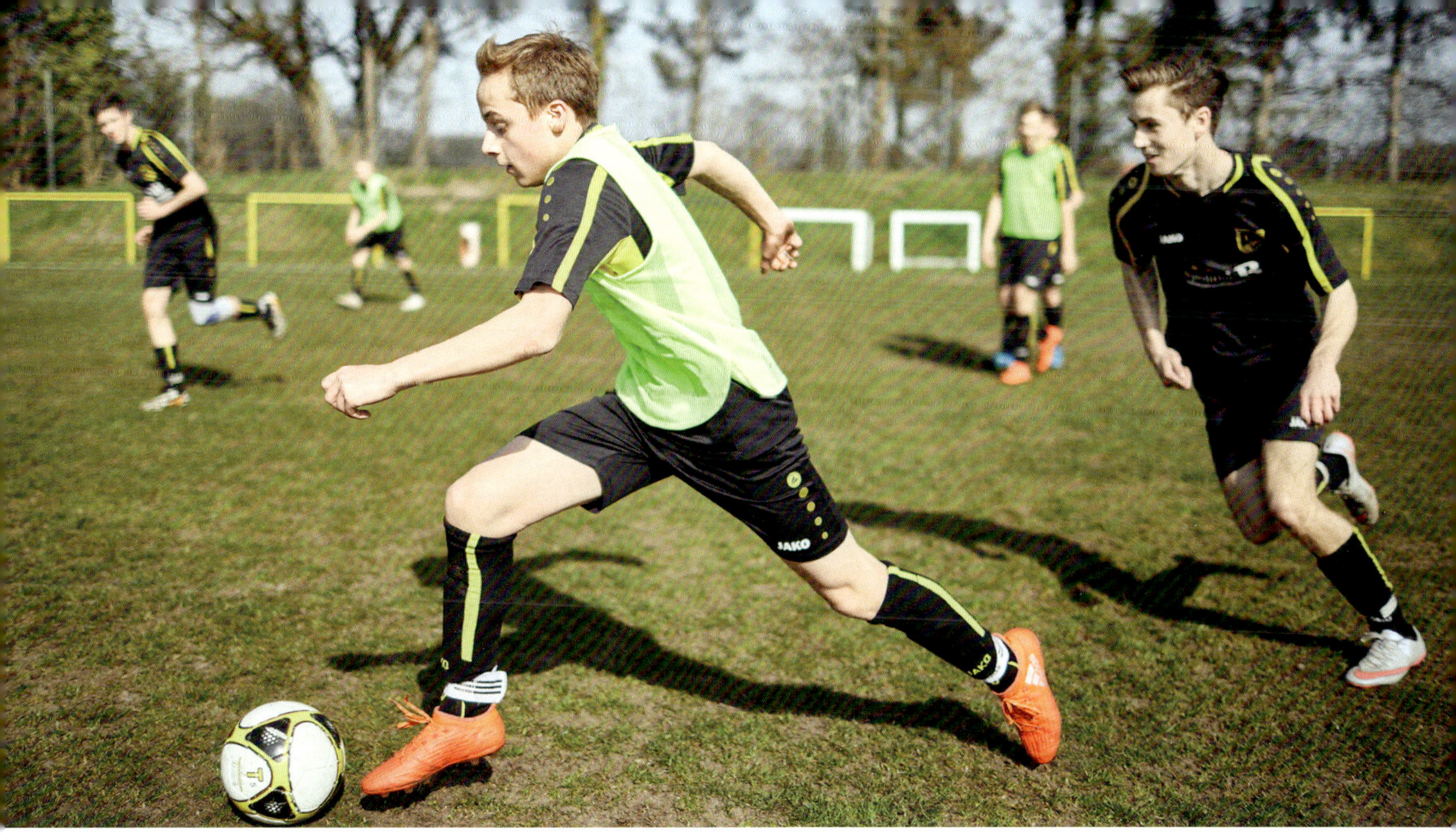

Regeln für das Miteinander sind genauso wichtig wie die 17 Fußballregeln.

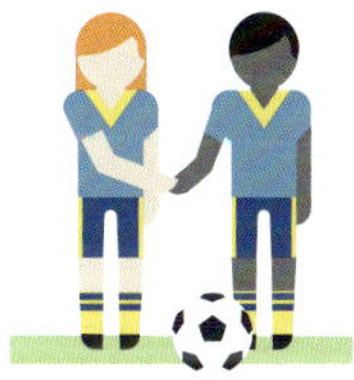

Praxis: Regeln für Spieler

Vor dem Spiel

- Wir sind pünktlich und konzentrieren uns auf das Spiel.
- Wir erinnern uns gemeinsam an unsere Werte und Regeln.
- Wir haben Freude am Fußball und wollen gewinnen.
- Wir wissen aber, es ist nur ein Spiel!
- Wir zeigen dem Gegner Respekt und Wertschätzung.
- Wir suchen den sportlichen Wettkampf, spielen fair und verletzen niemanden.
- Wir akzeptieren den Schiedsrichter und begegnen ihm mit Respekt.
- Wir begrüßen Gegner und Schiedsrichter freundlich.
- Wir pflegen unsere Rituale: gemeinsames Einlaufen, Gegnern die Hände schütteln, Motivationskreis.

Während des Spiels

- Wir akzeptieren die Regeln und den Schiedsrichter, insbesondere seine Entscheidungen.
- Wir tolerieren keine Beleidigungen, Beschimpfungen oder ironischen Bemerkungen; Diskriminierungen oder rassistische Äußerungen sind absolut tabu!
- Wir wahren die Distanz, wenn wir uns ärgern.
- Wir motivieren uns gegenseitig und muntern uns bei Fehlern auf.
- Wir bleiben bei Provokationen gelassen, atmen tief durch und kontrollieren unsere Gefühle.
- Wir reagieren nicht auf Zuschauer.

- Wir bringen allen Spielern den gleichen Respekt entgegen, egal, ob sie eine andere Sprache sprechen, eine andere Hautfarbe oder Nationalität haben: Uns alle verbindet die Leidenschaft für die gleiche Sache!

Nach dem Spiel

- Wir zeigen keine Arroganz und verhöhnen den Gegner nicht, wenn wir gewinnen.
- Wir zeigen Respekt für den Sieger, wenn wir verlieren.
- Wir geben dem Gegner die Hand, klatschen ab, gratulieren und beglückwünschen.
- Wir bedanken uns bei dem Schiedsrichter und diskutieren nicht.
- Wir klatschen unsere Mitspieler ab, gratulieren uns gegenseitig oder muntern uns gegenseitig auf.

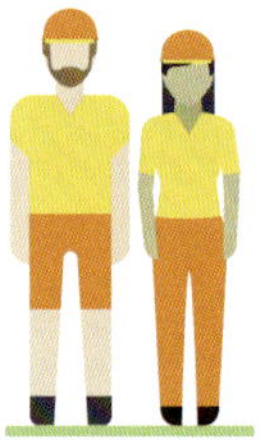

Praxis: Regeln für Trainer

Vor dem Spiel

- Wir begrüßen Spieler und Schiedsrichter freundlich.
- Wir sind höflich und aufmerksam bei der Passkontrolle.
- Wir leben Disziplin, Teamgeist und Fairness selbst vor.
- Wir sprechen Werte und Regeln an.
- Wir bitten Eltern um Disziplin, Respekt und Unterstützung.

Während des Spiels

- Wir akzeptieren die Regeln und den Schiedsrichter.
- Wir führen keine verbalen Angriffe (Beleidigungen, Provokationen, ironische Bemerkungen, Diskriminierungen oder rassistische Äußerungen sind absolut tabu!).
- Wir bewahren bei Ärger die Distanz und atmen tief durch.
- Wir zeigen allen Beteiligten Respekt.
- Wir nehmen Emotionen bewusst wahr, um konstruktiv handlungsfähig zu bleiben; wir atmen tief durch und kontrollieren uns.
- Wir beruhigen unsere Spieler und schützen sie gegebenenfalls vor sich selbst.

Nach dem Spiel

- Wir geben die Hand.
- Wir führen keine (unnötigen) Diskussionen.
- Wir sprechen, falls nötig, strittige Punkte sachlich an (gegebenenfalls mit zeitlichem Abstand).
- Wir wahren die Höflichkeit und zeigen Respekt.

4.2 Im Alltag anlassbezogen über Werte sprechen

Stehen die Mannschaftswerte einmal, können Sie diese im Alltag immer wieder zum Thema machen und so die Spielerinnen und Spieler dabei unterstützen, Werte zu verinnerlichen und ihr Handeln bewusst daran auszurichten. Anlässe, über Werte zu sprechen oder die Frage nach Werten zu stellen, bietet der Fußballalltag genug: Verhaltensweisen auf und neben dem Platz, bestimmte Trainingssituationen oder aktuelle Themen rund um den Fußball. Gerade auch Spannungen, Meinungsverschiedenheiten und Konflikte sind eine gute Gelegenheit, um Werte zu thematisieren (siehe auch die Tabelle auf Seite 53 und hier die Spalte »direkt«).

Als Trainerin oder Trainer kennen Sie Ihre Jugendlichen: Mal sind sie mit großer Spielfreude dabei, mal bringen sie Sorgen und Spannungen mit ins Team. Nicht alles werden Sie gleich zum Anlass nehmen, um zu kommentieren oder gar zu intervenieren. Doch manchmal lohnt es sich, nach einer Klärung zu suchen. Einen Spieler, dem es schlecht geht, können Sie individuell als Trainer aufmuntern. Oder Sie erinnern an Werte wie Freundschaft und Solidarität und ermutigen die Mannschaft, den betreffenden Spieler bewusst in die Gruppe hineinzunehmen und so zu stärken.

Eigene Spiele, aber auch die Bundesliga- und Champions-League-Spiele bieten grundsätzlich viel Stoff, um über Werte ins Gespräch zu kommen. Interessant sind vor allem die Situationen, über die Ihre Jugendspielerinnen und -spieler ohnehin sprechen: Schiedsrichterentscheidungen, das Verhalten einzelner Spieler, der Umgang mit Sieg oder Niederlage. Sie können das aufgreifen und wertebildend darauf reagieren, indem Sie unterschiedliche Sichtweisen einholen und zur Reflexion über dahinterliegende Werte anregen. Eine gute methodische Unterstützung dafür sind das Positionsbarometer oder der Perspektivwechsel (vgl. Praxisübung ab Seite 190).

Schließlich kann es sich anbieten, nach dem Training bewusst eine kurze Reflexionsphase mit den Spielern einzulegen, in der Sie neben technischen und taktischen Aspekten auch das soziale Verhalten in den Blick nehmen: Welche Werte haben die Spieler gelebt, welche Regeln haben sie eingehalten (oder auch nicht)? Wie haben sie einander unterstützt? Wie sind sie mit einer schwierigen Situation umgegangen? Was ist besonders gut gelaufen und warum? Was könnte im sozialen Zusammenspiel als Team noch verbessert werden? Stellen Sie den Jugendlichen Fragen, auf die diese offen antworten können (keine Ja/Nein-, sondern sogenannte

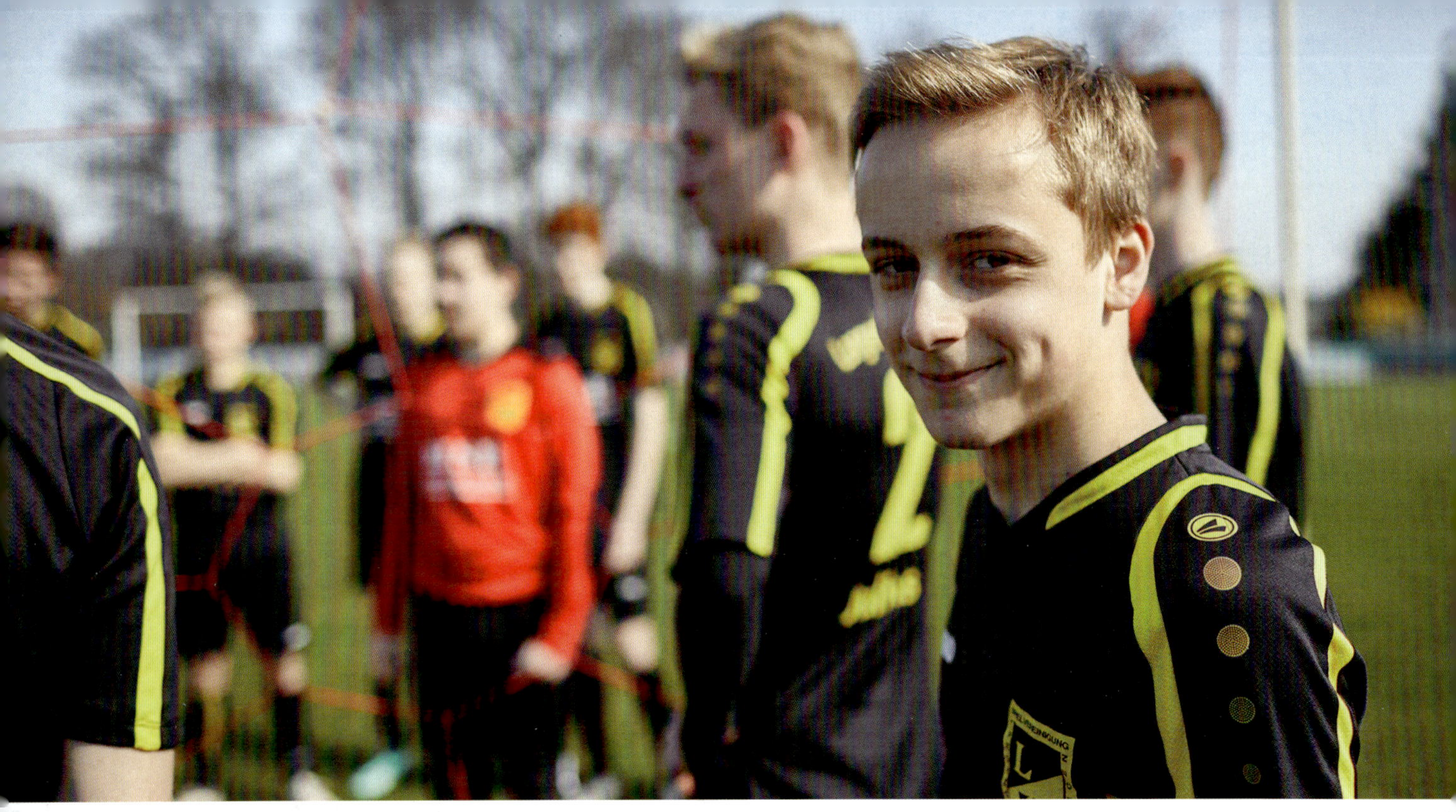

Im Fußballalltag gibt es viele Gelegenheiten, um gemeinsam über Werte wie Teamgeist, Respekt oder Fairness zu sprechen.

W-Fragen). Lassen Sie die Spieler selbst herausfinden, was in einer bestimmten Situation besonders gut oder eben nicht so gut gelaufen ist und was das mit den Werten zu tun hat, die die Mannschaft für wichtig erachtet. Ermuntern Sie Ihre Mannschaft auch, selbst Lösungen für Probleme zu finden oder einander Wertschätzung für gelungene Trainingseinheiten, Spiele oder auch einfach ein gutes soziales Verhalten zu vermitteln (Beispielfragen für die Wertereflexion, die Sie situativ nutzen können, finden Sie auf Seite 96). Für solche Wertereflexionen ist es hilfreich, wenn Sie schon bei der Planung der Trainingseinheit neben Technik, Taktik und Kondition als vierte Dimension Werte in den Blick nehmen und sich überlegen, wie bestimmte Werte und soziale Kompetenzen im Training gefördert werden sollen. Auch Teamübungen sind gut geeignet, um Werte bewusst zu thematisieren und das Verhalten zu reflektieren (vgl. die Reflexionsfragen ab Seite 96).

Wenn Sie Werte auf diese Weise anlassbezogen zum Thema machen, sensibilisieren Sie die Spieler für wertorientiertes Handeln und den Umgang mit schwierigen Situationen und Konflikten, die im Fußball nicht ausbleiben. Das Team profitiert auch als Ganzes davon, wenn Sie das, was sie in der Mannschaft wahrnehmen – seien es schwelende Streits oder verletzte Gefühle –, ins Bewusstsein bringen und im gemeinsamen Gespräch als lösbar herausstellen.

Hier finden Sie drei Übungen, um Anlässe im Alltag für die Auseinandersetzung mit Werten zu nutzen:

Positionsbarometer → Seite 87

Wertereflexion für Training und Übungen → Seite 96

Perspektivwechsel → Seite 190

Werte im Alltag leben

5

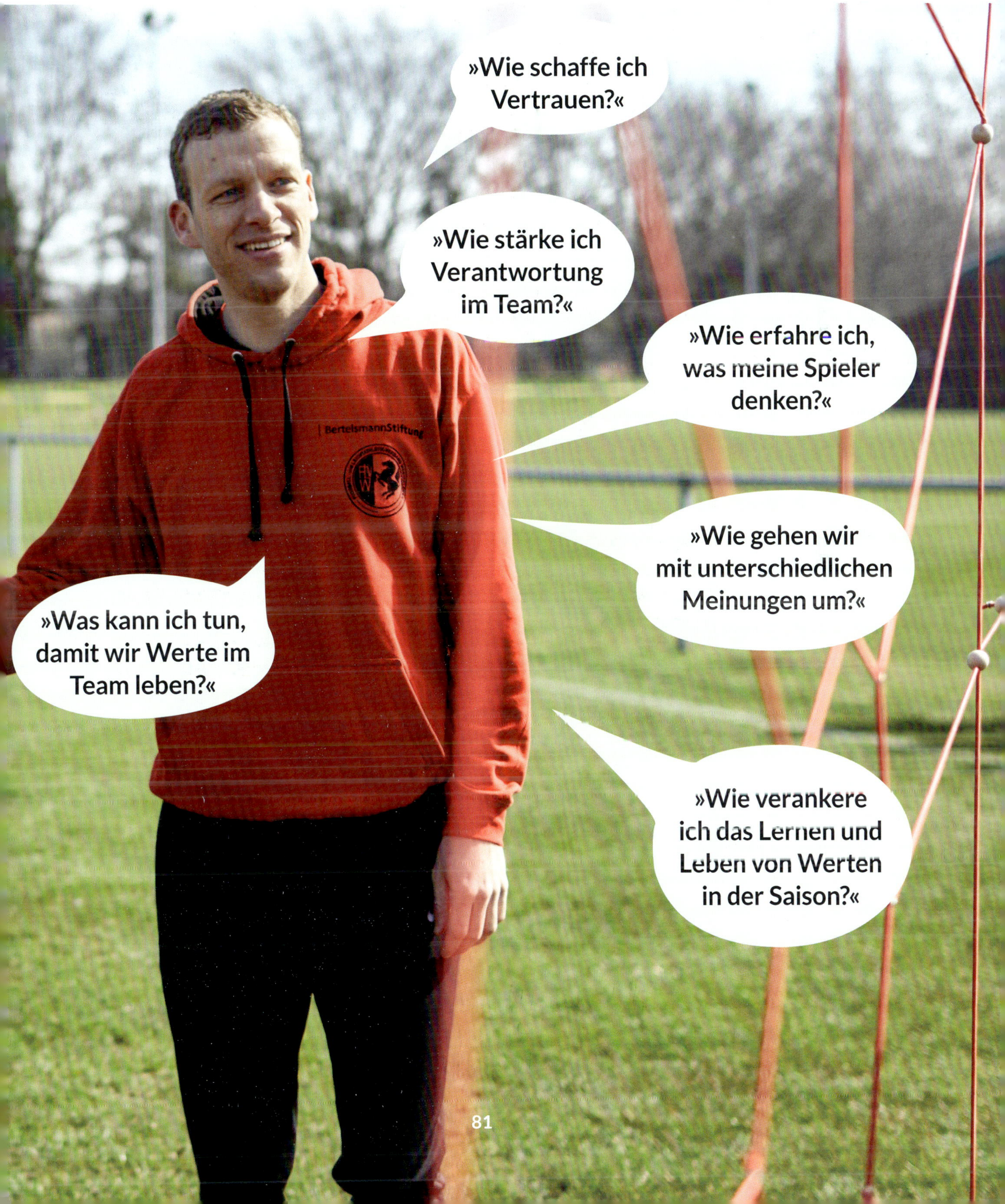

Um Werte auszubilden und für sich anzuerkennen, müssen sie erlebt, gelebt und erfahren werden – im Handeln anderer oder im eigenen Handeln. Das ist einerseits besonders herausfordernd: Meist ist es leichter, über Werte – wie Respekt oder Toleranz – zu reden. Andererseits werden Werte immer gelebt, wenn Menschen miteinander umgehen und dabei Entscheidungen treffen und sich entsprechend verhalten; etwa wenn es darum geht, einander ausreden zu lassen, sich zu grüßen, Verantwortung für einen Fehlpass zu übernehmen, gute Leistungen anzuerkennen, im Team zusammenzuhalten. Diese Beispiele machen deutlich, wie zahllos die Möglichkeiten sind, Werte erlebbar zu machen – gerade auch im Fußball.

Wenn Sie als Trainerin oder Trainer Werte im eigenen Handeln vorleben, tragen Sie bereits wesentlich dazu bei, dass Werte für die Jugendlichen erfahrbar werden (mehr zur Vorbildrolle ab Seite 56). Darüber hinaus sollten Jugendliche Freiräume haben, wertorientiertes Handeln einzuüben und Werte im Umgang miteinander zu leben. Dafür können Sie Rahmenbedingungen setzen und Möglichkeiten schaffen. Eine wichtige Voraussetzung sind etwa wertschätzende, vertrauensvolle Beziehungen. Außerdem können Sie Ihren Spielern im Trainings- und Vereinsalltag Gelegenheit geben, Verantwortung zu übernehmen und so Werte im eigenen Handeln zu erfahren. Bedeutsam ist auch, wie die Mannschaft kommuniziert und Konflikte löst (vgl. zu wertschätzender Kommunikation ab Seite 154). Wenn Sie zum Beispiel in der Spielersitzung darauf achten, dass alle sich ausreden lassen, einander zuhören, Feedback konstruktiv formulieren und ihre Sichtweisen begründen, dann üben die Jugendlichen Werte wie Respekt, Wertschätzung, Rücksichtnahme ein und entwickeln wichtige Kompetenzen wie Perspektivübernahme. Genauso können Jugendliche, wenn sie an Konfliktlösungen beteiligt werden, einüben, fair, gewaltfrei und konstruktiv mit Meinungsverschiedenheiten oder Streit umzugehen.

Über das Anknüpfen an Alltagssituationen hinaus können Sie auch gezielt Teamübungen oder wertebildende Fußballtrainings einsetzen, um Werte wie Vertrauen, Teamgeist, Respekt, Achtsamkeit, Fairness für die Jugendlichen erfahrbar zu machen. Wenn Sie anschließend eine Reflexionseinheit einplanen, verbinden Sie indirekte und direkte Wertebildung, also das Erleben und Reflektieren von Werten, was besonders wirksam ist.

In den folgenden Abschnitten und Kapiteln haben wir für Sie Tipps und Praxisübungen zusammengetragen, die dazu dienen, Werte mit der Mannschaft erlebbar und erfahrbar zu machen.

5.1 Vertrauen schaffen

Für Sie als Trainerin oder Trainer ist es entscheidend, das Vertrauen der Mannschaft zu gewinnen. Vertrauen sorgt für Robustheit und Akzeptanz im Umgang miteinander. Wenn Sie Ihrer Vorbildfunktion gerecht werden und respektvoll und zugewandt mit den Spielern umgehen und sich – wenn es darauf ankommt – auch schützend vor Ihre Mannschaft stellen, sind Sie auf einem guten Weg. In einer von Vertrauen geprägten Atmosphäre fällt es viel leichter, soziale und emotionale Kompetenzen wie Motivation, Leidenschaft, Empathie, Kreativität, Humor, positives Denken und Lockerheit zur Geltung zu bringen.

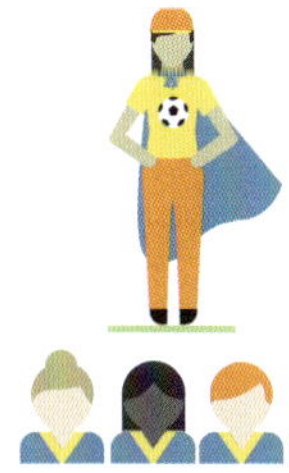

Das können Sie selbst dafür tun, damit das Vertrauen in Sie wächst:

Zuhören – Zeigen Sie echtes Interesse an dem einzelnen Spieler und drücken Sie damit Ihre Wertschätzung aus. Fühlt sich ein Spieler gehört und in den eigenen Bedürfnissen anerkannt, stärkt das sein Selbstbewusstsein.

Authentisch und integer sein – Spüren die Jugendlichen, dass Sie sich als Trainer nicht verstellen, wissen sie, woran sie sind, und empfinden Sie als glaubwürdig. Ihr Team kann Sie besser einschätzen und es fällt den Spielern leichter, sich frei zu bewegen. Integer zu sein bedeutet zu meinen, was man sagt, und auch so zu handeln (Integrität ist daher eine Form der Authentizität, zielt aber speziell auf das Werteverständnis und Handeln nach Werten). Wenn Sie als Trainerin oder Trainer eine Haltung vorgeben und nicht entsprechend handeln, lösen Sie einen Widerspruch aus, der dazu führt, dass Ihr Umfeld mit Unsicherheit reagiert. Ihre persönliche Integrität ist ein bedeutender Aspekt Ihrer Vorbildfunktion und trägt wesentlich zum Vertrauen bei.

Respekt und Wertschätzung – Ohne dies ist ein konstruktives Miteinander nicht möglich. Fühlen sich die Spieler wertgeschätzt und erleben einen respektvollen Umgang, fällt es ihnen auch leichter, sich selbst so zu verhalten. Auf Augenhöhe angesprochen zu werden, gibt Sicherheit und führt zu Vertrauen. Was ein respektvoller Umgang ausmacht, sollten Sie gemeinsam mit Ihren Spielern klären, denn die Vorstellungen davon können sehr unterschiedlich sein.

5.2 Verantwortungsübernahme ermöglichen

Damit Ihre Spielerinnen und Spieler Verantwortung übernehmen (lernen), sollten Sie sie an Entscheidungen und Entwicklungen teilhaben lassen und ihnen geeignete, ihrem Alter entsprechende Aufgaben übergeben. Die Mannschaftsziele vor Augen ist in der Mannschaft oder im Spielerrat ein Rahmen gegeben, um aufkommende Themen gut zu diskutieren. Wenn Ideen der Spieler in Ihre Entscheidungen einfließen, fühlen sich die Spieler ernst genommen und helfen eher bei der Umsetzung der Entscheidungen mit.

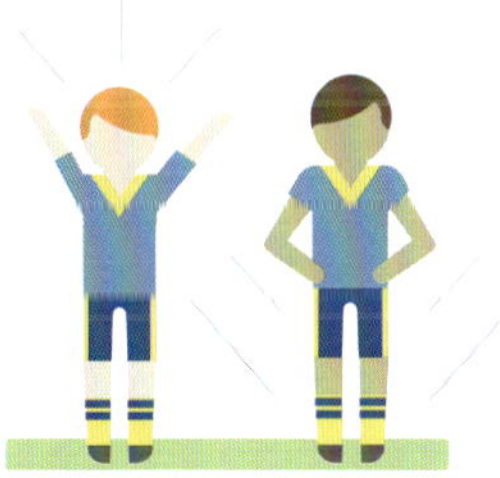

Nur wer Verantwortung übertragen bekommt, lernt sie auch von sich aus zu übernehmen. Geben Sie Ihren Spielern immer wieder die Gelegenheit, sich einzubringen.

Haben Sie sich zum Beispiel zu entscheiden, ob Sie mit einem oder zwei Stürmern spielen, können Sie sich mit dem Spielführer oder dem Spielerrat zusammensetzen und ihre Meinungen hören. Die Entscheidung selbst bleibt Ihre eigene, aber Sie sind gehalten, sie unter Berücksichtigung der eingeholten Meinungen zu begründen und dadurch auch nachvollziehbar zu machen. Spürbar sollte für die Spielerinnen und Spieler werden, dass ihre Meinungen Ihnen wichtig sind.

Praxisbeispiele: Verantwortung übertragen

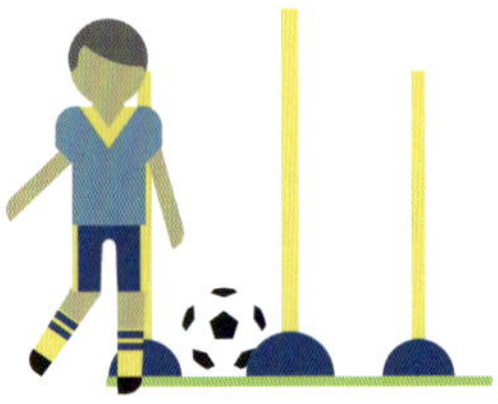

Spieler tragen Verantwortung für die Organisation

Beteiligen Sie die Jugendlichen an der Trainingsorganisation und übertragen Sie ihnen etwa die Bereitstellung des Trainingsmaterials. Sinnvoll kann es dabei sein, dass Sie als Trainer die benötigten Materialien zuvor herauslegen; oder Sie schreiben eine Liste mit den nötigen Utensilien und überlassen es dem Gruppendienst, dieses Material eigenständig zusammenzustellen. Das Festlegen eines Gruppendienstplans erleichtert die Klärung der Frage, welches Mannschaftsmitglied wann diese Aufgabe übernimmt.

Natürlich kann es passieren, dass bei dieser Organisation etwas schiefläuft und Material am Platz fehlt oder falsch verlegt ist. Dann gilt es dafür zu sorgen, dass alles schnell wieder passt. Regen Sie sich aber nicht auf, falls mal etwas nicht reibungslos läuft – mit einer Aufgabe zu wachsen, gehört zum jugendlichen Reifeprozess dazu und braucht Zeit und Begleitung.

Aufgaben an Spieler verteilen

Übergeben Sie den Spielerinnen und Spielern Aufgaben. Diese sollten sich keinesfalls wie Hausaufgaben anfühlen und müssen auch keinen großen Umfang haben. So kann ein Spieler beispielsweise dafür sorgen, die aktuelle Tabelle der Mannschaft auszudrucken, oder das Team über anstehende Turniergegner informieren. Wer welche Aufgabe übernehmen mag, klären Sie am besten gemeinsam in einer Mannschaftsbesprechung.

Verantwortung im Training übertragen

Wer kennt das nicht: Im 5 gegen 2 kommt es zur Diskussion, wer als Nächster in die Mitte muss. Bestimmen Sie zu Beginn des Spiels einen Schiedsrichter, der in solchen Fällen entscheidet. Beim nächsten Training ist ein anderer Spieler dran. Nutzen Sie solche kleinen fußballerischen Aufgaben, um den Spielerinnen und Spielern Verantwortung zu übertragen. Auch bei Wettrennen oder Spielformen bietet sich diese Form der Förderung an. Vielleicht haben Sie einen besonders reifen Spieler in Ihrem Team; lassen

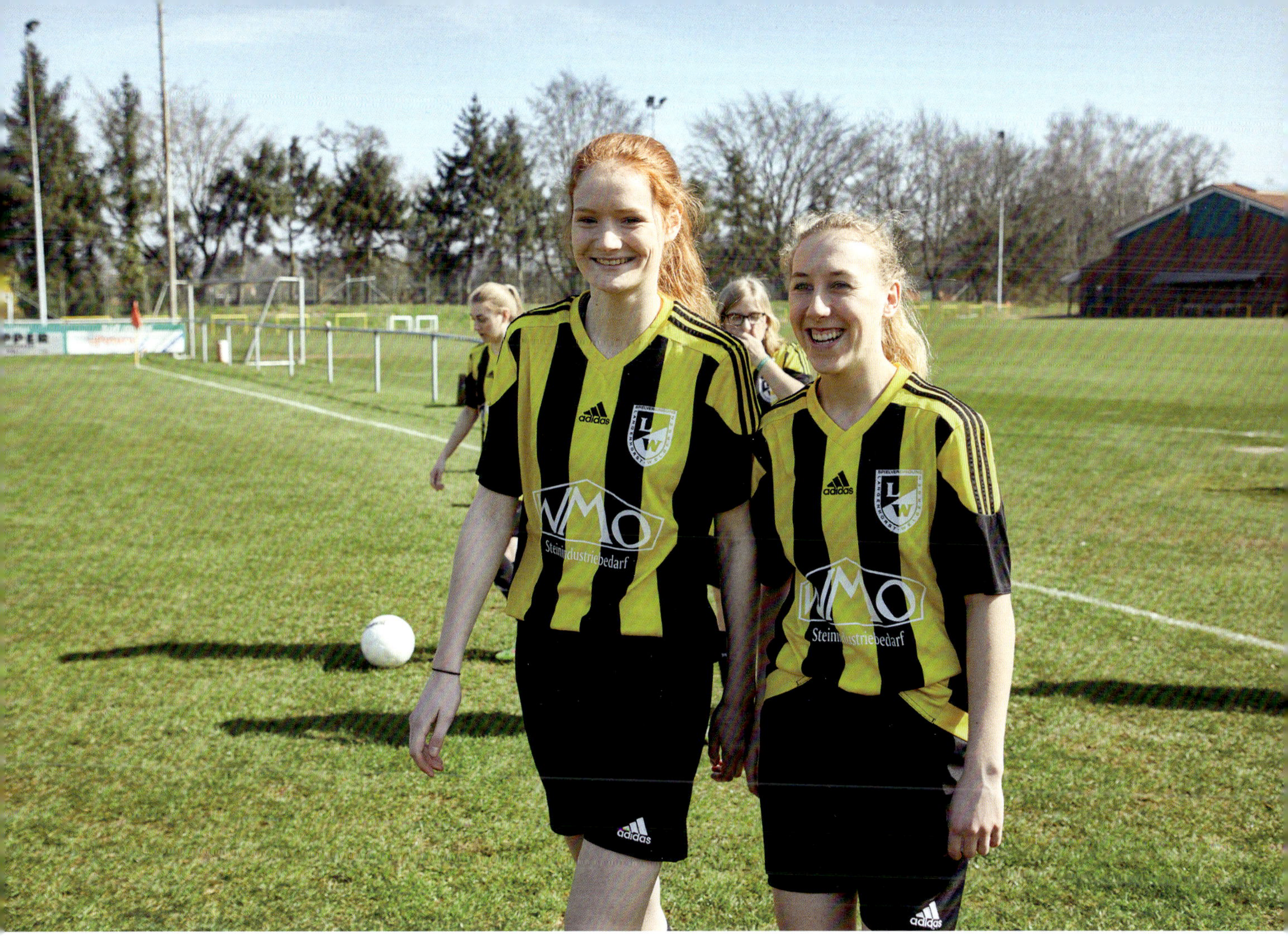

Sie ihn mal eine einfache Übung leiten und übertragen Sie ihm die Verantwortung bei einer simplen Passform. Eine weitere Idee: Der direkte und der indirekte Verursacher des Ballverlustes gehen in die Mitte. Dadurch wird die eigene Verantwortung für die Folgeaktion des Mitspielers bewusst.

Verantwortung übernehmen stärkt nicht nur Kompetenzen, sondern macht auch Spaß!

Verantwortung für andere tragen

Organisieren Sie doch mal ein Training gemeinsam mit einer jüngeren Mannschaft wie beispielsweise F-Junioren. Hier sollen die älteren Spieler dann kleine Übungen leiten und selbst Traineraufgaben übernehmen. So lernen Ihre Spieler, Verantwortung zu übernehmen und sich auf andere und ihr Können einzulassen.

Die Jugendlichen als Wanderführer

Im Sommer ist eine gemeinsame Wanderung mit anschließendem Grillen und Kicken eine willkommene Abwechslung. Geben Sie den Kindern bei der Wanderroute das Kommando. Sie sollen die Karte lesen und somit den Weg vorgeben. Sie greifen immer nur unterstützend ein, wenn es gilt, größere Umwege zu vermeiden – kurze Umwege unter 15 Minuten können Sie ruhig riskieren.

Quelle: https://www.dfb.de/trainer/d-juniorin/artikel/d-junioren-verantwortung-uebertragen-1282/

5.3 Perspektivwechsel einnehmen, andere Positionen verstehen

Für einen konstruktiven Umgang miteinander ist es – gerade wenn es um unterschiedliche Sichtweisen geht – oft nicht hilfreich, mit den Kategorien »richtig« und »falsch« zu agieren. Sie können Ihre Jugendspieler darin unterstützen, sich selbst und die anderen besser zu verstehen, indem sie sich über ihre unterschiedlichen Perspektiven und Positionen klar werden und austauschen.

»Richtig« und »falsch« helfen in einer Meinungsverschiedenheit nicht weiter – versuchen Sie, die Beweggründe der anderen nachzuvollziehen.

Beim Perspektivwechsel versucht eine Person, sich in die Lage der anderen zu versetzen und eine Situation aus deren Sichtweise zu sehen. Wenn sich die Spielerinnen und Spieler für die Beweggründe ihres Gegenübers interessieren und dessen Perspektive nachvollziehen, können sie unterschiedliche Bedürfnisse besser verstehen und zumindest in eine Balance zueinander bringen. So lässt sich Konflikten eher vorbeugen.

Der eine Jugendspieler will mehr trainieren, weil er Ambitionen hat, während der andere neben dem Fußball auch noch anderen Hobbys nachgeht. Beide benötigen Zeit für das, was ihnen wichtig ist. Über diese Frage der Zeit, die für das Training investiert werden sollte, lässt sich im Team diskutieren. Für eine Klärung ist es entscheidend, dass die unterschiedlichen Sichtweisen deutlich werden. Dazu lohnt es sich, einen Perspektivwechsel einzuüben: Laden Sie Ihre Spieler dazu ein, verschiedene Positionen einzunehmen und auszuprobieren und Argumente für die eigene (gewählte), statt gegen die andere Position zu finden. So entwickeln die Jugendlichen ein Gespür für die Sichtweisen anderer und lernen, konstruktiv zu argumentieren. Aber auch Sie als Trainerin oder Trainer können (und sollten so oft wie nötig) selbst den Perspektivwechsel einüben, um sich in die Situation Ihrer Jugendspielerinnen und -spieler hineinzuversetzen.

Wie Sie den Perspektivwechsel bei Spannungen und Konflikten einsetzen, erläutern wir ab Seite 189. Er kann in einer einfachen Form, aber auch sehr gut in Alltagssituationen eingeübt werden, weil Sie diese Art der Gesprächsführung mit den Jugendspielern relativ spontan umsetzen können. Eine andere leicht im Fußballalltag umzusetzende Übung ist das Positionsbarometer.

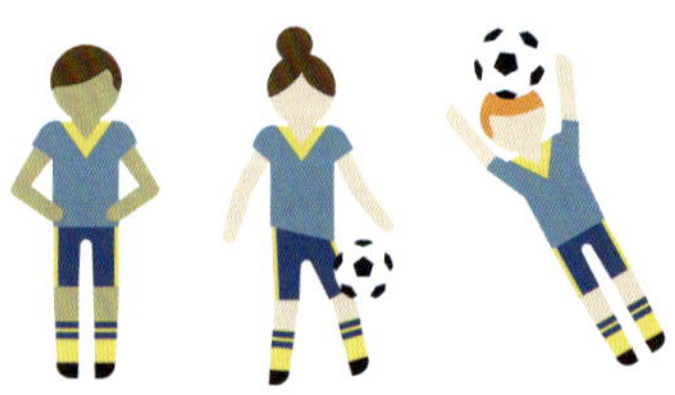

Praxisübung: Positionsbarometer

Der Perspektivwechsel wird von Pädagogen und Psychologen als bedeutende Entwicklungsaufgabe für Jugendliche gesehen. Er setzt aber eine hohe individuelle Beteiligung der Jugendspielerinnen und -spieler voraus. Ohne sich auszudrücken, ohne Kommunikation funktioniert das nicht. Manche Teams werden Sie als etwas mundfaul erleben; vor allem männliche Jugendliche reden häufig nicht so gern und vor allem nicht ausführlich über ihre Gedanken und Gefühle – und schon gar nicht vor den anderen. Dennoch bleibt es ein wichtiges Ziel in der Arbeit mit Jugendlichen, dass sie sich ihrer eigenen Position im Verhältnis zu den Positionen anderer (Spieler, Trainer, Schiedsrichter etc.) bewusst werden, dass sie sich gegenseitig besser kennenlernen und möglichst auch konträre Positionen akzeptieren können. Auch wenn es einmal nicht vordergründig um die schönste Nebensache der Welt – den Fußball – geht, sondern um die gemeinsame Bearbeitung von Spannungen, Missverständnissen und Konflikten, zahlt das auf das sportliche Konto ein!

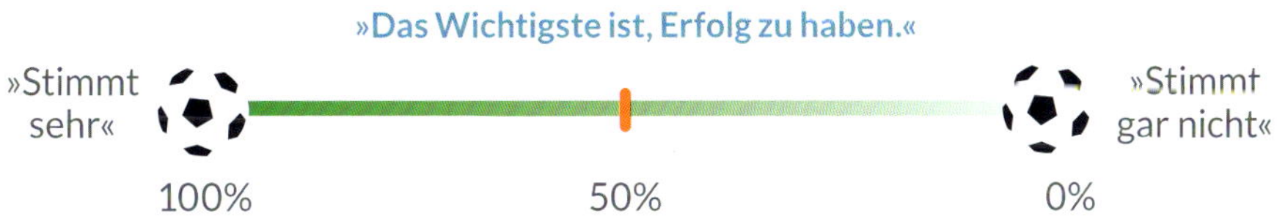

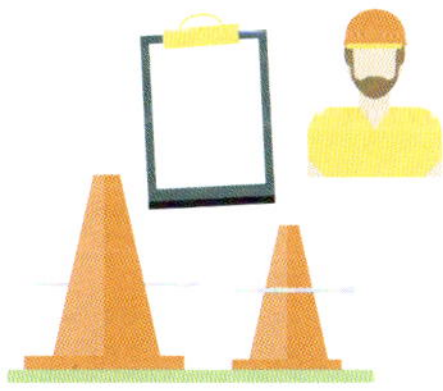

Ablauf

Es wird auf einer der Feldlinien ein Abschnitt gebildet, an dessen einem Ende ein Hütchen für den Plus-Pol (100 % = stimmt sehr) und an dessen anderem Ende ein Hütchen für den Minus-Pol (0 % = stimmt gar nicht) steht. Zu verschiedenen Aussagen sollen sich die einzelnen Spieler abhängig von ihrem Zustimmungs- oder Ablehnungsgrad auf der Linie positionieren. Wer möchte, kann kurz erläutern, warum er genau dort steht, wo er steht. Wichtig ist es, andere oder gegensätzliche Positionen gelten zu lassen (das übt auch das aktive Zuhören). Statt die einzelnen Positionen zu diskutieren oder gegen andere Positionen zu argumentieren, sollen für die eigene Position Gründe genannt werden.

Beispielaussagen:

- Das Wichtigste ist, Erfolg zu haben.
- Wir trainieren zu wenig.
- Wir haben einen ausgeprägten Teamgeist.
- Spielzeit sollten wir nur nach Leistung aufteilen.
- Wir haben bisher in der Saison viel erreicht.
- Ich fühle mich wohl in unserer Mannschaft.
- Ich bin sehr zufrieden mit unserem letzten Spiel.

- Das Training ist abwechslungsreich.
- Ich kann die Aufstellungen des Trainers nachvollziehen.
- Der Ablauf an Spieltagen bereitet mich gut auf das Spiel vor.

Hinweise

Weisen Sie darauf hin, dass Aussagen unterschiedlich verstanden werden können. Wie, das lässt sich in der persönlichen Positionierung erläutern. Das Positionsbarometer ist eine Momentaufnahme und Positionen können sich jederzeit verändern. Die Aussagen sollten Meinungscharakter haben und möglichst klar und kurz, aber bewusst offen formuliert sein, sodass sie verschiedene Assoziationen bei den Spielern hervorrufen.

Es kann während der Übung zu Bewegung in den Positionen kommen. Indem ein Spieler begründet, warum er wo steht, kann es sein, dass jemand anderes dadurch seine Perspektive auf das Thema verändert. Fragen Sie zwischenzeitlich die Spieler, ob sich jemand umstellen möchte. Auch auf diese Weise setzen sich die Spieler mit unterschiedlichen Perspektiven auseinander, was dann zur Überprüfung der eigenen Positionen führt.

Wichtig

Keine Rechtfertigungen oder Gegenargumente gegen andere Positionen, sondern nur Begründungen der eigenen Position sind zulässig.

Rahmen

Das Positionsbarometer lässt sich gut mit bis zu 20 Teilnehmern durchführen.

Dauer

Etwa 15 bis 20 Minuten, mindestens drei und maximal fünf Aussagen.

Reflexion

Klären Sie gemeinsam mit den Spielern: »Haben sich Sichtweisen verändert? Wie? Wodurch? Was bedeutet das für uns?« Nehmen Sie sich selbst bewusst zurück und warten Sie erst die Reaktionen der Jugendlichen ab, bevor Sie eigene Beobachtungen und Gedanken einbringen.

Quelle (überarbeitet): Blum und Kittel (1994)

5.4 Wertebildung kontinuierlich in der Saison verankern

Vor allem vor und zu Beginn einer neuen Saison bietet sich die Gelegenheit, Wertebildung von Anfang an und kontinuierlich sowie nachhaltig in Ihre Arbeit mit der Mannschaft zu integrieren. Die Ziele werden neu gesteckt, Sie arbeiten mit einem neuen Team (oder zumindest mit neuen Spielern), alles steht auf Anfang. Sie können eine gute Basis für das Miteinander schaffen, indem Sie neben den rein konditionellen, taktischen und spielerischen Aspekten auch die zwischenmenschlichen Aspekte, also den Umgang miteinander, ins Spiel bringen. Sie können somit Wertebildung von Anfang an bewusst miteinplanen und während der gesamten Saison als ständigen begleitenden Aspekt in die Arbeit mit der Mannschaft miteinbeziehen.

Die nachfolgende Checkliste hilft Ihnen dabei, Aspekte der Wertebildung im Saisonverlauf einzuplanen (siehe als Überblick darüber, was Sie für die Wertebildung tun können, auch die Tabelle auf Seite 53).

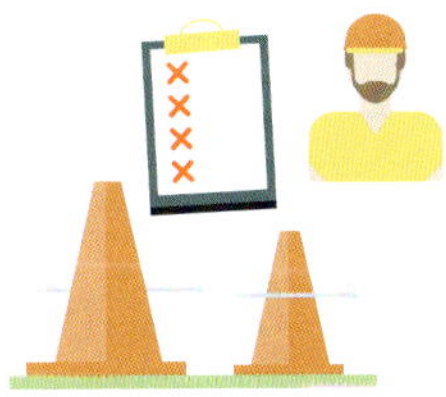

✕ Checkliste für Jugendtrainer für die Wertebildung

Vor der Saison

- ○ **Jugendkonzept des Vereins prüfen (mit Jugendleiter)**
- ○ **Jugendtrainerkonzept des Vereins prüfen (mit Jugendleiter)**
- ○ **Eigene sportliche Konzeption für die Mannschaft skizzieren (Lernziele/Entwicklungsziele nicht vergessen!)**
- ○ **Saisonplanung inklusive der Wertespalte erstellen (s. Seite 150)**
- ○ **Eigene Werte bewusst machen/Vorbildrolle reflektieren**
- ○ …

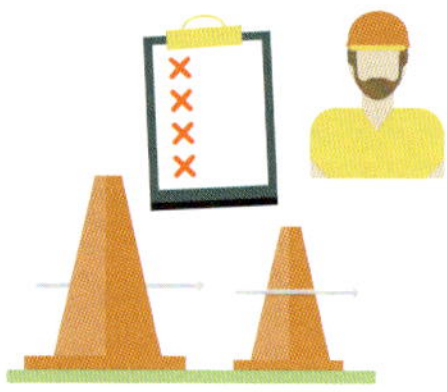

Checkliste für Jugendtrainer für die Wertebildung

Zu Beginn der Saison

○ Werte diskutieren, Werteplakat erstellen

○ Regeln für das sportliche und soziale Miteinander aufstellen (Mannschaft/Spieler sowie Co-Trainer miteinbeziehen)

○ Vertrauen aufbauen und Teambuildingmaßnahmen einplanen, wie erlebnispädagogische Spiele, wertebildende Fußballübungen, gemeinsame Erlebnisse (zum Beispiel Kletterwald, Kanufahren, von den Spielern geleitete Wanderung)

○ Elternabend (mit Jugendleiter):
Wie wollen wir miteinander umgehen?
Welche Regeln gelten im Verein?
Welche Werte sind mir als Trainer/in der Jugendabteilung wichtig? Was ist den Eltern wichtig?
(dabei Dialog suchen, Ängsten/Fragen Raum geben, Klarheit schaffen: Verhaltensregeln, sportliche und soziale Ziele vermitteln)

○ …

○ …

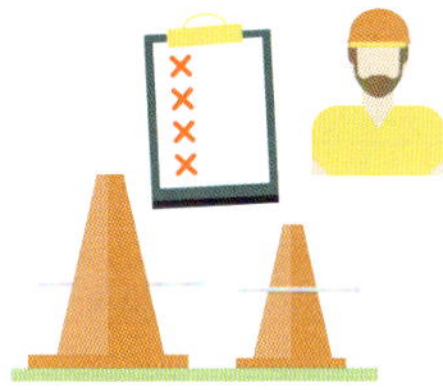

Checkliste für Jugendtrainer für die Wertebildung

Während der Saison

- ○ Werteplakat leben und reflektieren (Umsetzung, Passung)
- ○ Werte vorleben
- ○ Wertebildende Trainingseinheiten konzipieren und durchführen (erlebnispädagogische Spiele, wertebildende Fußballübungen, Trainingseinheiten mit Wertebezug)
- ○ Regelmäßige Reflexion von Haltungen und Verhalten – dafür Anlässe aus dem Trainings- und Spielbetrieb nutzen
- ○ Spannungen und Konflikte bearbeiten (ggf. mit Jugendleiter); Konfliktmethoden wie Positionsbarometer, Pro-/Contra-Diskussion, Perspektivwechsel nutzen; Regeln für Konfliktgespräche und Kommunikation beachten
- ○ Erfolge feiern und reflektieren, Niederlagen reflektieren und neue Motivation schaffen
- ○ Teamerlebnisse (Weihnachtsfeier, Fairplay-Turnier, Ferienlager …)

Zum Saisonabschluss

- ○ Gemeinsame Feier der Jugendmannschaft
- ○ Gemeinsame Fahrt

Notizen

Übungen und Methoden zur Teamentwicklung

6

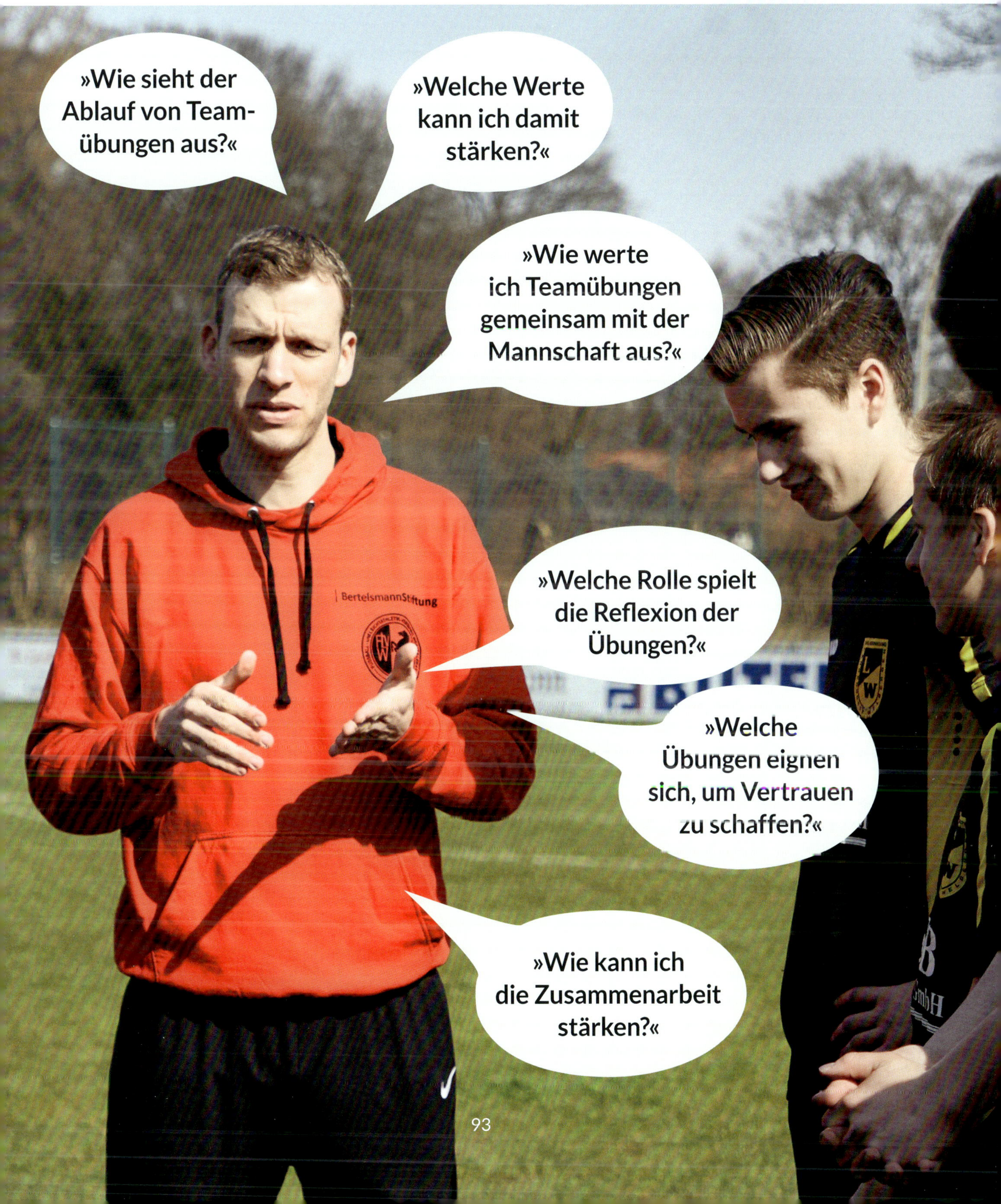

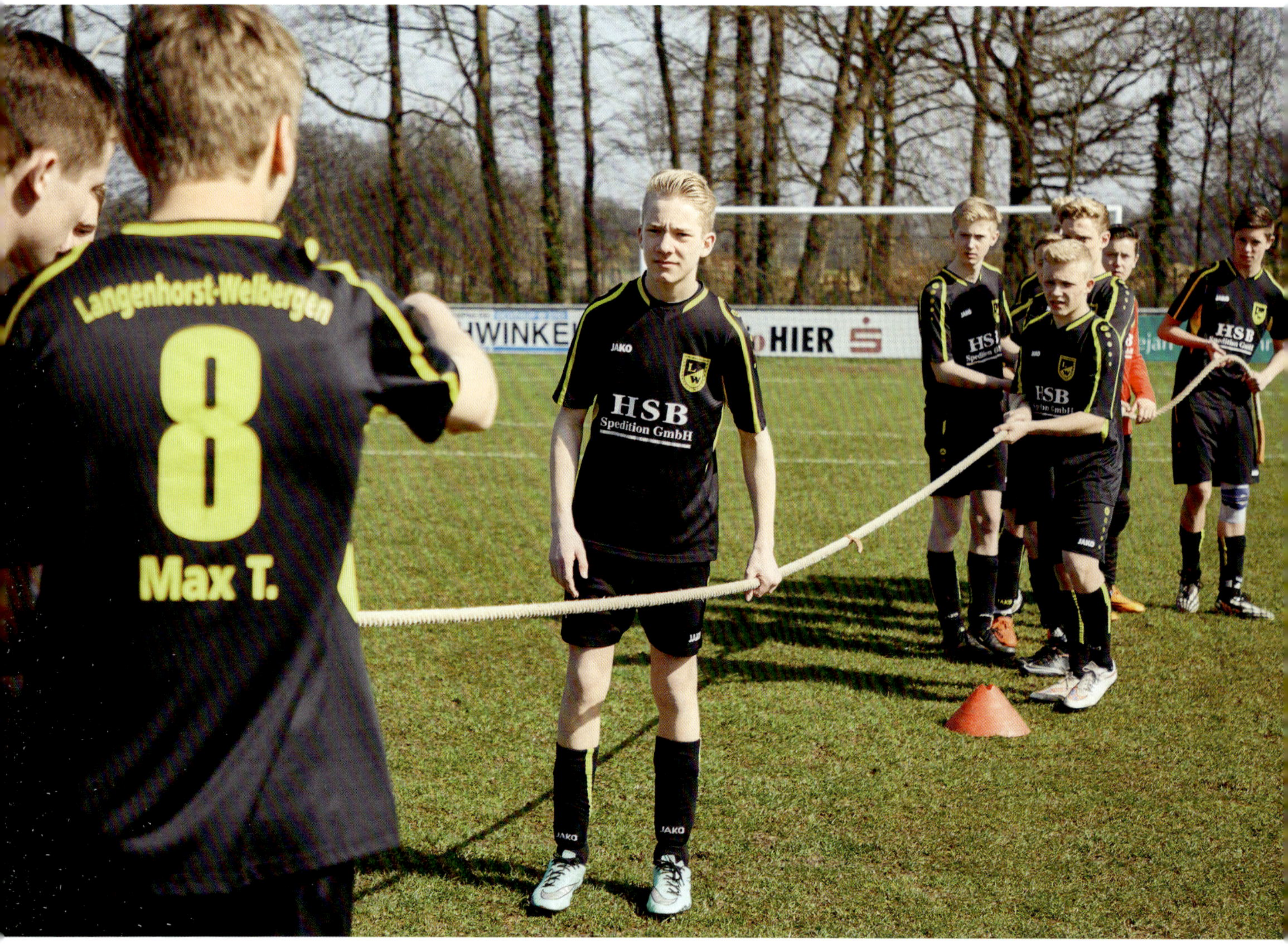

Vertrauens- und Kooperationsübungen stärken den Zusammenhalt im Team.

Auch erlebnispädagogische Übungen sind geeignet, um die Werte, die Sie mit Ihrer Mannschaft erarbeitet haben, direkt im Training zu fördern. So geht es bei den folgenden Übungen darum, in der Gruppe Lösungsstrategien zu entwickeln und dabei zu erkennen, dass diese Lösungen nur gemeinsam mit der Gruppe möglich sind. Ein wichtiger Aspekt ist hierbei, Vertrauen in sich und andere zu entwickeln, aufeinander zu achten und miteinander zu kooperieren, was immer auch bedeutet, geteilte Werte zu leben – oder zu erkennen, was passiert, wenn sie nicht beachtet werden. Insofern sind die hier beschriebenen Teamübungen ein gutes Mittel, um ein Wir-Gefühl zu entwickeln, Teamgeist zu wecken, Zusammenhalt zu stärken und Vertrauen aufzubauen. Ein gutes Wir-Gefühl zahlt auf gute Zusammenarbeit ein. Das Gefühl, dazuzugehören und gemeinsam am sportlichen Erfolg zu arbeiten, bringt diesen näher.

6.1 Grundablauf von wertebildenden Teamübungen

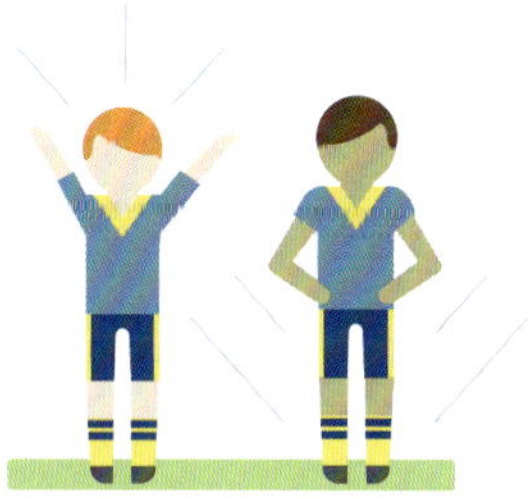

Inszenierung

Geben Sie der Übung Sinn: Neben Regeln und Rahmenbedingungen erläutern Sie in diesem ersten Schritt, welche inhaltliche Bedeutung die Übung für das Team hat. Verraten Sie nicht zu viel und nehmen Sie dabei die Reflexion nicht vorweg. Aber damit die Jugendlichen sich auf die Übung einlassen, benötigen sie grundlegende Informationen, etwa: »Fußball ist Teamsport und bei den Übungen heute geht es um euch als Team.«

Durchführung

Hier tritt die Mannschaft in den Vordergrund. Während sie die Übung erlebt, beobachten Sie nur (auch wenn Sie den Drang verspüren einzugreifen).

Intervention

Wenn sich die Spielerinnen und Spieler in einer Sackgasse befinden, die über längere Zeit andauert, können Sie den Prozess unterbrechen und die Gruppe dabei unterstützen, selbst eine Lösung zu finden. Am besten durch Hinweise oder Fragen, nicht durch konkrete Lösungsanweisungen.

Auswertung

Sammeln Sie die unterschiedlichen Erfahrungen aus der Übung. Während der Reflexion bieten sich zahlreiche Möglichkeiten, Themen und Werte anzusprechen, die für die Spieler/für die Mannschaft von Bedeutung sind. Wichtig: Fragen stellen und Spieler antworten lassen! Nicht selbst die Auswertung vornehmen.

6.2 Die Auswertung von Übungen: Was ist der Sinn von Reflexionsfragen?

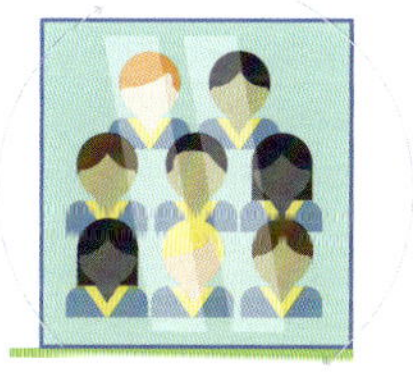

Apropos Auswertung: Für die Wertebildung ist der Schritt der Reflexion neben dem eigentlichen Erleben der Übung entscheidend.

Geben Sie den Spielern durch Fragen die Chance, die Übungen (egal ob rein fußballspezifisch oder explizit wertebildend) selbst zu besprechen. Durch das gemeinsame Nachdenken kommt ein Prozess in Gang, der das gesamte Team voranbringen kann.

Es ist wichtig, dass Sie die Spieler die Übung reflektieren und auswerten lassen und nicht selbst die Auswertung durch Erklärungen vorwegnehmen. Nur so kommen die Jugendlichen auf eigene Erkenntnisse und der Lerneffekt ist größer und nachhaltiger. Den Reflexionsprozess können Sie aber anstoßen, indem Sie den Spielern Fragen stellen, die zur Auseinandersetzung mit der Übung anregen. Fragen Sie etwa, wie die Übung aus Sicht der Spieler verlaufen ist und worauf es bei einer Übung ankommt.

Auch wenn es manchmal schwerfällt, sich mit naheliegenden Antworten zurückzuhalten – diese Geduld lohnt sich.

Vier Fragerichtungen bieten sich für die Reflexion an: Erinnern, Verstehen, Anwenden, Analysieren. Sie orientieren sich erstens am Ablauf von Übungen und machen zweitens über den Einstieg »Erinnern« die Reflexion für die Jugendlichen einfacher.

Tipp

Suchen Sie sich für die Reflexion vier bis fünf Fragen heraus, die zur jeweiligen Übung und zu deren Verlauf passen.

Auswertung von Übungen

Erinnern

Die Spieler erinnern sich gemeinsam an das, was geschehen ist.

- Wie war der Verlauf?
- Was habt ihr beobachtet?
- Ist euch etwas Besonderes aufgefallen?
- Wie ging es euch in der Übung? Wie habt ihr sie erlebt?
- Wie habt ihr Vertrauen/Zusammenarbeit etc. erlebt in dieser Übung?
- Welche Phasen waren schwierig zu bewältigen? Wie ist euch das doch gelungen?

Verstehen

Die Spieler verstehen den Wert (den Sinn) der Übung aus dem eigenen Erleben und Nachdenken heraus.

- Welche Strategie habt ihr bei der Lösung verfolgt?
- Welche Schritte waren hilfreich, um die Aufgabe zu lösen?
- Welche Rolle spielte Kommunikation bei der Übung?
- Wer wurde wie unterstützt?
- Wer hatte welche Rolle bei der Durchführung?
- Welche Regeln haben gegolten? Wie seid ihr damit umgegangen? Wer hat darauf geachtet?
- Was war wichtig, um das Problem zu lösen/die Übung erfolgreich zu meistern? Was hat das mit Werten zu tun? Welche Werte stecken dahinter?

- Welche Bedeutung haben diese Werte für eure Mannschaft?
- Wie viel Fußball steckt in diesen Werten?
- Welcher Sinn steckt hinter der Übung?

Anwenden

Die Spieler entwickeln und formulieren mögliche Anwendungen für den Transfer in den Fußballalltag.

- Wo im Verein, in der Mannschaft, im Team wollen wir über Werte sprechen?
- Was nehmen wir aus der Übung mit?
- Wo könnte das nützlich sein – etwa im Training oder beim Spiel?
- Was wollen wir als Nächstes tun?
- Wo liegt für euch der Sinn dieser Aufgabe?
- Was sind eure Erkenntnisse aus der Übung für unser Miteinander auf dem Fußballplatz?

Analysieren

Sie als Trainer finden heraus, wie gut die Spieler etwas verstanden haben.

- Wie würdest du das in deinen eigenen Worten beschreiben?
- Hast du ein Beispiel für das, was du meinst?
- Was denkst du, wird passieren, wenn …?

Notizen

6.3 Teamübungen für den Trainingsalltag

Vertrauensübungen

1

Fallen lassen

Darum geht's

Eine einfache Vertrauensübung, bei der es auf ein wenig Mut und auf Rücksichtnahme ankommt

Ziele

Vertrauen erzeugen, Rücksichtnahme einüben, Gruppenmitglieder sanft behandeln, Ängste überwinden, mutig sein

Durchführung

Gleich große Spieler bilden ein Team. Ein Mitspieler lässt sich – den Körper komplett als Brett angespannt – nach hinten fallen und wird von einem anderen Mitspieler aufgefangen. Alternativ: Ein Mitspieler in der Mitte eines Kreises mit einem Radius von etwa 150 Zentimetern lässt sich in eine Richtung fallen und wird von den anderen Gruppenmitgliedern aufgefangen und wie ein Kreisel oder Pendel vorsichtig in eine neue Richtung gekippt.

Variationen

Übung 2 »Vertrauensfall« und
Übung 3 »Nummern fallen«

Auswertung

- Wie hat sich die Übung angefühlt?
- Wenn es schwierig war: Wodurch wurde es schwierig?
- Wenn es leicht war: Was hat es leicht gemacht?
- Was habt ihr durch diese Übung gelernt?
- Wo ist das für euch als Team wichtig?
- Welche Werte spielen hier eine Rolle?
- Was könnt ihr noch tun, damit mehr Vertrauen entsteht?

Material

Kein Material notwendig

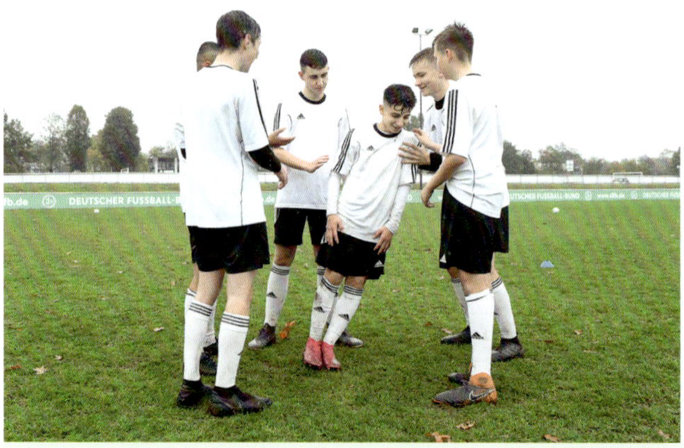

Fallen lassen: eine einfache Übung, bei der sich schnell Vertrauen entwickelt.

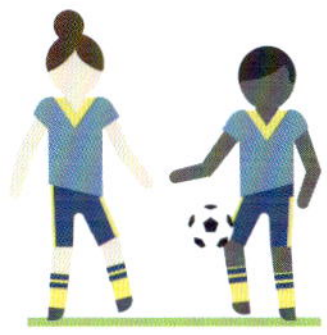

2

Vertrauensfall

Darum geht's

Eine etwas herausfordernde Vertrauensübung, bei der es auf Rücksichtnahme und Aufmerksamkeit ankommt

Ziele

Vertrauen erzeugen, Rücksichtnahme einüben, Gruppenmitglieder sanft behandeln, Ängste überwinden, Konzentration einüben, sich aufeinander verlassen, füreinander einstehen/da sein

Durchführung

Ein Mitspieler steht erhöht (maximal ein Meter, zum Beispiel auf einem Kasten) mit dem Rücken zu den anderen Spielern. Die übrigen Teilnehmer stehen Schulter an Schulter in einer Gasse (pro Seite mindestens fünf Spieler) vor dem Kasten eng zusammen. Die Gasse sollte etwa 60 bis 80 Zentimeter breit sein.
Die Mitspieler ordnen ihre Arme in einem Reißverschlussverfahren an und greifen von unten mit ihrer Hand die Ellbogen der gegenüberliegenden Spieler. Zusätzlich können sie mit einem Fuß in der Mitte der Gasse stehen, um einen besseren Stand zu erlangen. Der fallenden Spieler verschränkt die Arme vor der Brust und lässt sich nach vorheriger Absprache mit einem ausgewählten Spieler rückwärts in die Gasse fallen. Es bieten sich im Vorfeld Übungen zur Verbesserung der Ganzkörperspannung an, da die Körperspannung nicht immer gehalten wird.

Variationen

Übung 1 »Fallen lassen« und
Übung 3 »Nummern fallen«

Auswertung

- Wie hat sich die Übung angefühlt?
- Wenn es schwierig war: Wodurch wurde es schwierig?
- Wenn es leicht war: Was hat es leicht gemacht?
- Was habt ihr durch diese Übung gelernt?
- Wo ist das für euch als Team wichtig?
- Welche Werte fördert diese Übung?
- Was könnt ihr noch tun, damit mehr Vertrauen entsteht?

Material

Erhöhung (zum Beispiel Kasten oder Tisch)

3

Nummern fallen

Darum geht's

Eine etwas anspruchsvolle Vertrauensübung, bei der es auf eine hohe Aufmerksamkeit und Schnelligkeit ankommt

Ziele

Vertrauen erzeugen, Aufmerksamkeit füreinander haben, Überblick behalten, Konzentration einüben, Ängste überwinden, spontan und zügig handeln

Durchführung

Die Teilnehmer zählen durch, bis jeder eine Nummer hat. Alle bewegen sich auf relativ engem Raum. Der Leiter ruft eine Nummer und der Teilnehmer, dem die gerufene Nummer gehört, lässt sich fallen. Die anderen müssen darauf achten, dass dieser Teilnehmer nicht wirklich hinfällt, sondern aufgefangen wird.

Variationen

Übung 1 »Fallen lassen« und
Übung 2 »Vertrauensfall«

Auswertung

- Wie hat sich die Übung angefühlt?
- Wenn es schwierig war: Wodurch wurde es schwierig?
- Wenn es leicht war: Was hat es leicht gemacht?
- Was habt ihr durch diese Übung gelernt?
- Wo ist das für euch als Team wichtig?
- Was könnt ihr noch tun, damit mehr Vertrauen entsteht?

Material

Kein Material notwendig

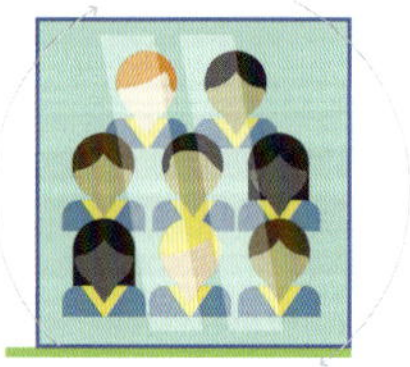

4

Tragende Hände

Darum geht's

Eine Vertrauensübung, bei der es auf Körpergespür und Abstimmung untereinander ankommt

Ziele

Vertrauen erzeugen, Ängste überwinden, zusammenarbeiten, Abstimmung untereinander, Körpergefühl stärken, Nähe erzeugen

Durchführung

Die Gruppe bildet eine Gasse und jeder hält sich jeweils mit den Händen am gegenüberstehenden Gruppenmitglied fest. Ein Freiwilliger legt sich nun auf diese haltenden Hände. Die Gruppe versucht nun, den Freiwilligen hochzuheben, abzusenken, zu schütteln, hin und her zu rollen, hin oder her zu schaukeln oder ähnlich einem Förderband auch mal vorwärts, mal rückwärts wandern zu lassen.

Variationen

Keine Variation

Auswertung

- Wie hat sich die Übung angefühlt?
- Wenn es schwierig war: Wodurch wurde es schwierig?
- Wenn es leicht war: Was hat es leicht gemacht?
- Was habt ihr durch diese Übung gelernt?
- Wo ist das für euch als Team wichtig?
- Was könnt ihr noch tun, damit mehr Vertrauen entsteht?
- Welche Werte fördert diese Übung?

Material

Kein Material notwendig

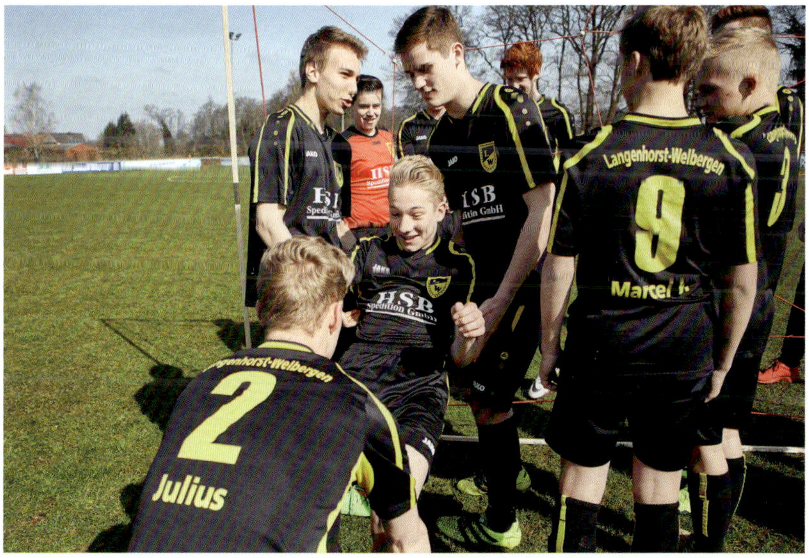

Viele Übungen setzen auch auf Körperlichkeit, um mehr Nähe zu erzeugen.

5

Tunnelsprint (Vertrauenslauf)

Darum geht's

Eine klassische Vertrauensübung, bei der es auf Aufmerksamkeit und Schnelligkeit ankommt

Ziele

Vertrauen erzeugen, Konzentration erhöhen, Ängste überwinden, Schnelligkeit einüben

Durchführung

Die Gruppe stellt sich zu einer Gasse auf. Nun strecken alle die Arme aus, sodass sich die Fingerspitzen gerade noch mit dem Gegenüber berühren. Jetzt sprintet ein Freiwilliger durch die gebildete Gasse. Das Besondere: Die beiden Reihen ziehen die Hände, erst kurz bevor der Läufer sie berührt, nach unten weg. Danach kommt eine andere Person dran.

Variationen

Keine Variation

Auswertung

- Wie hat sich die Übung angefühlt?
- Wenn es schwierig war: Wodurch wurde es schwierig?
- Wenn es leicht war: Was hat es leicht gemacht?
- Was habt ihr durch diese Übung gelernt?
- Wo ist das für euch als Team wichtig?
- Was könnt ihr noch tun, damit mehr Vertrauen entsteht?

Material

Kein Material notwendig

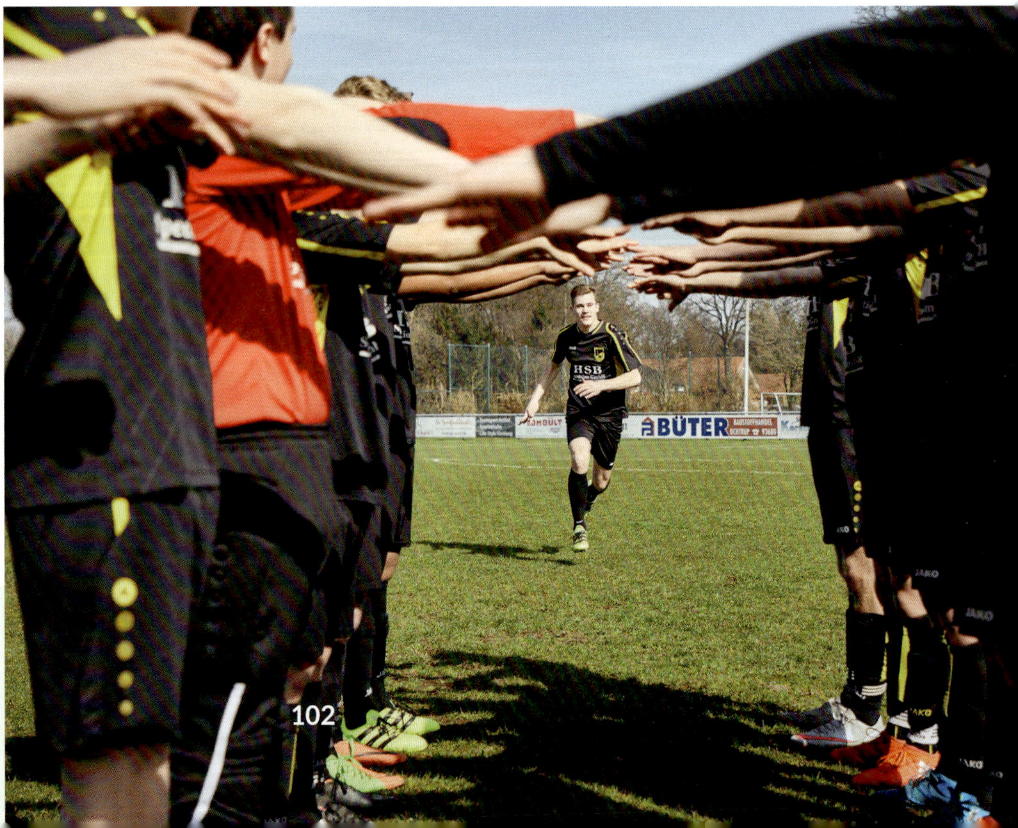

Vertrauensübungen haben es oft in sich, aber Spieler und Team können daran wachsen.

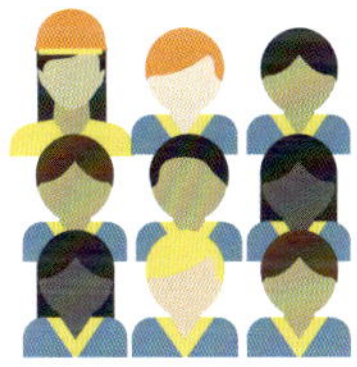

Natur blind erleben

Darum geht's

Eine durch das Handicap spannende Vertrauensübung, bei der es um Selbstwahrnehmung, Vertrauen in die anderen und in die Spielleitung geht

Ziele

Das Seilende erreichen, Vertrauenszuwachs ermöglichen, Kommunikation untereinander stärken, Körpergefühl und Wahrnehmung fördern, Ängste überwinden, Ruhe und Konzentration

Durchführung

Ein Seil wird kreuz und quer im Wald gespannt. Die Teilnehmer (alle blind) fassen mit der linken Hand dieses gespannte Führungsseil, mit der rechten Hand ein loses Seil, welches somit den Abstand zum Vordermann bestimmt.

Variationen

Keine Variation

Auswertung

- Wie hat sich die Übung angefühlt?
- Was habt ihr um euch herum wahrgenommen?
- Wenn es schwierig war: Wodurch wurde es schwierig?
- Wenn es leicht war: Was hat es leicht gemacht?
- Was hat diese Übung mit Werten zu tun?
- Was habt ihr durch diese Übung gelernt?
- Wo ist das für euch als Team wichtig?
- Was könnt ihr noch tun, damit mehr Vertrauen entsteht?

Material

Führungsseil (etwa 40 Meter)
Handseil (etwa drei Meter)
Augenbinden

7 Kooperationsübungen

Gordischer Knoten

Darum geht's

Eine klassische Kooperationsübung, bei der es um Abstimmung, Kommunikation und Zusammenarbeit geht

Ziele

Kommunikation einüben, Kooperation trainieren, sich gegenseitig unterstützen, Nähe erzeugen

Durchführung

Die Teilnehmer stehen ganz nahe beieinander in einem Kreis. Der Spielleiter fordert sie auf, die Augen zu schließen, die Arme langsam nach oben zu heben und jeweils zwei fremde Hände zu fassen. Wenn das allen gelungen ist, öffnen die Teilnehmer die Augen wieder und versuchen, den entstandenen Knoten zu lösen, ohne die Hände loszulassen.

Variationen

Sollte die Gruppe auf keine Lösung kommen, kann man ihr eventuell einen Joker geben, um ein Händepaar einmal zu öffnen und nach der »Entknotung« wieder zu schließen.

Auswertung

- Was hat die Übung schwer gemacht?
- Wann kam eine Lösung in Sicht? Wie?
- Was habt ihr durch diese Übung gelernt?
- Wo ist das für euch als Team wichtig?
- Was könnt ihr davon im Fußball gebrauchen?

Material

Kein Material notwendig

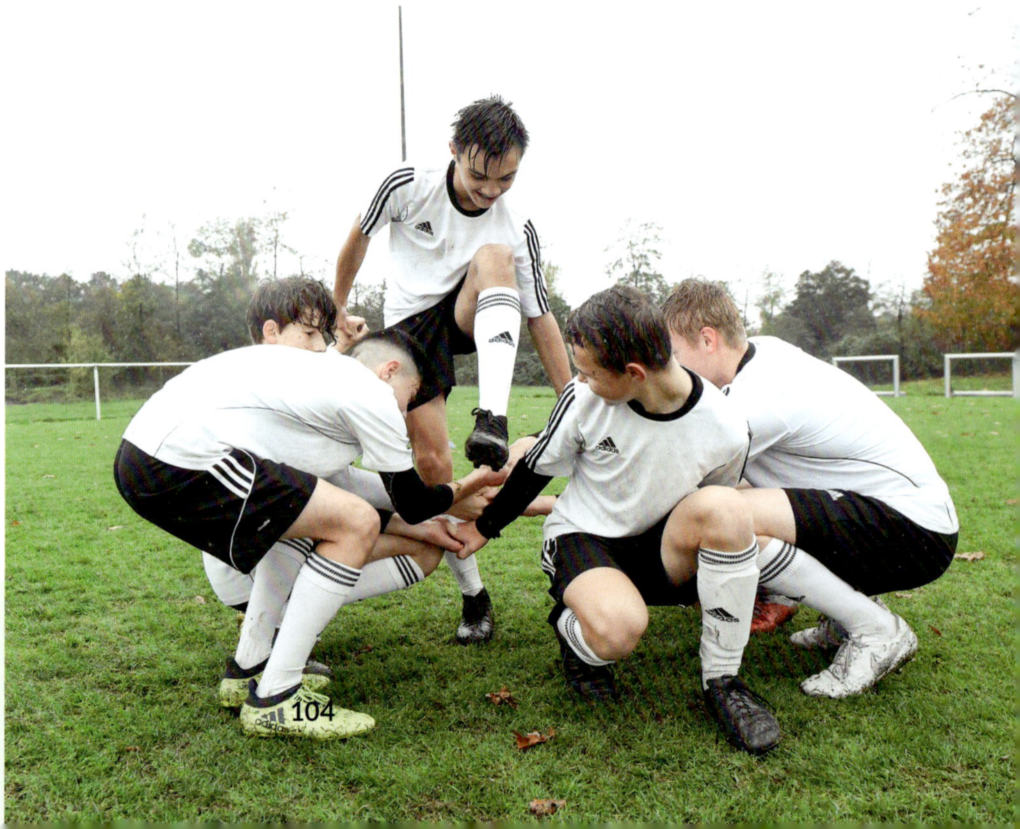

Beim Gordischen Knoten sind Zusammenarbeit und Kommunikation im Team gefragt.

8

Seilquadrat

Darum geht's

Eine herausfordernde Kooperationsübung, bei der es um Abstimmung, räumliches Gefühl und Frustrationstoleranz geht

Ziele

Kommunikation und Abstimmung einüben, räumliches Fühlen entwickeln, Frustrationstoleranz einüben

Durchführung

Alle Mitspieler stehen in einer Reihe und haben die Augen verbunden. Vor ihnen liegt ein Seil geradlinig auf dem Boden. Alle heben es gleichzeitig auf und halten sich daran fest. Erst jetzt wird das Spiel erklärt. Die Teilnehmer müssen versuchen, als Gruppe und mit dem Seil ein Quadrat zu bilden. Sobald das gelungen ist, soll das Quadrat auf dem Boden abgelegt werden. Erst wenn die Gruppe mit ihrer Aufgabe fertig ist, können alle die Augenbinden abnehmen und das Ergebnis betrachten. Im Anschluss versuchen sie das Gleiche mit einem Kreis. Welcher Mannschaft gelingt dies am besten?

Variationen

Die Übung wird stumm statt blind durchgeführt.
Zusatz: Auf jeder Seite des Quadrates sollen am Ende gleich viele Mitspieler stehen.

Auswertung

- Wie habt ihr die Übung wahrgenommen?
- Wann kam eine Lösung in Sicht? Wie?
- Was habt ihr gelernt?
- Welche Werte wurden damit angesprochen?
- Wie kann das ins Team übertragen werden?

Material

Seil (etwa 20 Meter)
Augenbinden

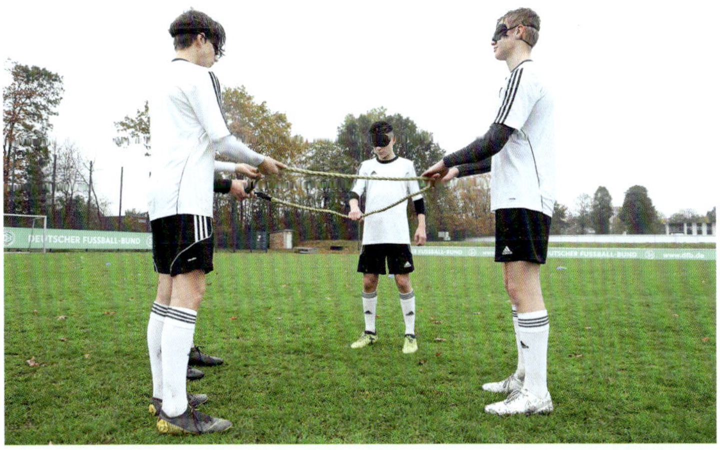

Eine besonders effektive Herausforderung bieten Übungen, bei denen mehrere Sinne gefragt sind.

9

Sumpfüberquerung

Darum geht's	Eine Kooperationsübung, in der neben einer ausgetüftelten Strategie vor allem die Kommunikation und die gegenseitige Aufmerksamkeit zwischen den Mitspielern von Bedeutung sind
Ziele	Kooperation, Kommunikation, Vertrauen, sich aufeinander verlassen, Fairness
Durchführung	Die Gruppe bekommt die Aufgabe, mit dem gesamten Team ein gefährliches Sumpfgebiet zu überqueren. Als Hilfsmittel bekommt die Gruppe sogenannte Fliesen, auf denen man den Sumpf gefahrlos betreten kann. Zur Verfügung stehen so viele Fliesen wie Mitspieler. Jedoch versinkt jede Fliese im Sumpf, sobald man sie für einen Bruchteil einer Sekunde nicht berührt. Dann gilt es, den Rest des Spiels ohne diese Fliese auszukommen. Wer den Boden berührt (also im Sumpf versinkt), muss zurück zum Startpunkt.
Variationen	**Übung 10** »Eisschollenvariante«
Auswertung	• Wie war der Verlauf der Übung? • Wann kam eine Lösung in Sicht? Wie? • Was habt ihr daraus gelernt? • Welche Werte wurden damit angesprochen? • Wie kann das ins Team übertragen werden?
Material	Teppichfliesen oder Kartonstücke, etwa 25 mal 35 Zentimeter

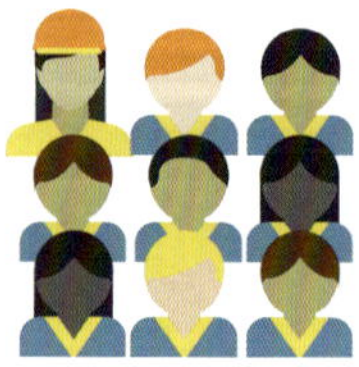

10

Eisschollenvariante zur Sumpfüberquerung

Darum geht's

Diese Variante der Sumpfüberquerung ist definitiv anspruchsvoller, stressiger und daher gut geeignet für ältere Gruppen

Ziele

Kooperation, Kommunikation, Vertrauen, sich aufeinander verlassen, Fairness, gemeinsam zum Ziel kommen

Durchführung

Alle Spieler befinden sich auf einem Eismeer und jeweils auf Eisschollen, die auf einer Fläche verteilt sind. Manche Spieler befinden sich auf abgetriebenen Schollen. Einige Spieler haben eine zweite Eisscholle in der Hand. Ziel ist es, sich auf eine Insel in der Mitte zu retten. Ansonsten gelten dieselben Regeln wie bei der Sumpfüberquerung.

Variationen

Übung 9 »Sumpfüberquerung«
Die Eisschollen können mit Zahlen markiert sein, die die Haltbarkeit der Eisscholle in Minuten angeben. Nach Ablauf der Zeit sind die Scholle und der darauf befindliche Spieler verloren.

Auswertung

- Wie war der Verlauf der Übung?
- Wann kam eine Lösung in Sicht? Wie?
- Was habt ihr daraus gelernt?
- Welche Werte wurden damit angesprochen?
- Wie kann das ins Team übertragen werden?

Material

Teppichfliesen oder Kartonstücke, etwa 25 mal 35 Zentimeter

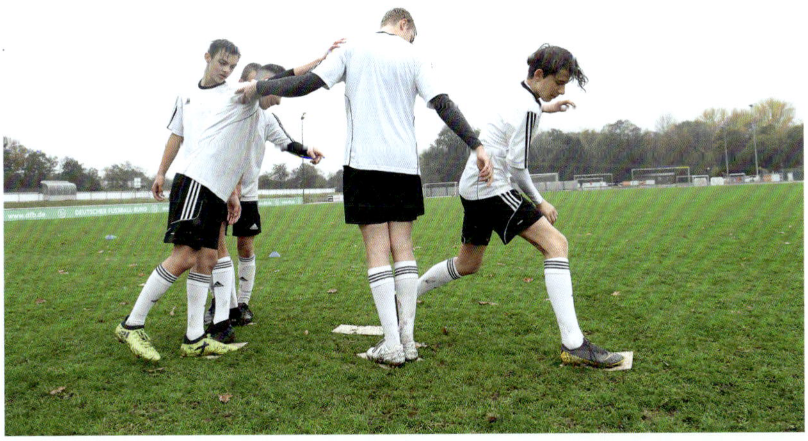

Die Übung Sumpfüberquerung lässt sich je nach Alter der Spieler unterschiedlich anspruchsvoll gestalten.

11

Sieben Menschen mit vier Füßen

Darum geht's

Eine etwas umständlich erscheinende körperliche Kooperationsübung, bei der es vor allem um Körperbeherrschung und Abstimmung geht

Ziele

Kommunikation und Kooperation, Vertrauen, körperliche Nähe zulassen, sich aufeinander verlassen, Körperbeherrschung einüben

Durchführung

Die Aufgabe für eine siebenköpfige Gruppe besteht darin, über eine Strecke von etwa zehn Metern zu kommen und dabei zum gleichen Zeitpunkt als Gruppe den Boden mit maximal vier Körperteilen zu berühren. Zusätzlich sind folgende Spielregeln zu beachten: Alle sieben Personen müssen an der Startlinie beginnen und bis zur Ziellinie gelangen. Es dürfen keine weiteren Hilfsmittel als die Körper der Spieler benutzt werden. Alle sieben Spieler müssen während der Fortbewegung in körperlichem Kontakt zueinander stehen.

Variationen

Verschieden leichtere oder auch schwerere Varianten sind möglich, auch für größere (oder kleinere) Gruppen. Dafür kann die Anzahl der Kontaktpunkte zum Boden und die Anzahl der mitspielenden Personen vom Spielleiter in ein entsprechendes Verhältnis gebracht werden.

Auswertung

- Wie war der Verlauf der Übung?
- Was konntet ihr durch diese Übung lernen?
- Welche Werte wurden damit angesprochen?
- Wie kann das ins Team übertragen werden?

Material

Kein Material notwendig

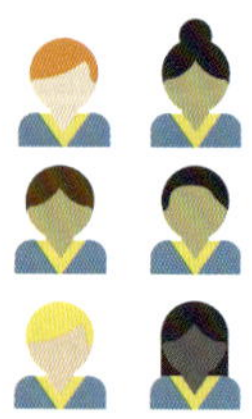

12

Teppich wenden

Darum geht's

Eine klassische Kooperationsübung, bei der es darauf ankommt, überlegt und gemeinsam vorzugehen

Ziele

Kommunikation und Kooperation, Vertrauen, sich aufeinander verlassen, gegenseitiges Unterstützen, planvolles Vorgehen

Durchführung

Alle Teilnehmer stehen auf dem Teppich (Bettlaken, Pinnwandpapier). Ziel ist es, den Teppich zu wenden, ohne dabei den Boden zu berühren.

Variationen

Keine Variation

Auswertung

- Wie war der Verlauf der Übung?
- Wann hat es besser geklappt, wann schlechter?
- Was habt ihr daraus gelernt?
- Welche Werte wurden damit angesprochen?
- Wie kann das ins Team übertragen werden?

Material

Teppich, Bettlaken, Pinnwand- oder Flipchartpapier (auch alte Tapetenrolle möglich)

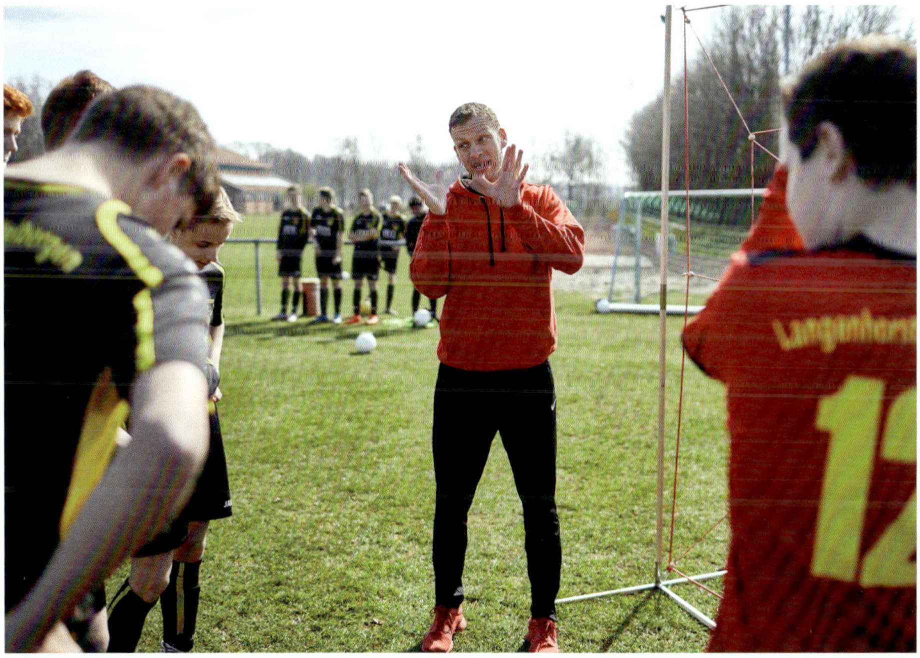

Die gemeinsame Reflexion sollte bei keiner Übung fehlen. Sie sichert den Lernerfolg.

13 Kooperationsübungen

Zusammen aufstehen

Darum geht's	Eine einfache, aber effektive Kooperationsübung, die sich gut als Icebreaker oder Aufwärmer für ein ganzes Trainingsset eignet
Ziele	Kommunikation und Kooperation, sich aufeinander verlassen, gegenseitiges Unterstützen, Körpergefühl
Durchführung	Alle Teilnehmer sitzen in einem Kreis mit Blick nach außen. Dabei haken sie sich ganz eng mit den Armen ein. Die Aufgabe lautet, gemeinsam aufzustehen, ohne dabei den Kreis zu lösen.
Variationen	Keine Variation
Auswertung	• Was war schwierig? Warum? • Was war leicht? Warum? • Was ist der Lerneffekt dieser Übung? • Wie kann das ins Team übertragen werden?
Material	Kein Material notwendig

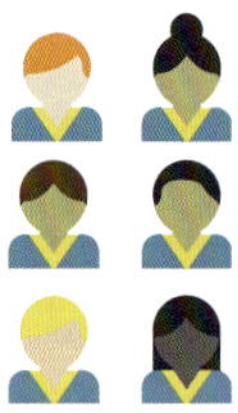

14

Sortieren auf einer Bank

Darum geht's

Eine einfache, aber effektive Kooperationsübung, bei der es um Aufmerksamkeit und um ein besseres Kennenlernen geht

Ziele

Sich aufeinander verlassen, Verantwortung übernehmen, Kommunikation, Kooperation, Vertrauen, gegenseitiges Unterstützen, Kennenlernen, Aufmerksamkeit

Durchführung

Die Gesamtgruppe stellt sich auf einer Bank der Reihe nach auf. Sie bekommt nun den Auftrag, sich nach unterschiedlichen Kriterien zu sortieren, ohne die Bank dabei zu verlassen: nach Alter, nach Namen (alphabetisch vor oder zurück), nach Größe, nach Dauer der Zugehörigkeit zur Mannschaft usw.

Variationen

Neben einer Bank bieten sich auch andere Gegenstände an.

Auswertung

- Was hat gut geklappt? Was nicht so?
- Was habt ihr daraus gelernt?
- Welche Werte wurden damit angesprochen?
- Wie kann das ins Team übertragen werden?
- Worauf wollt ihr in Zukunft mehr achten?

Material

Je nach Gruppengröße wird eine oder werden mehrere Bänke benötigt, alternativ Stühle, Kisten oder ein Baumstamm.

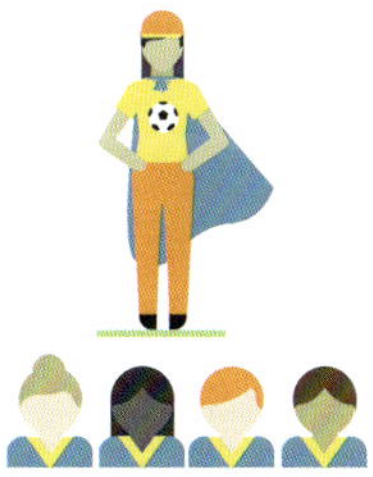

15

Der Säureteich

Darum geht's

Eine Kooperationsaufgabe, bei der gemeinsam eine Strategie entwickelt werden muss, um die Aufgabe lösen zu können: Niemand kann die Aufgabe allein bewältigen!

Ziele

Kooperation und Abstimmung einüben, Lösungsstrategien entwickeln, Gruppengefühl stärken

Durchführung

Ein Gegenstand, der sich in der Mitte eines Säureteichs (etwa sieben mal sieben Meter) befindet, soll geborgen werden. Allerdings ohne in den Säureteich zu fallen oder zu treten, weil dieser sehr ätzend ist. Auch zur Hilfe stehende Materialien dürfen den Säureteich nicht berühren.

Variationen

Keine Variation

Auswertung

- Wie war der Verlauf der Übung?
- Wann kam eine Lösung in Sicht? Wie?
- Was habt ihr daraus gelernt?
- Welche Werte wurden damit angesprochen?
- Wie kann das ins Team übertragen werden?

Material

Gegenstand, der geborgen werden soll
Seil, um den Säureteich abzugrenzen
Weitere, eigenständig gesuchte Hilfsmittel

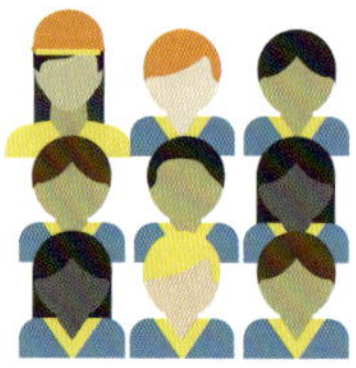

16

Spinnennetz

Darum geht's

Eine beliebte Kooperationsübung, die nur gemeinsam zu bewältigen ist

Ziele

Abstimmung und Zusammenarbeit einüben, Körpergefühl trainieren, Gruppengefühl stärken, Geschicklichkeit unter Beweis stellen, Lösungsstrategien entwickeln, Vertrauen herstellen

Durchführung

Aus Seilen wird ein Netz hergestellt, das zwischen zwei Bäumen oder Pfosten gespannt wird. Alle Teilnehmer müssen nun von der einen Seite auf die andere Seite des Netzes wechseln. Natürlich darf das Netz nicht berührt werden und jede Netzöffnung darf nur einmal gewählt werden. Beim Durchgeben ist darauf zu achten, dass niemand herunterfällt. Wer beim Durchqueren der Öffnung das Seil berührt, bekommt eine Augenbinde. Dieser Mitspieler ist noch mehr auf die Hilfe des Teams angewiesen. Spieler, die auf die andere Seite gelangt sind, dürfen von dort aus helfen.

Variationen

Die Übung ist auch ohne die Augenbinde schwer genug!

Auswertung

- Wie war der Verlauf der Übung?
- Was war wichtig, damit die Übung klappt?
- Wie habt ihr das umgesetzt?
- Was habt ihr daraus gelernt?
- Welche Werte wurden damit angesprochen?
- Wie kann das ins Team übertragen werden?
- Worauf wollt ihr in Zukunft stärker achten?

Material

Spinnennetz (langes Seil) (Tor ohne Netz als Gerüst?)
Augenbinden
Wäscheklammern (Kennzeichnung bereits genutzter Öffnungen)

Das Spinnennetz ist sehr beliebt und es gibt mittlerweile professionelle Tools dafür: www.metalog.de.

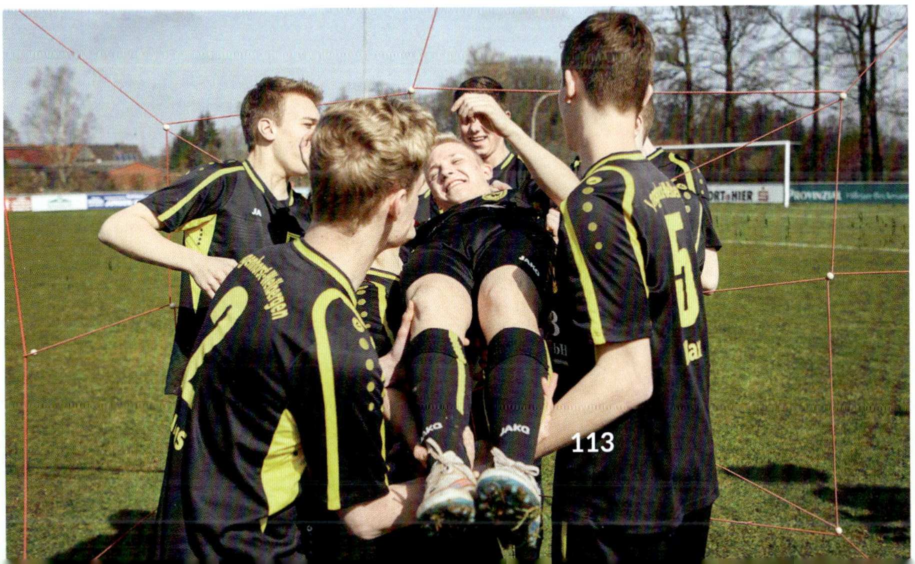

Hier ist Körpereinsatz gefragt. Das kostet manchmal Überwindung, stärkt aber das gegenseitige Vertrauen.

17

Zwei Euro

Darum geht's

Eine auf den ersten Blick unmögliche Aufgabe im Team lösen

Ziele

Abstimmung und Kommunikation einüben, aufeinander hören, Fantasie fördern

Durchführung

Die Gruppe wird in Teams von drei bis fünf Personen aufgeteilt. Jedes Team soll möglichst schnell und möglichst genau das Gewicht eines 2-Euro-Stücks bestimmen. An Werkzeug steht dafür alles zur Verfügung, was sich im Raum befindet. Der Raum darf während der Übung nicht verlassen werden. Das Team, das das Gewicht zuerst (und möglichst genau) angeben kann, hat das Spiel gewonnen (Lösung: Ein 2-Euro-Stück wiegt 8,5 Gramm).

Variationen

Keine Variation

Auswertung

- Was war das Besondere an dieser Übung?
- Worin seht ihr den Sinn in dieser Übung?
- Wie seid ihr zu einer Lösung gekommen?
- Wie hat die Verständigung untereinander geklappt?
- Welche Erkenntnisse nehmt ihr daraus für eure Mannschaft mit?

Material

Pro Team ein 2-Euro-Stück
(Dauer: zehn bis 20 Minuten)

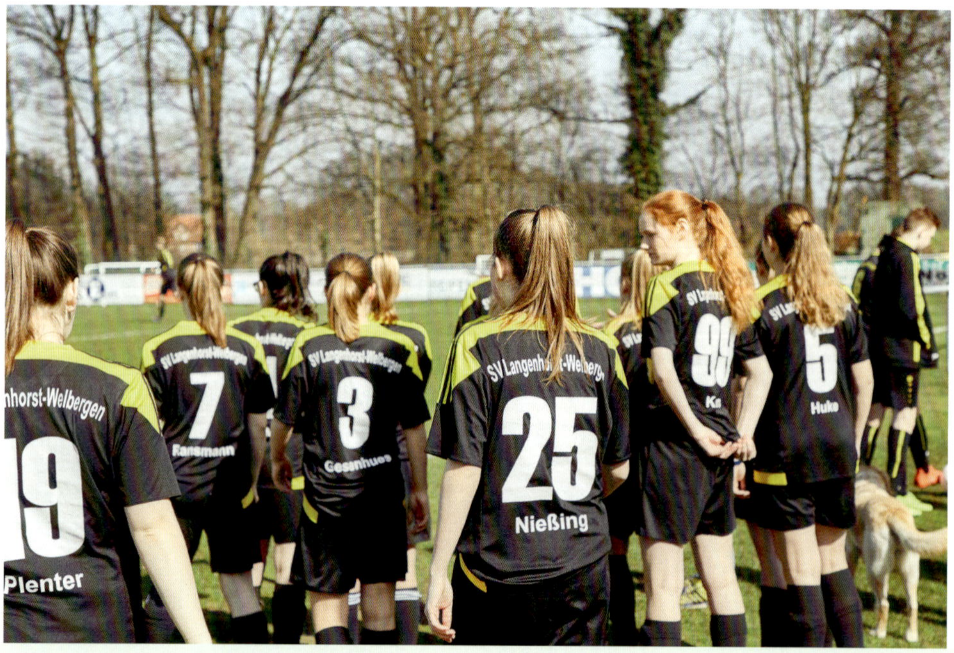

Selbst einfache Übungen werden durch die Reflexion besonders wertvoll.

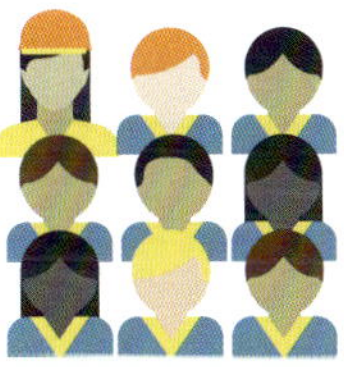

18

Das große Labyrinth

Darum geht's

Niemand kann die Aufgabe allein bewältigen, deswegen muss in dieser Übung gemeinsam eine Lösungsstrategie entwickelt werden

Ziele

Teamgeist stärken, Kooperationsfähigkeit fördern, Aufmerksamkeit einüben, Koordinationsfähigkeit trainieren

Durchführung

Der Spielleiter legt mithilfe von Feldern aus Papier ein Raster auf dem Boden auf, ähnlich einem Schachbrettmuster. Dies kann von der Größe her variieren. Nur der Spielleiter kennt den einen möglichen Weg von der einen Seite auf die andere Seite des Labyrinths. Die Gruppe steht vor der Tür (oder in einem anderen Raum). Immer nur ein Spieler betritt den Raum. Er betritt so lange ein Stück des Labyrinths, bis er auf ein falsches Feld gelangt ist, geht zurück zur Gruppe und teilt ihr das Ergebnis mit. Dabei darf der Spieler nur seitwärts oder vorwärts gehen, nie rückwärts, diagonal oder zurück auf das vorherige Feld. Danach betritt ein zweiter den Raum, geht wieder zurück und berichtet. Ziel ist es, dass die gesamte Gruppe an die andere Seite kommt.

Variationen

Keine Variation

Auswertung

- Wie war der Verlauf der Übung?
- Wann kam eine Lösung in Sicht? Wie?
- Was habt ihr daraus gelernt?
- Welche Werte wurden damit angesprochen?
- Wie kann das ins Team übertragen werden?
- Worauf wollt ihr achten, um besser zusammenzuarbeiten, zu kommunizieren und euch abzustimmen?

Material

Papier

19

Brücke bauen

Darum geht's

Im Team eine schwierige Aufgabe lösen

Ziele

Teamgeist stärken, Kooperationsfähigkeit fördern, Aufmerksamkeit einüben, Problemlösungsfähigkeit trainieren

Durchführung

Die Gruppe wird in Teams von drei bis fünf Personen aufgeteilt. Jedes Team soll möglichst schnell aus Papier und Klebeband eine tragfähige Brücke zwischen zwei Tischen bauen (je weiter auseinander, desto schwieriger – 50 Zentimeter sind in Ordnung). Die Brücke soll eine Schere als Belastung aushalten können. Die Teams dürfen dabei die Schere zum Testen benutzen.

Variationen

Keine Variation

Auswertung

- Wie war der Verlauf der Übung?
- Wann kam eine Lösung in Sicht? Wie?
- Wer war an der Lösung beteiligt?
- Welche Werte wurden damit angesprochen?
- Wie kann das ins Team übertragen werden?
- Worauf wollt ihr in Zukunft stärker achten?

Material

Eine Schere und eine Rolle Krepp-Klebeband
Pro Team ein paar Blatt Papier
Zwei Tische
(Dauer: fünf bis 15 Minuten)

Das Becherspiel (nächste Seite) ist zwar etwas aufwändig vorzubereiten, aber dafür gleichermaßen beliebt wie effektiv.

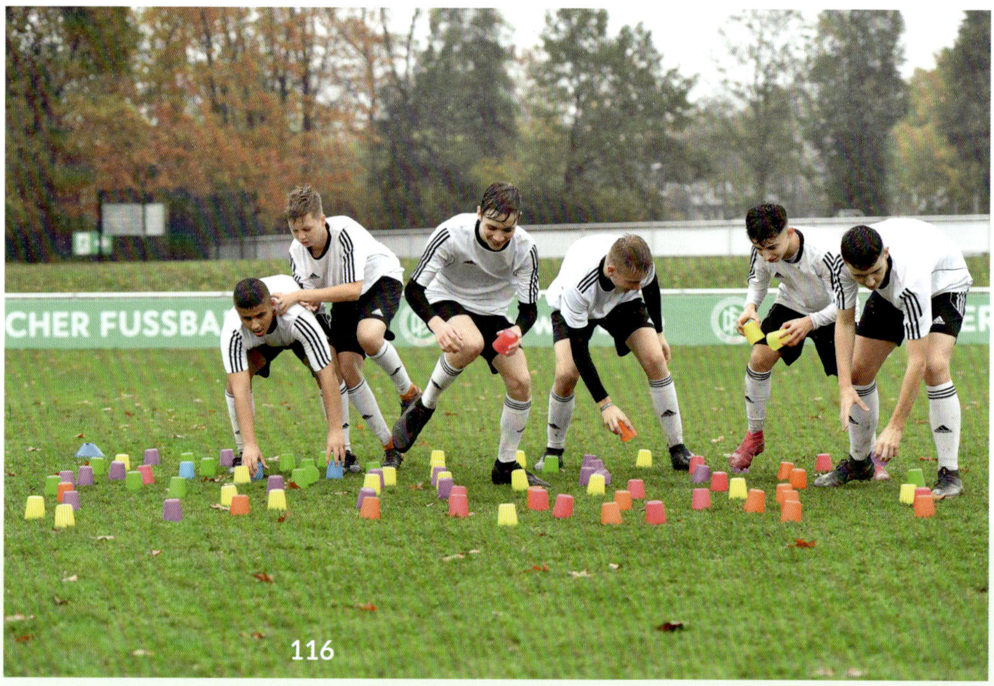

20

Das Becherspiel

Darum geht's

Ein Kooperationsspiel mit etwas aufwendigem Setting, dafür großem Spaßfaktor und einem gehörigen Aha-Effekt

Ziele

Kooperation und Abstimmung stärken, Aufmerksamkeit und logisches Denken fördern, gruppenübergreifende Zusammenarbeit einüben, Frustrationstoleranz stärken

Durchführung

In einem Kreis (aus einem Seil gelegt oder Mittelkreis in einer Turnhalle) stehen etwa 80 bis 100 bunte Plastikbecher. Die Spieler werden zufällig in vier Gruppen zu mindestens vier, maximal sechs Personen eingeteilt und bekommen möglichst zeitgleich eine Karte, auf der jeweils eine der folgenden Aufgaben steht (ohne dass die anderen Gruppen dies mitbekommen):

- Dreht alle Becher um!
- Stellt alle Becher außerhalb des Kreises!
- Ordnet alle Becher nach Farben!
- Stapelt alle Becher ineinander!

Kurz nachdem die Gruppen ihre Aufgabe kennen, gibt der Spielleiter das Startsignal. Es ist wichtig, den Spielern nicht die Aufgabe zu geben, gegeneinander zu spielen. Während der Durchführung nimmt der Spielleiter eine beobachtende Rolle ein, Zwischenfragen (»Dürfen wir miteinander sprechen?«) bleiben zunächst unbeantwortet. Falls die Situation eskaliert, muss natürlich eingegriffen werden; ggf. Zwischenreflexion: Was läuft gerade schief?

Variationen

Keine Variation

Auswertung

- Wie seid ihr miteinander umgegangen? (evtl. Beobachtungsaufgaben verteilen)
- Was hat euch geholfen, die Aufgabe als Gruppe zu lösen?
- Evtl. auf Rollen eingehen: Hatte jemand schon früh eine Idee, wurde aber nicht gehört ...?
- Worauf wollt ihr künftig achten, um gut als Team zusammenzuarbeiten?

Material

80 bis 100 verschiedenfarbige Becher
Seil
Karten mit Aufgaben

21

Fluch der Karibik

Darum geht's

Ein beliebtes Kooperationsspiel, bei dem es vor allem um Abstimmung, Zusammenarbeit und strategisches Denken geht

Ziele

Abstimmung und Kommunikation fördern, Zusammenarbeit und lösungsorientiertes Denken trainieren

Durchführung

Nach einem Schiffbruch sind alle Mitspieler mit Flüchen belegt: Die Mannschaft (der Großteil der Gruppe) steht fest verwurzelt an einer Stelle, kann sich nicht mehr von dort wegbewegen und darf nicht sprechen. Zwei bis drei Schatzsucher werden mit verbundenen Augen in einiger Entfernung (etwa 15 Meter) von der Mannschaft positioniert. In der Mitte steht der Steuermann mit Blickrichtung zur Mannschaft. Er darf sich nicht zu den Suchenden umdrehen, darf aber sprechen. Jetzt positioniert der Spielleiter mehrere Gegenstände in der Nähe der Schatzsucher, sodass die Mannschaft sieht, wo die Verstecke sind. Die Gruppe kann die Schätze also finden, indem die Mannschaft dem Steuermann durch Zeichen zu verstehen gibt, welche Anweisungen er den Suchenden geben soll. Wenn die Schätze gefunden und zu der verwurzelten Gruppe transportiert wurden, sind alle Spieler von ihren Flüchen befreit. Die Flüche beziehungsweise Handicaps werden vor dem Spielstart erklärt. Anschließend bekommt die gesamte Gruppe etwa fünf bis zehn Minuten Besprechungszeit, in der sie eine Strategie entwickeln soll. In schwierigem Gelände – beziehungsweise bei jüngeren Mitspielern – benötigen die blinden Sucher noch Bodyguards, die vor Hindernissen schützen. Sonst darauf hinweisen, die Hände vor das Gesicht zu halten.

Variationen

- Anzahl der Steuerleute erhöhen (ruhigere Spieler einsetzen)
- Wahl des Geländes: Im Wald auf Stolperfallen hinweisen, in der Halle Hindernisse aufbauen
- Besprechungszeit variieren; Zwischenreflexion, wenn es nicht klappt
- Bälle als Schatz verteilen; Bälle in ein Tor passen (ggf. als Wettkampf gestalten)

Auswertung

- Was hat gut funktioniert? Warum?
- Wo gab es Schwierigkeiten? Warum?
- Kennt ihr diese Probleme in der Mannschaft auch aus dem Alltag?
- Wie wollt ihr eure Kommunikation verbessern? (konkrete Beispiele!)

Material

2–3 Augenbinden
3–4 Schätze

Quelle: www.spielereader.org

Fußballtraining: Technik, Taktik, Kondition – und Werte

7

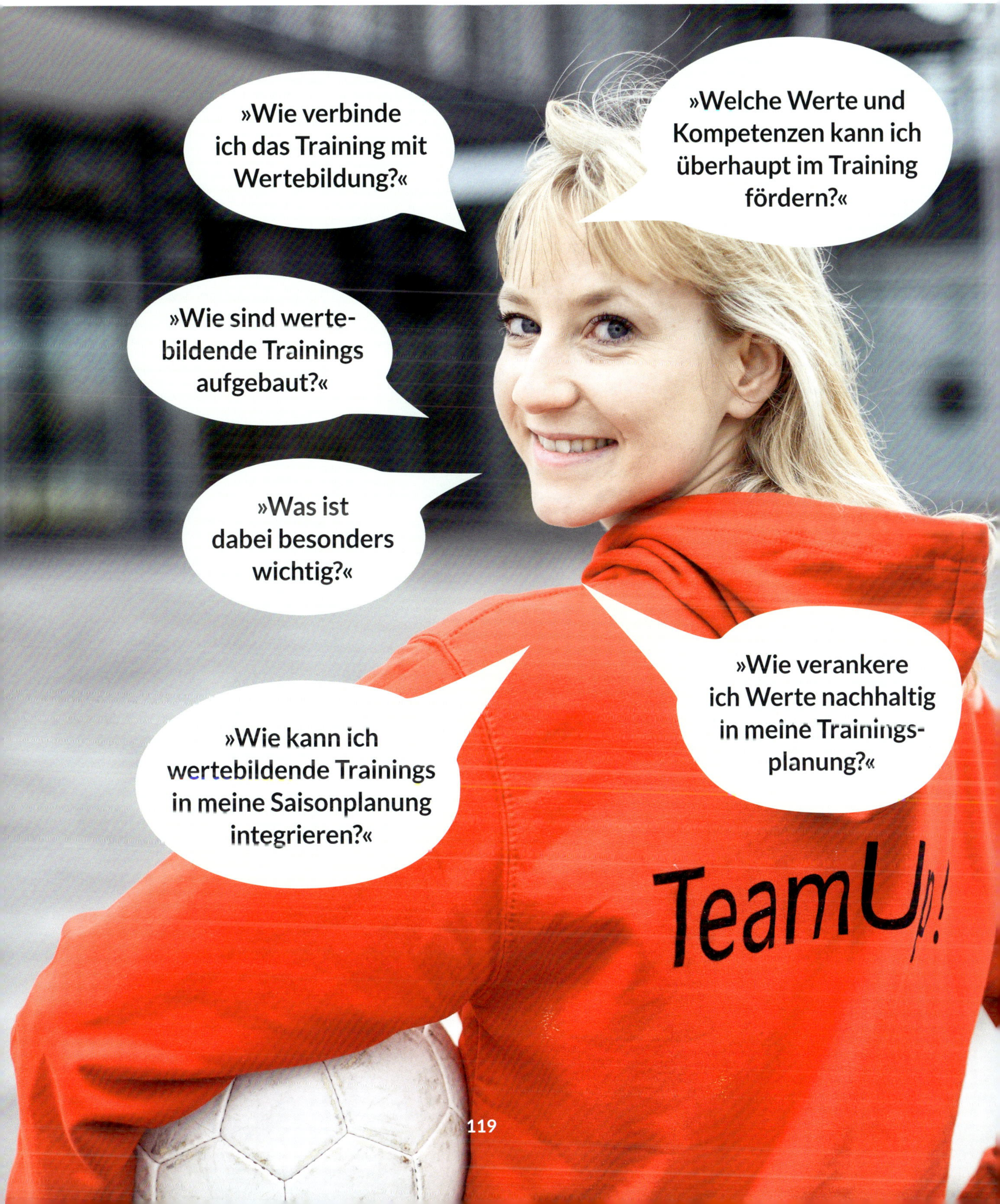

Jedes Training fördert Werte

Jedes Training, das Sie konzipieren, ist dazu geeignet, Wertebildung zu unterstützen: Jedes Training fördert unterschiedliche Werte, je nach Trainingsform und -ziel. Dabei gehören sicherlich Erfolg und Fairness zu den Werten, die sehr häufig angesprochen werden. Erfolg ist einerseits für den Wettkampf, aber auch für die sportliche Entwicklung ein bedeutender Wert. Denken Sie aber immer daran, dass Erfolg unterschiedlich interpretiert und bewertet wird! Das können Sie berücksichtigen, indem Sie sich selbst klarmachen, welche Art von Erfolg Sie für Ihre Jugendspieler anstreben. Fast alle wertebildenden Trainingsformen zielen auch auf die Zusammenarbeit und das Verhalten als Mannschaft auf dem Platz ab. Deswegen spielt Fairness dabei immer eine Rolle, ohne dass dies im Folgenden in jedem Trainingsbeispiel extra erwähnt wird. In jeder Trainingsform, in der es zwei oder mehrere Teams gibt, kann Fairplay verinnerlicht werden, sobald die Spieler selbst statt des Trainers die Spielleitung übernehmen. So lassen sich viele Trainingseinheiten über fußballerische Methoden gestalten und gleichzeitig Werte wie Teamgeist, Kooperation, Fairness oder Zusammenhalt indirekt fördern.

Andere Werte werden auch angesprochen: Beispielsweise trainieren Sie mit der Viererkette implizit immer auch das gegenseitige Vertrauen, denn darauf basiert ja das raumorientierte Verteidigen im Fußball. Rückt der Innenverteidiger heraus, kann er darauf vertrauen, dass seine Mitspieler ein wenig einrücken, um den Raum, den er öffnet, wieder zu schließen. Auch die sportliche Geschicklichkeit ist ein Wert, der hier gefördert wird.

Verankern Sie Werte als vierte Dimension im Training neben Technik, Taktik und Kondition.

Schließlich wird durch die Trainingseinheiten wertorientiertes Handeln gefördert. Das heißt, hier wird also gerade die Umsetzung der Werte im eigenen Handeln eingeübt. Entscheidend ist zum Abschluss die Reflexion am Ende der Trainingseinheiten, damit sich die Jugendlichen dies bewusst machen und ihr Handeln reflektieren. Dadurch verinnerlichen sie dieses noch stärker.

Sie können also darauf vertrauen, dass die Qualität Ihres Trainings selbst auf die Wertebildung einzahlt. Gleichwohl ist es bisweilen hilfreich, Wertefragen auch explizit zum Thema zu machen. Sie können dafür viele Anlässe nutzen, zum Beispiel die Auswertung eines Zusammenspiels. Oder Sie greifen Situationen auf, die Meinungsverschiedenheiten oder Spannungen ausgelöst haben. Sehen Sie solche Momente als Chance an, Teamgeist und Verantwortungsgefühl der Mannschaft zu stärken.

Je nach Entwicklungsstand der Mannschaft und der einzelnen Spieler kann die gemeinsame Reflexion entscheidende Erkenntnisprozesse im Team anstoßen und damit Fortschritte vorbereiten. Die Spielerinnen und Spieler üben damit auch, ihr eigenes Verhalten oder ihr Können zu re-

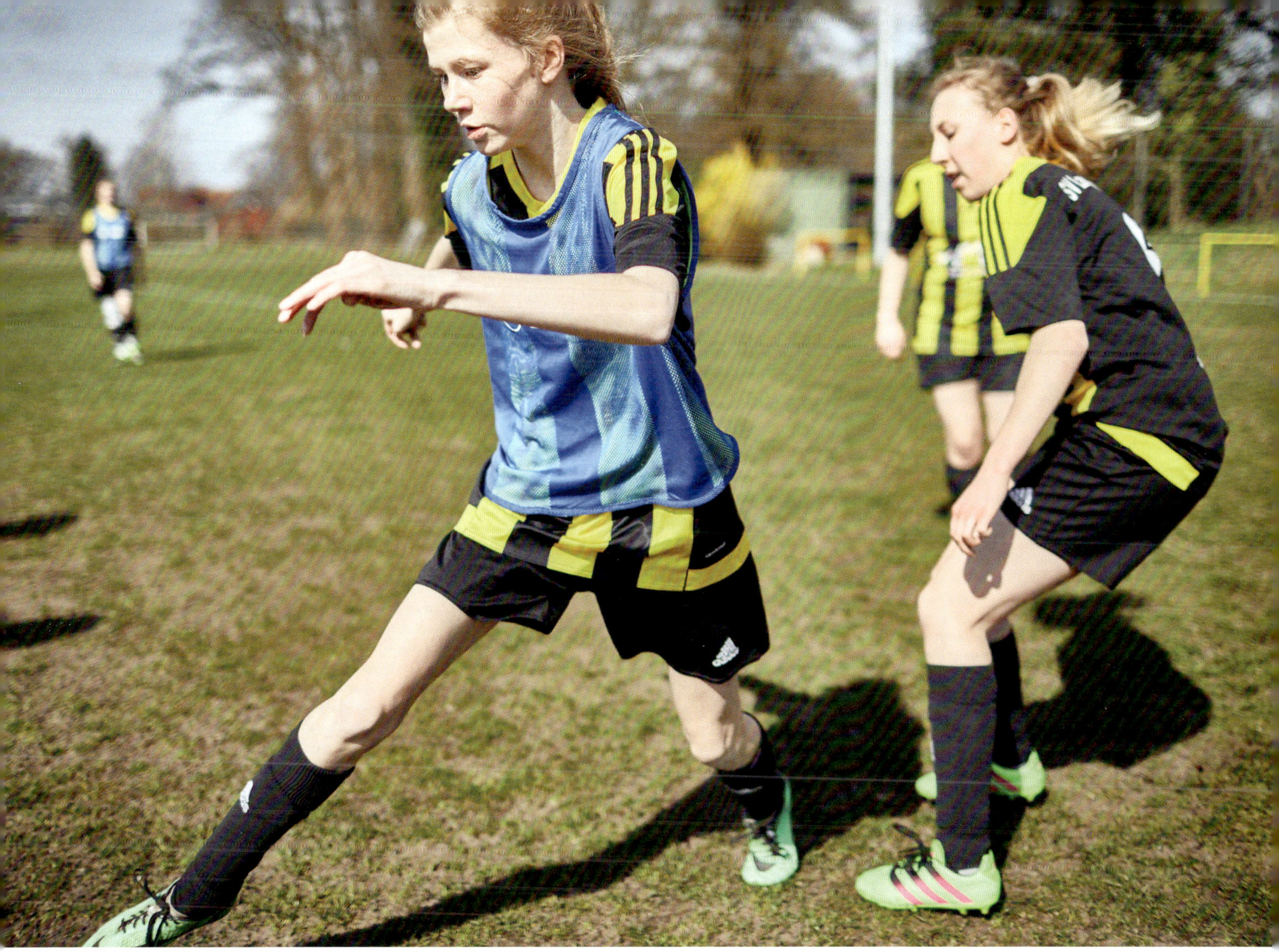

Auch sportliche Geschicklichkeit ist ein wichtiger Wert!

flektieren. Sie machen sich bewusst, wo sie stehen, was sie besser machen und wie sie sich entwickeln können. Diese kritische Selbstreflexion ist für den Sport und das Miteinander eine entscheidende Fähigkeit. Auswertungseinheiten können auch dazu genutzt werden, dass die Spieler Feedback zu Ihren Hinweisen und Coachingtipps zur Verbesserung der Spielleistung geben.

7.1 Wertebildende Trainingseinheiten: Grundidee und Aufbau

In diesem Kapitel finden Sie sechs für die Wertebildung im Jugendfußball konzipierte und erprobte Trainingseinheiten mit je vier Trainingsformen, mit denen Sie den Spaß am Fußball, sportlichen Nutzen und Wertebildung zusammenbringen. Der Aufbau ist immer gleich und orientiert sich an bekannten Trainingseinheiten des Jugendfußballs. Sehen Sie die Übungseinheiten als Anreiz dafür, Werte in Ihrem Training mitzudenken und mit Ihrer Mannschaft darüber ins Gespräch zu kommen. Wenn Sie bei der Konzeption überlegen, welche Werte und Kompetenzen Sie gezielt ansprechen wollen, empfehlen wir, die Wertereflexion ab Seite 29 zur Hilfe nehmen.

Aufbau der folgenden Trainingshinweise

Titel/Kern der Übung

Bereits aus dem Titel geht hervor, worum es in dieser Trainingsform geht – und ob es sich um eine mehrteilige Übung handelt. Zusammenfassend erhalten Sie Hinweise, welche Werte und Kompetenzen dabei ins Spiel kommen.

Darstellung

Für jede Trainingsform finden Sie eine grafische Darstellung der Übungssituation, wie Sie sie auch aus anderen Lehrmaterialien kennen.

Organisation

Sie erhalten Hinweise zum organisatorischen Rahmen und den Ressourcen, die Sie benötigen (Material, Aufstellung etc.).

Ablauf

Der chronologische Ablauf der Trainingsform wird knapp skizziert.

Variationen

Zu den meisten Übungen sind auch Variationen denkbar, die wir Ihnen hier vorstellen.

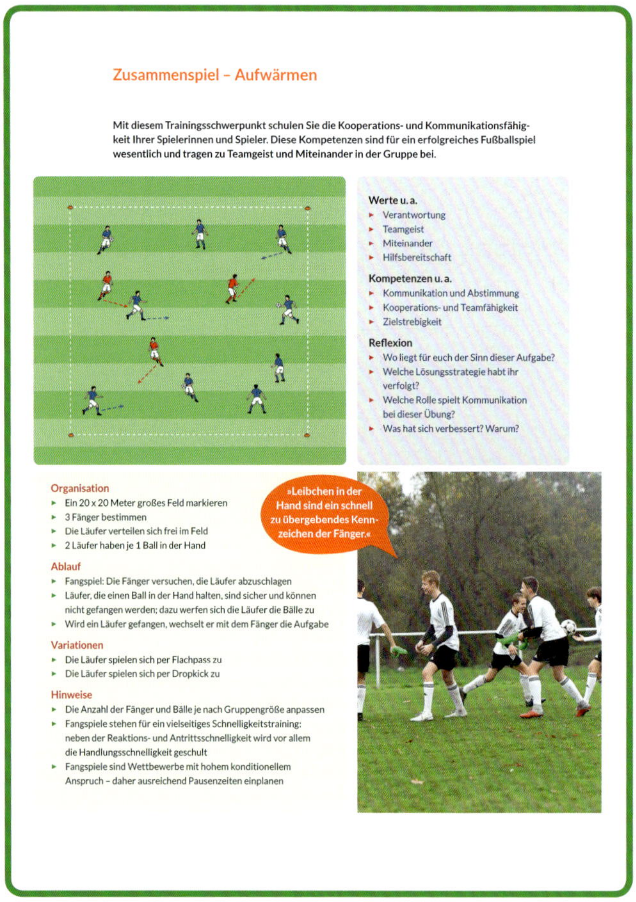

Zusammenspiel – Aufwärmen

Mit diesem Trainingsschwerpunkt schulen Sie die Kooperations- und Kommunikationsfähigkeit Ihrer Spielerinnen und Spieler. Diese Kompetenzen sind für ein erfolgreiches Fußballspiel wesentlich und tragen zu Teamgeist und Miteinander in der Gruppe bei.

Werte u. a.
- Verantwortung
- Teamgeist
- Miteinander
- Hilfsbereitschaft

Kompetenzen u. a.
- Kommunikation und Abstimmung
- Kooperations- und Teamfähigkeit
- Zielstrebigkeit

Reflexion
- Wo liegt für euch der Sinn dieser Aufgabe?
- Welche Lösungsstrategie habt ihr verfolgt?
- Welche Rolle spielt Kommunikation bei dieser Übung?
- Was hat sich verbessert? Warum?

Organisation
- Ein 20 x 20 Meter großes Feld markieren
- 3 Fänger bestimmen
- Die Läufer verteilen sich frei im Feld
- 2 Läufer haben je 1 Ball in der Hand

Ablauf
- Fangspiel: Die Fänger versuchen, die Läufer abzuschlagen
- Läufer, die einen Ball in der Hand halten, sind sicher und können nicht gefangen werden; dazu werfen sich die Läufer die Bälle zu
- Wird ein Läufer gefangen, wechselt er mit dem Fänger die Aufgabe

Variationen
- Die Läufer spielen sich per Flachpass zu
- Die Läufer spielen sich per Dropkick zu

Hinweise
- Die Anzahl der Fänger und Bälle je nach Gruppengröße anpassen
- Fangspiele stehen für ein vielseitiges Schnelligkeitstraining: neben der Reaktions- und Antrittsschnelligkeit wird vor allem die Handlungsschnelligkeit geschult
- Fangspiele sind Wettbewerbe mit hohem konditionellem Anspruch – daher ausreichend Pausenzeiten einplanen

»Leibchen in der Hand sind ein schnell zu übergebendes Kennzeichen der Fänger.«

Hinweise

Ergänzende didaktische Hinweise erhöhen den praktischen Nutzen der Übung.

Werte

Alle wertebildenden Trainingsformen bringen Technik, Taktik, Kondition und Werte zusammen. Hier erfahren Sie, welche speziellen Werte mit einer Trainingsform unter anderem angesprochen werden. Durch eine Anpassung der Einheit können Sie weitere Werte einbringen.

Kompetenzen

Wir führen die wichtigsten Kompetenzen auf, die bei dem Training in den Blick genommen werden.

Reflexionen

Damit die Werte und die Effekte der Übung ins Bewusstsein der Jugendspieler eingehen, ist Reflexion wichtig. Dazu erhalten Sie beispielhafte Fragen, die Sie nutzen können.

Phasen einer wertebildenden Trainingseinheit im Fußball

Phase	Zeit	Übung
Aufwärmen I	15 Minuten	Allgemeine Erwärmung
Aufwärmen II	15 Minuten	Spezifische Erwärmung
Hauptteil I	20 Minuten	Hinführende technisch-taktische Trainingsform
Hauptteil II	20 Minuten	Technisch-taktische Trainingsform zum Schwerpunkt
Schlussteil	20 Minuten	Spielform mit Bezug zum Trainingsschwerpunkt

Die Struktur der Trainingseinheiten besteht aus fünf Teilen: Der allgemeinen Erwärmung folgt das spezifische Aufwärmen, in welchem der Schwerpunkt der Trainingseinheit bereits angerissen wird. Im ersten Hauptteil findet eine hinführende technisch-taktische Trainingsform statt, die im zweiten Hauptteil, explizit zugeschnitten auf den Schwerpunkt, fortgeführt wird. Zum Abschluss des Trainings coacht der Trainer seine Spieler in einer Spielform mit Bezug zum Schwerpunkt der Trainingseinheit.

Wir stellen im Folgenden drei Trainingseinheiten zu technischen Schwerpunkten (Torabschluss im Strafraum, Passen unter Druck und Kopfball) sowie drei Trainingseinheiten zu taktischen Schwerpunkten (1 gegen 1 mit Gegner im Rücken, Zusammenspiel und Umschalten nach Balleroberung) mit jeweils vier Trainingsteilen vor.

Bei allen Trainingsformen spielen besonders Kommunikation und Abstimmung eine große Rolle.

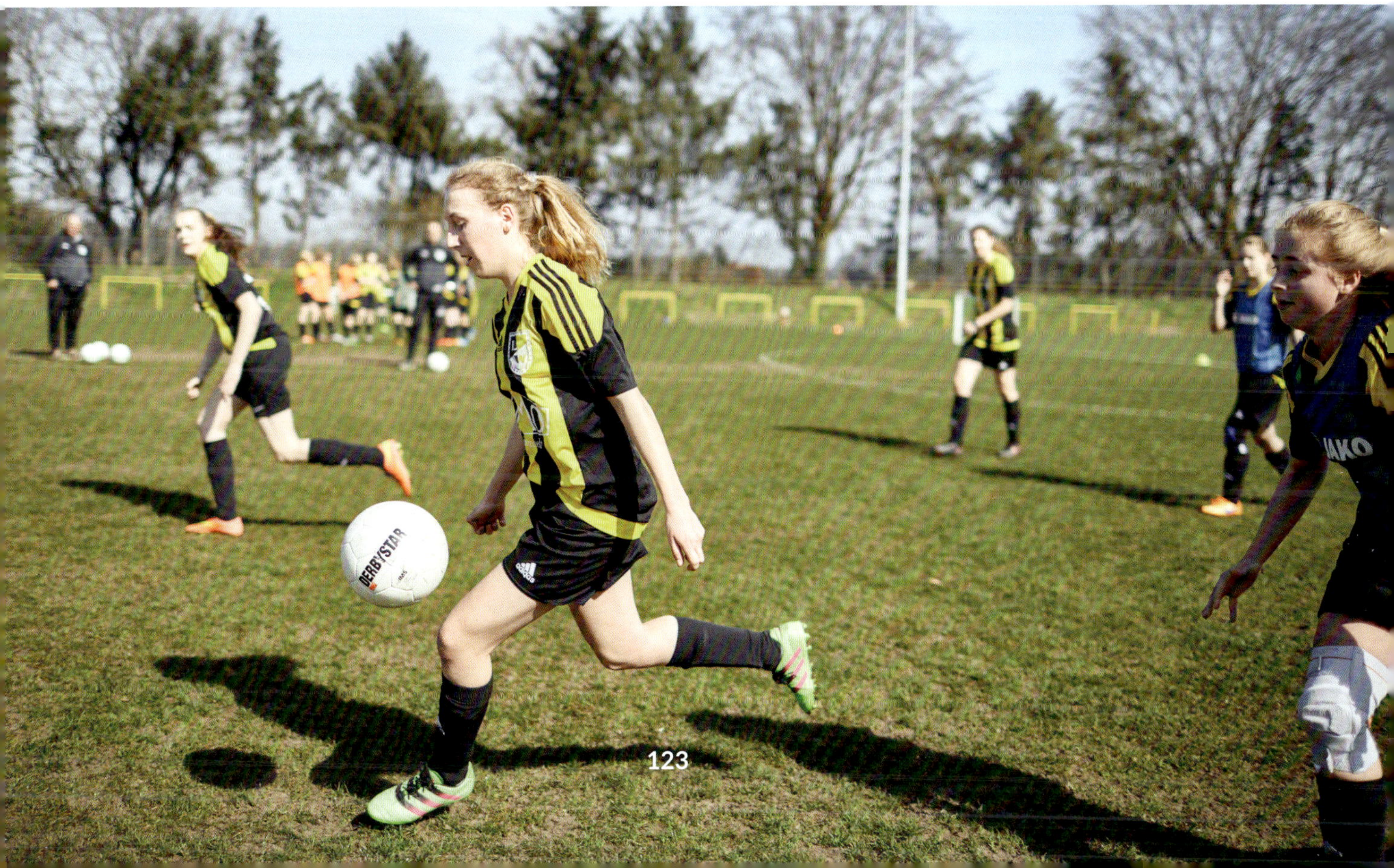

7.2 Wertebildende Trainingseinheiten: Beispiele

Torabschluss im Strafraum – Aufwärmen

Mit dieser Trainingseinheit fördern Sie die Kooperations- und Teamfähigkeit Ihrer Spieler. Dies sind wichtige Kompetenzen für das Fußballspiel, aber auch für das Miteinander. Das Team sammelt positive Erfahrungen.

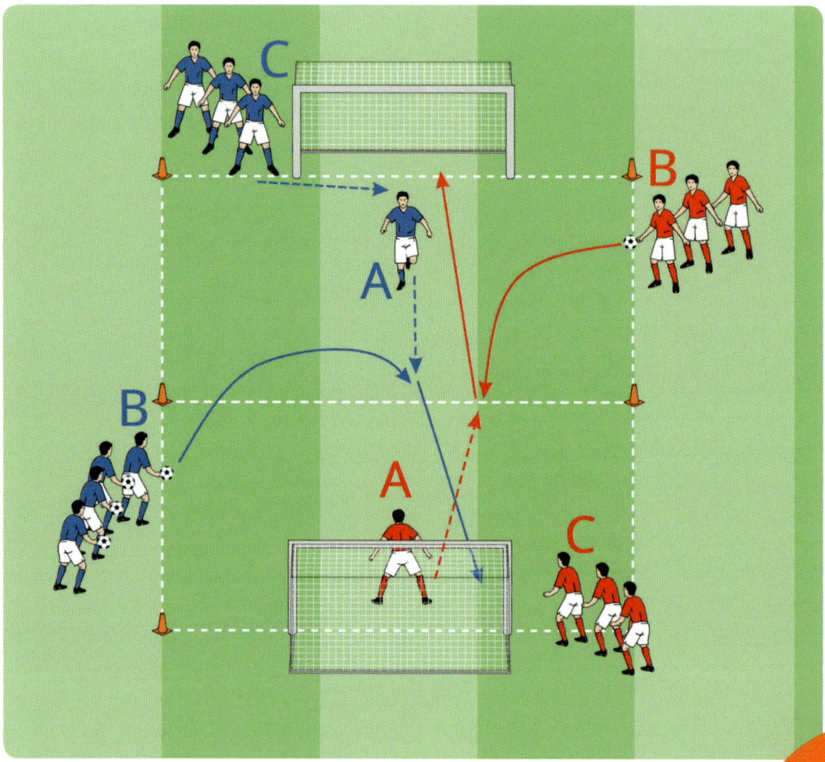

Werte u. a.
- Teamgeist
- Zusammenarbeit
- Miteinander
- Motivation

Kompetenzen u. a.
- Kommunikation und Abstimmung
- Kooperations- und Teamfähigkeit
- Beziehungsfähigkeit

Reflexion
- Was habt ihr mit dieser Aufgabe eigentlich eingeübt?
- Wie sah eure Lösungsstrategie aus?
- Was hat sich verbessert? Warum?
- Welche Bedeutung hat diese Trainingsform für euch als Team?

»Und Tor! Treffer schon zu Beginn der Trainingseinheit motivieren.«

Organisation
- Ein 12 x 15 Meter großes Feld mit Mittellinie und 2 Toren markieren
- 2 Gruppen bilden
- Jeweils die Positionen A bis C gemäß Abbildung besetzen
- B jeweils mit 1 Ball

Ablauf
- A (Blau) läuft zur Mittellinie (= Abschlusslinie) und köpft nach Zuwurf von B auf das Tor; danach ist A (Rot) an der Reihe usw.
- A wechselt zu B, B zu C und C zu A
- Wer erzielt zuerst 10 Treffer?
- Danach die Seiten wechseln

Variationen
- B spielt aus der Hand per Dropkick zu
- Volleyabschlüsse sind erlaubt
- Der Torhüter kann den Kopfball direkt ins gegnerische Tor klären

Hinweise
- In Richtung Tor laufen und nach Zuwurf mit einem Bein abspringen
- In der Flugphase Bogenspannung aufbauen
- Druckvoll mit der Stirn köpfen

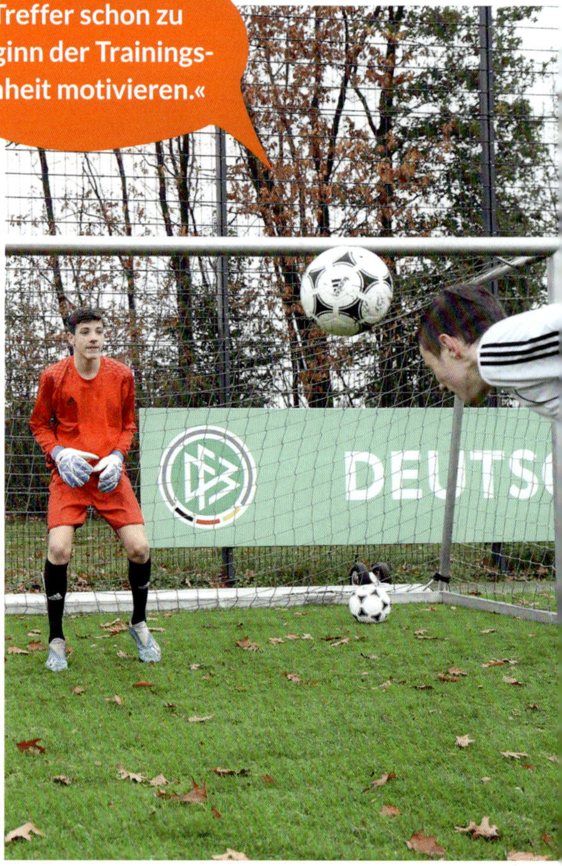

Torabschluss im Strafraum – Hauptteil 1

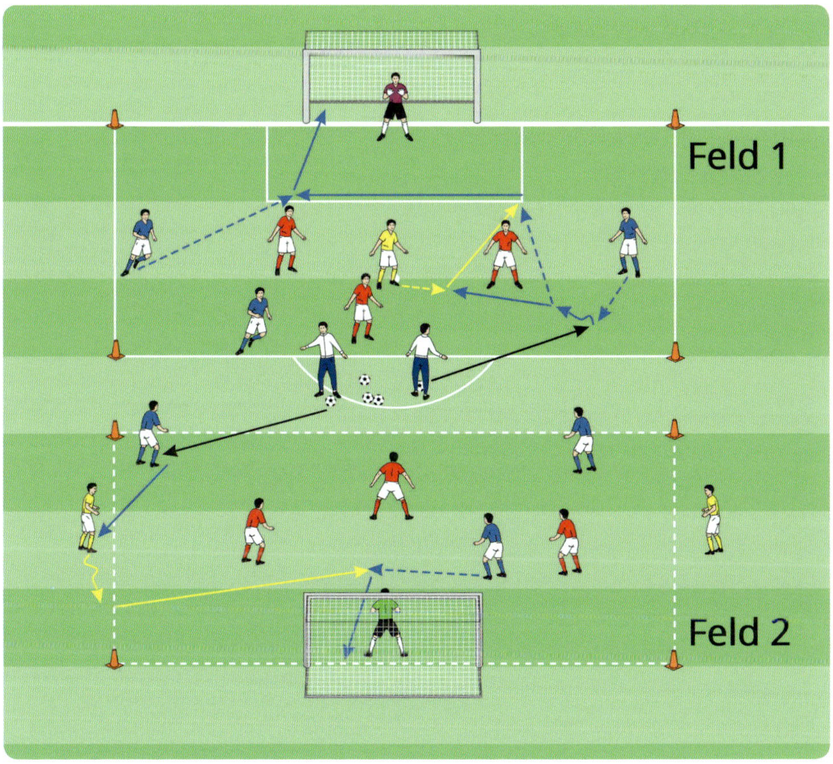

Werte u. a.
- Miteinander
- Spielfreude
- Zusammenarbeit
- Erfolg

Kompetenzen u. a.
- Kommunikation und Abstimmung
- Kooperations- und Teamfähigkeit
- Zielstrebigkeit
- Frustrationstoleranz

Reflexion
- Was fandet ihr hilfreich, um die Aufgabe zu bewältigen?
- Um welche Werte geht es hier?
- Wann seid ihr als Team erfolgreich?
- Welche Probleme gab es?
- Welche Strategie habt ihr verfolgt?

Organisation
- 2 Strafräume mit 1 Tor und Torhüter markieren
- 4 Teams à 3 Spieler bilden und 3 Neutrale bestimmen
- Die Spieler gemäß Abbildung auf Feld 1 und 2 verteilen
- Der Trainer steht mit Bällen zwischen den Feldern

Ablauf
- Der Trainer spielt den Ball ein: 3 plus 1 gegen 3 bzw. 3 plus 2 gegen 3 auf das Tor
- Mit Abseits spielen
- Die verteidigende Mannschaft passt nach Balleroberung zum Trainer
- Nach einem Treffer oder einer Ecke bleibt das Team in Ballbesitz
- Nach einem Abstoß, Ausball oder gehaltenen Ball des Torhüters wechselt der Ballbesitz
- Wer erzielt zuerst 6 Treffer?

Variationen
- Mit 2 Pflichtkontakten spielen
- Die Verteidiger kontern nach Ballgewinn ebenfalls auf das Tor

Hinweise
- Eine freie Schussbahn durch einen öffnenden Pass oder durch ein Dribbling für den Mitspieler freiziehen
- Möglichkeiten zum Torabschluss schnellstmöglich und konsequent ausnutzen

»Geringe Distanzen zum Tor fordern Zielstrebigkeit beim Abschluss.«

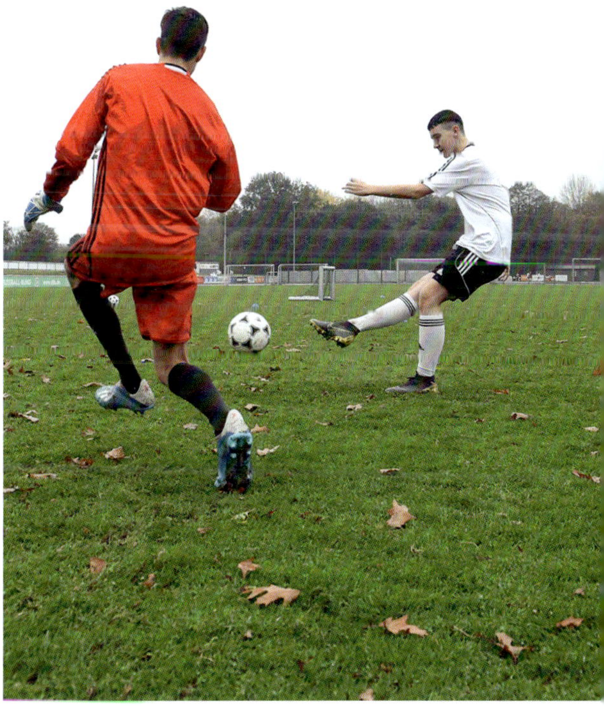

Torabschluss im Strafraum – Hauptteil 2

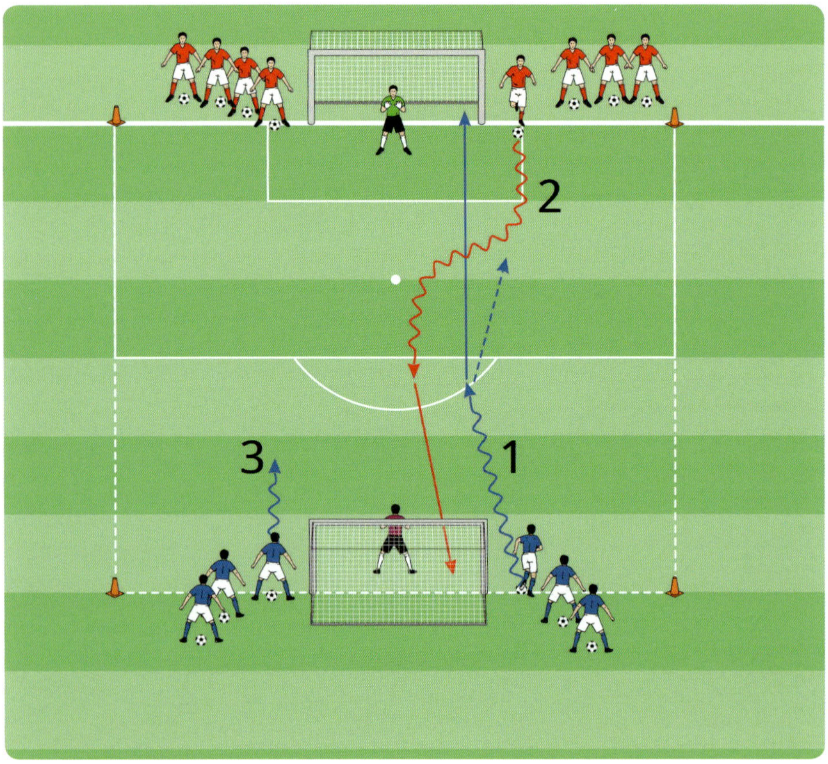

Werte u. a.
- Miteinander
- Teamgeist
- Respekt
- Erfolg

Kompetenzen u. a.
- Kommunikation und Abstimmung
- Kooperations- und Teamfähigkeit
- Beziehungsfähigkeit
- Zielstrebigkeit

Reflexion der Trainingsform
- Worauf kommt es bei dieser Trainingsform an?
- Welche Probleme gab es?
- Welche Strategie habt ihr als Team verfolgt?
- Wie ist es aus eurer Sicht gelaufen?

Organisation
- Einen doppelten Strafraum mit 2 Toren und Torhütern markieren
- 2 Gruppen bilden und neben den Toren verteilen
- Jeder Spieler hat 1 Ball

Ablauf
- Der erste Spieler Blau dribbelt zum 1 gegen 0 und schließt ab (1)
- Der erste Spieler Rot startet zum 1 gegen 1 ins Feld (2)
- Der nächste Spieler Blau dribbelt zum 2 gegen 1 ins Feld (3) usw.
- Bis zum 4 gegen 4 durchspielen
- Danach Neubeginn bei Team Rot
- Mit Abseits spielen
- Maximal 20 Sekunden pro Aktion
- Wer erzielt zuerst 10 Treffer?

Variation
- Jede Aktion mit einem Zuspiel auf die andere Seite starten

Hinweise
- Vor dem Torschuss die Position des Torhüters beobachten, um die Entscheidung, in welche Ecke geschossen wird, zu erleichtern
- Je näher am Tor, desto genauer muss der Schuss sein; Abschlüsse im Strafraum sollten demnach möglichst mit der Innenseite erfolgen

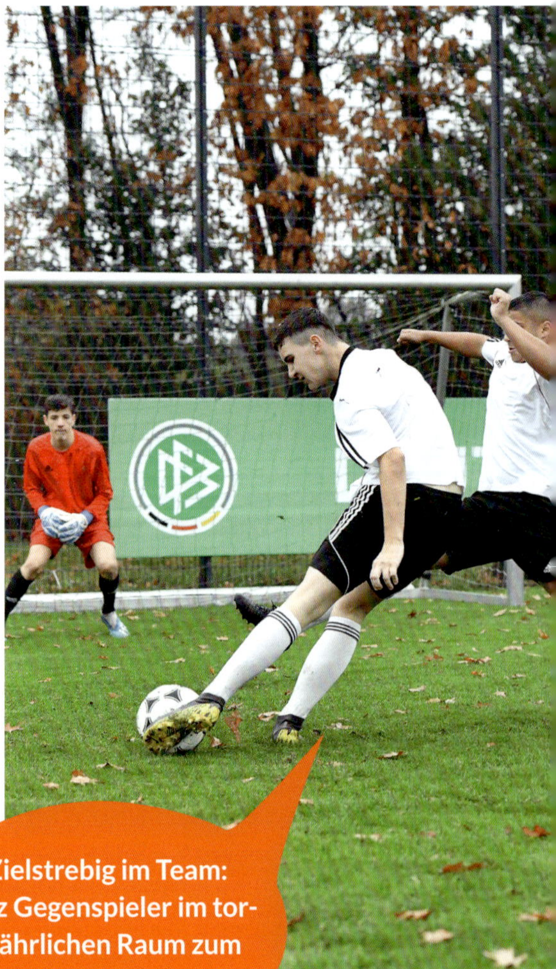

»Zielstrebig im Team: Trotz Gegenspieler im torgefährlichen Raum zum Abschluss kommen.«

Torabschluss im Strafraum – Schlussteil

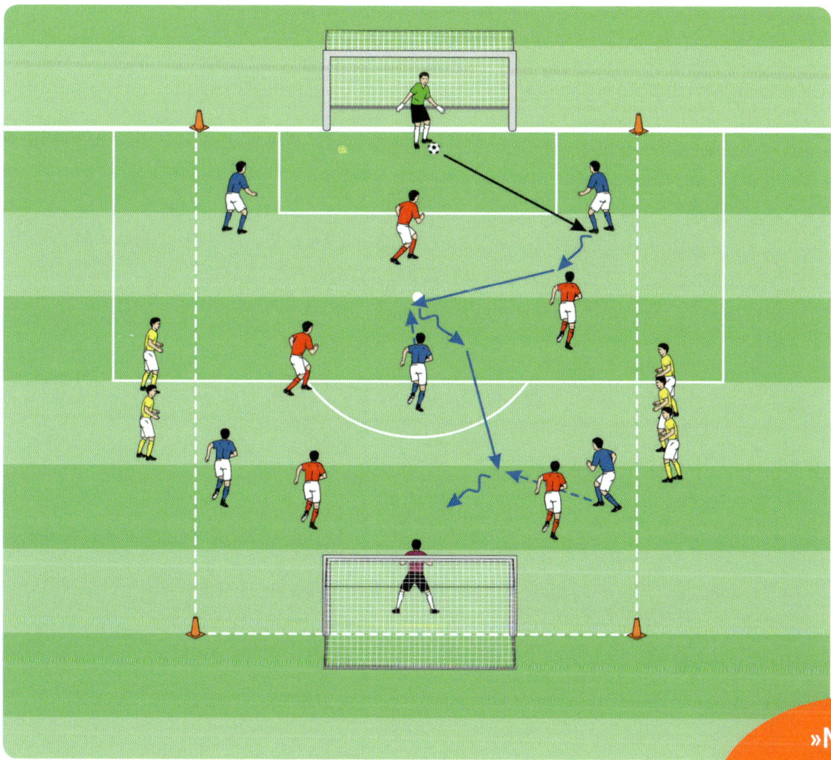

Werte u. a.

- Motivation
- Eigeninitiative
- Zusammenarbeit
- Erfolg

Kompetenzen u. a.

- Kommunikation und Abstimmung
- Kooperations- und Teamfähigkeit
- Zielstrebigkeit

Reflexion

- Wo liegt für euch der Sinn dieser Aufgabe?
- Welche Lösungsstrategie habt ihr verfolgt?
- Wann seid ihr als Team erfolgreich?
- Welche Probleme gab es?
- Torhüter: Wie ist es für dich, mit wechselnden Teams zu spielen?

»Motivation durch Erfolg: Nur wer schießt, kann auch Treffer erzielen.«

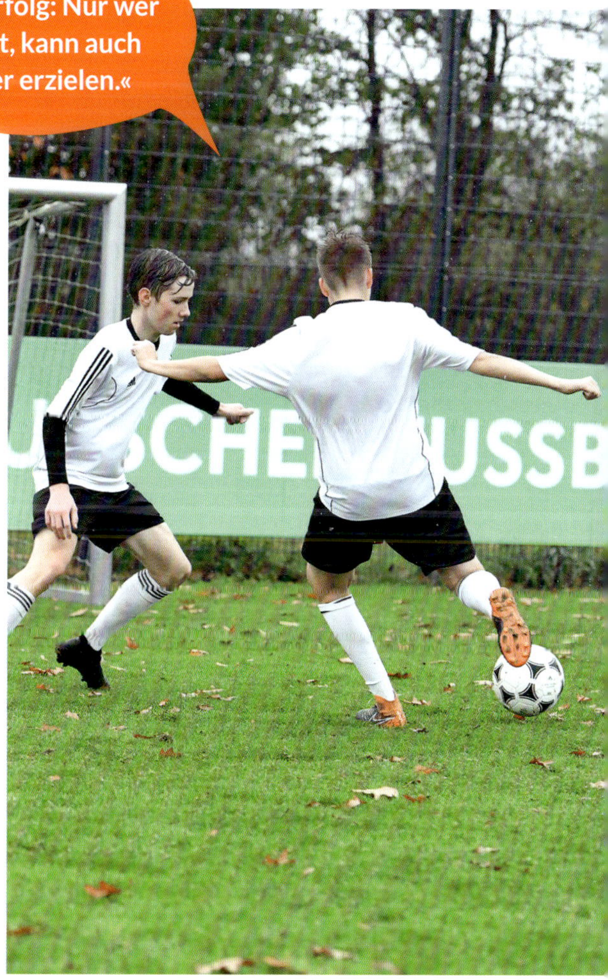

Organisation

- Einen doppelten Strafraum mit 2 Toren und Torhütern um 10 Meter verengen
- 3 Teams à 5 Feldspieler einteilen
- 1 Team wartet außerhalb des Feldes

Ablauf

- 6 gegen 6
- Das Team, das einen Treffer erzielt, bleibt im Feld und in Ballbesitz
- Das andere Team verlässt das Spielfeld, das wartende Team wechselt in das Feld
- Nach maximal 3 Minuten verlässt das länger spielende Team das Feld

Variationen

- Nach einem Treffer wechselt die Spielrichtung
- Das Team, das das Feld betritt, erhält den Ball

Hinweise

- Verteidigt der Gegner passiv und ermöglicht so Schüsse aus der Distanz, sind diese konsequent zu nutzen
- Nach Ballgewinn zielstrebig und ohne Zeitverlust auf das gegnerische Tor kontern, um schnellstmöglich zum Abschluss zu kommen

Passen unter Druck – Aufwärmen

Mit dieser Trainingseinheit fördern Sie die Kommunikation und die Kooperationsfähigkeit Ihrer Spieler. Dies sind nicht nur wichtige Kompetenzen für das Fußballspiel, sondern auch für das Miteinander und Achtsamkeit.

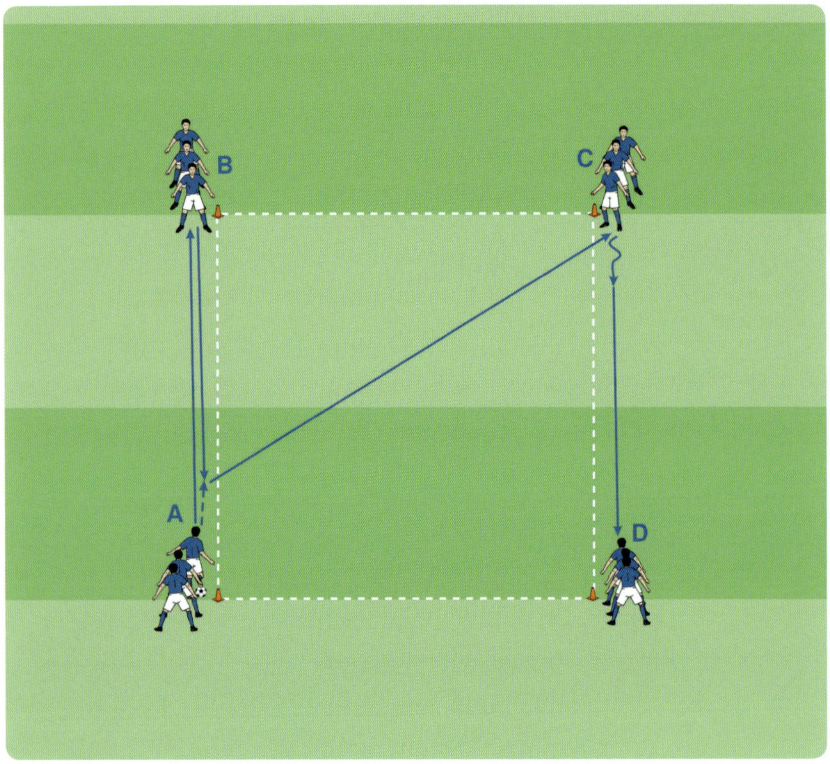

Werte u. a.
- Miteinander
- Motivation
- Achtsamkeit
- Vertrauen

Kompetenzen u. a.
- Kommunikation und Abstimmung
- Kooperations- und Teamfähigkeit
- Beziehungsfähigkeit
- Zielstrebigkeit

Reflexion
- Wie ist es gelaufen?
- Welche Probleme gab es bei dieser Aufgabe?
- Was hat sich verbessert? Warum?
- Um welche Werte geht es hier?

Organisation
- Ein 10 x 10 Meter großes Feld markieren
- Die Positionen A bis D dreifach besetzen
- A mit Ball

Ablauf
- A passt zu B, der klatschen lässt
- A leitet zu C weiter
- C nimmt mit und passt zu D, der klatschen lässt
- C leitet zu A weiter, der die Aktion erneut beginnt
- A und B sowie C und D tauschen nach jeder Aktion die Seiten

Variationen
- 2 Pflichtkontakte bei den ersten beiden Pässen; der dritte Pass muss direkt gespielt werden
- Nur Direktspiel erlauben
- Die Spieler dürfen nicht miteinander sprechen
- Zunächst werfen sich die Spieler zu, um den Ablauf zu verinnerlichen und in die Bewegung zu kommen

Hinweis
- Mit einer einfachen Passform in die Trainingseinheit einsteigen und zunächst die technischen Details coachen

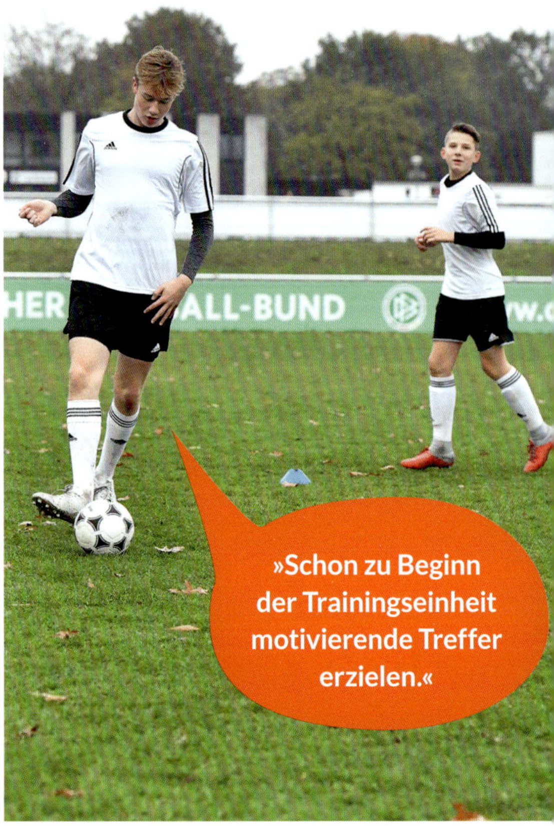

Passen unter Druck – Hauptteil 1

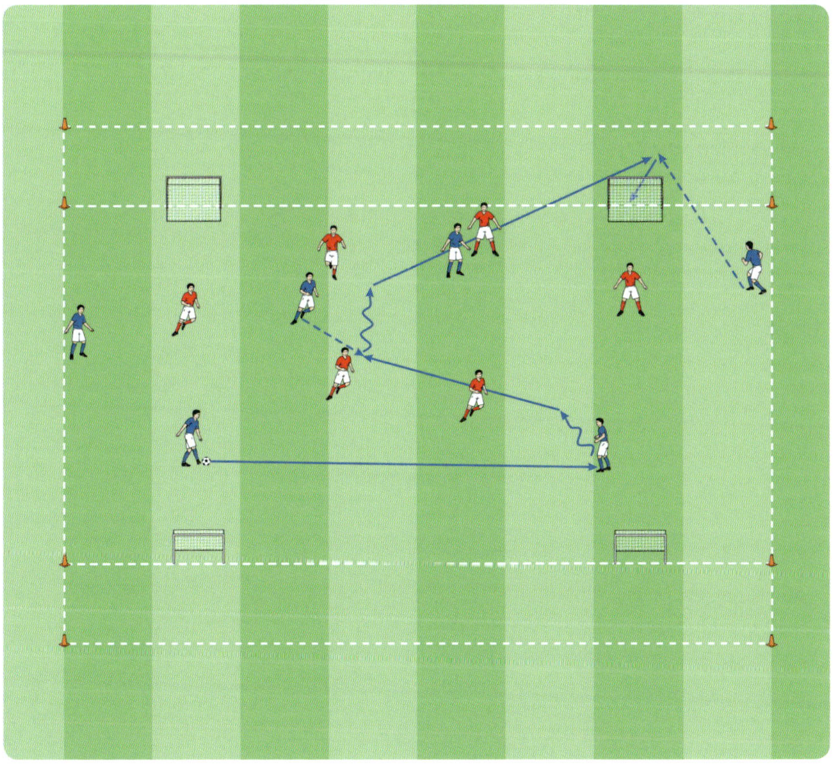

Werte u. a.

- Motivation
- Spielfreude
- Kreativität

Kompetenzen u. a.

- Kommunikation und Abstimmung
- Kooperations- und Teamfähigkeit
- Zielstrebigkeit

Reflexion

- Wie ist es gelaufen?
- Welche Lösungsstrategie habt ihr verfolgt?
- Welche Rolle spielt die Kommunikation bei dieser Übung?
- Was bedeutet das für euch innerhalb des Teams?

»Die Lücke gefunden? Im Kombinationsspiel zu Torchancen kommen.«

Organisation

- Ein 30 x 40 Meter großes Feld mit 2 Endzonen (Tiefe: 5 Meter) und je 2 umgedrehten Minitoren gemäß Abbildung markieren
- 2 Teams à 6 Spieler bilden

Ablauf

- 6 gegen 6
- Die Endzone darf erst mit dem gespielten Pass betreten werden
- Es dürfen maximal 2 Angreifer und 2 Verteidiger nachstarten
- Wird der Ball aus der Endzone herausgespielt, müssen alle Spieler diese verlassen

Variationen

- Ein Angreifer darf sich bereits vor dem Pass in der gegnerischen Endzone aufhalten – die Verteidiger laufen erst nach, wenn der Ball in die Zone gespielt wurde
- Je 1 Angreifer und 1 Verteidiger agieren fest in den Endzonen

Hinweise

- Durch ein sicheres Passspiel den Gegner zum Verschieben bewegen und freie Räume nutzen
- Aktiv andribbeln und den Verteidiger dadurch zu einer Aktion zwingen
- Pässe in die Tiefe lautstark einfordern
- Den Raum in der Tiefe immer wieder anlaufen und dem Ballbesitzer Optionen zum Pass geben

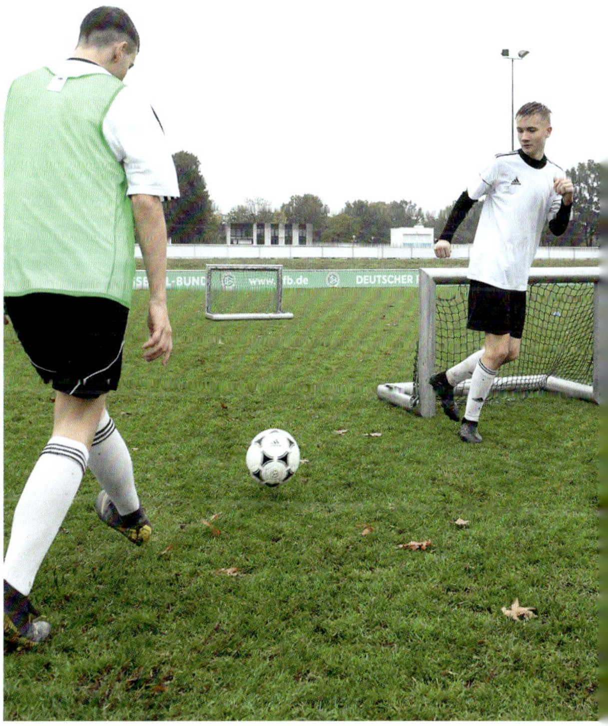

Passen unter Druck – Hauptteil 2

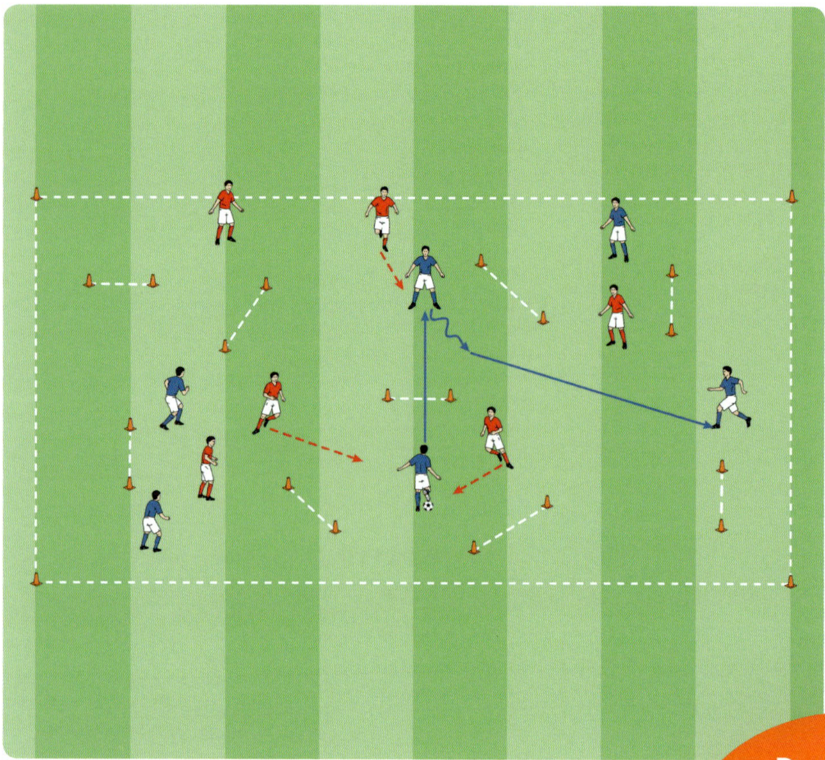

Werte u. a.

- Spielfreude
- Teamgeist
- Verantwortung
- Verlässlichkeit

Kompetenzen u. a.

- Kommunikation und Abstimmung
- Kooperations- und Teamfähigkeit

Reflexion

- Wo liegt für euch der Sinn dieser Aufgabe?
- Was hat sich verbessert? Warum?
- Welche Rolle spielt die Kommunikation bei dieser Übung?
- Was bedeutet das für euch im Team?
- Wie war es für dich, die Pässe deiner Mannschaft zu zählen?

»Doppelpass geht nicht allein: Passgeber und -empfänger können nur zusammen erfolgreich sein.«

Organisation

- Ein 20 x 40 Meter großes Feld markieren
- Mehrere Hütchentore (Breite: 2 Meter) errichten
- 2 Teams à 6 Spieler bilden

Ablauf

- 6 gegen 6 auf Ballhalten
- Ziel ist es, flach (!) durch ein Hütchentor zu einem Mitspieler zu passen (= 1 Punkt)
- Fällt ein Hütchen um, zählt der Punkt nicht
- Es darf nicht zweimal durch dasselbe Tor gespielt werden
- 10 Pässe in Folge ergeben ebenfalls 1 Punkt

Variationen

- Mit maximal 3 Kontakten spielen
- Nach einem Treffer erhält der Gegner den Ball

Hinweise

- Die erzielten Punkte jeweils laut mitzählen lassen
- Auf ein sauberes Flachpassspiel achten

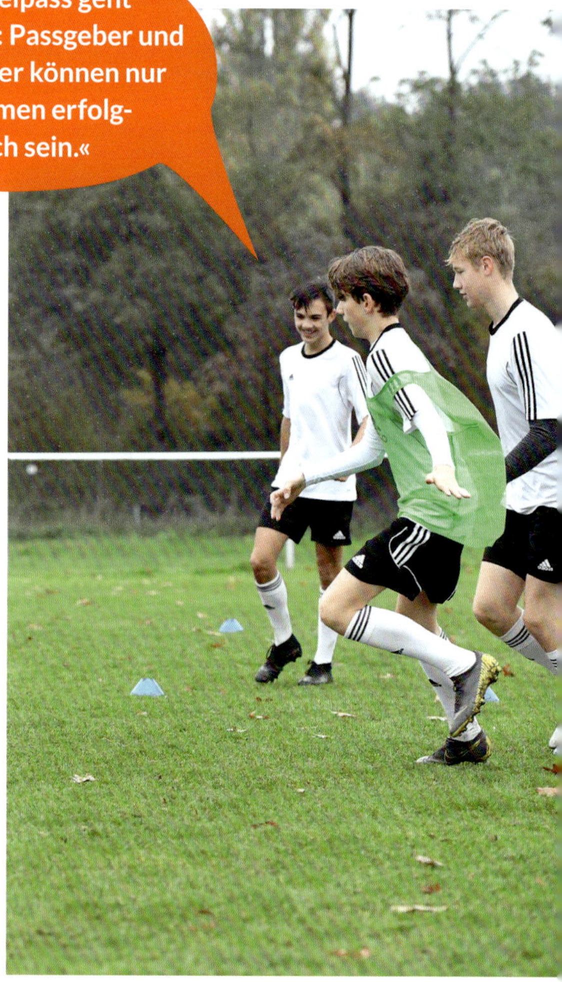

Passen unter Druck – Schlussteil

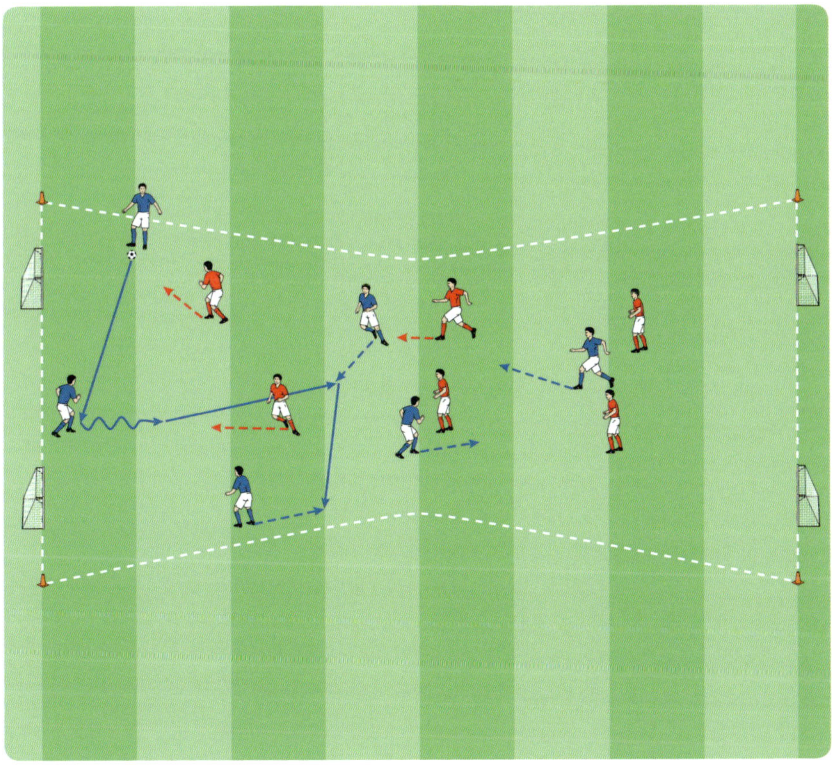

Werte u. a.

- Spielfreude
- Teamgeist
- Neugierde
- Offenheit

Kompetenzen u. a.

- Kommunikation und Abstimmung
- Kooperations- und Teamfähigkeit
- Zielstrebigkeit
- Anpassungsfähigkeit

Reflexion

- Wie ist es gelaufen?
- Um welche Werte geht es hier?
- Welche Probleme hattet ihr bei dieser Aufgabe?
- Welche Bedeutung hat diese Trainingsform für euch als Team?

Organisation

- Ein 40 x 20 Meter großes Feld an der Mitte der Seitenlinien um etwa 4 Meter einrücken
- Auf den Grundlinien je 2 Minitore aufstellen
- 2 Teams à 6 Spieler bilden
- Beide Teams spielen im 3-2-1-System

Ablauf

- Freies Spiel 6 gegen 6 in der Sanduhr

Variationen

- Mit maximal 2 Kontakten spielen
- Zusätzlich eine Mittellinie markieren – wird über sie gespielt, darf nicht mehr zurückgepasst werden

Hinweise

- Den verengten Raum im Zentrum möglichst schnell mit wenigen Kontakten überspielen
- Zwischen den gegnerischen Reihen bewegen und immer wieder Tiefenläufe anbieten
- Nach Ballverlust direkt umschalten und zurückerobern

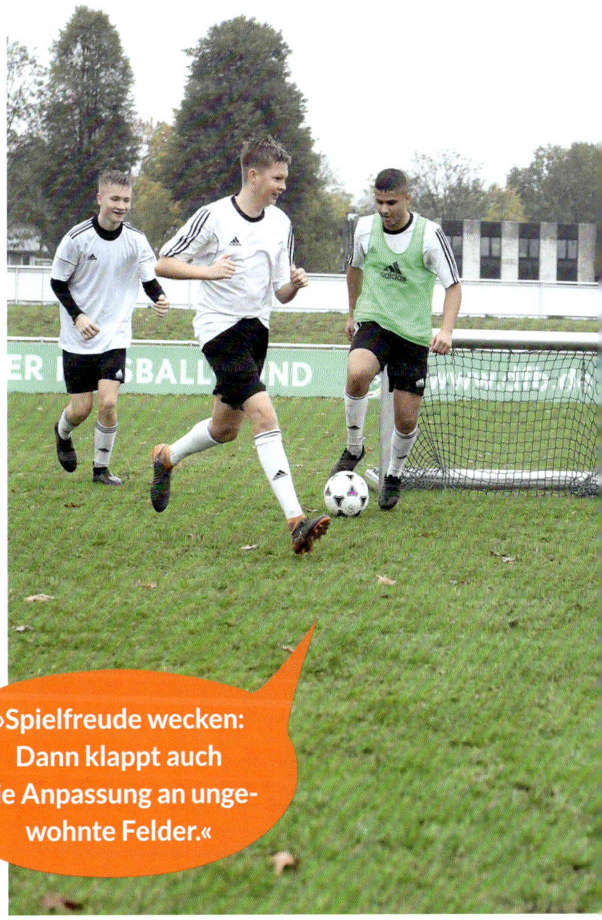

»Spielfreude wecken: Dann klappt auch die Anpassung an ungewohnte Felder.«

Kopfball – Aufwärmen

Damit ein Kopfball gelingt, braucht es ein gutes Zusammenspiel zwischen Passgeber und Passempfänger. Dazu dient diese Trainingseinheit, mit der Sie die Abstimmung und Teamfähigkeit Ihrer Spielerinnen und Spieler fördern.

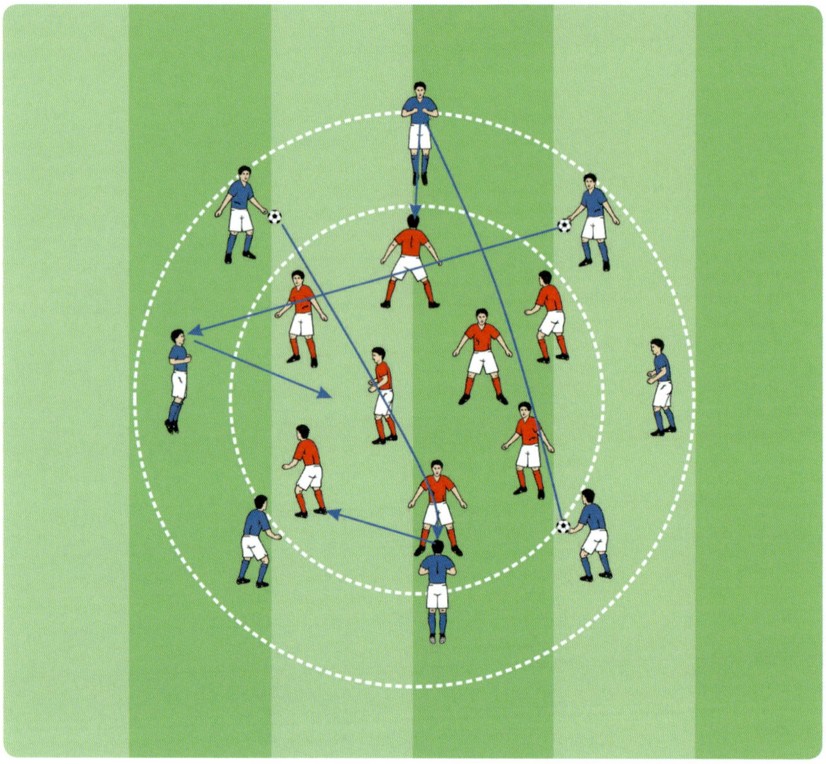

Werte u. a.
- Miteinander
- Teamgeist
- Verantwortung
- Entscheidungsfreude

Kompetenzen u. a.
- Kommunikation und Abstimmung
- Kooperations- und Teamfähigkeit
- Verantwortungsübernahme

Reflexion
- Was habt ihr beobachtet?
- Um welche Werte geht es hier?
- Welche Lösungsstrategie habt ihr verfolgt?
- Welche Bedeutung hat diese Trainingsform für euch als Team?

Organisation
- In einem Kreis mit einem Durchmesser von 12 Metern einen weiteren Kreis mit einem Durchmesser von 10 Metern markieren
- 2 Gruppen à 8 Spieler bilden
- Rot ohne Bälle im inneren, Blau mit 3 Bällen im äußeren Kreis postieren

Ablauf
- Blau spielt sich per Einwurf zu; der Ball darf entweder gefangen und weitergeworfen oder auf einen Spieler Rot geköpft werden
- Blau erhält pro Kopfballtreffer 1 Punkt
- Nach 3 Minuten die Aufgaben wechseln
- Welches Team erzielt die meisten Punkte?

Variation
- Blau erhält einen weiteren Punkt, wenn der Passempfänger zum Zuspieler zurückköpft

Hinweise
- Die Spieler entscheiden zunächst selbst über die angewendete Kopfballtechnik
- Korrigiert wird nur ein fehlerhafter Treffpunkt des Balles, also wenn nicht mit der Stirn geköpft wurde

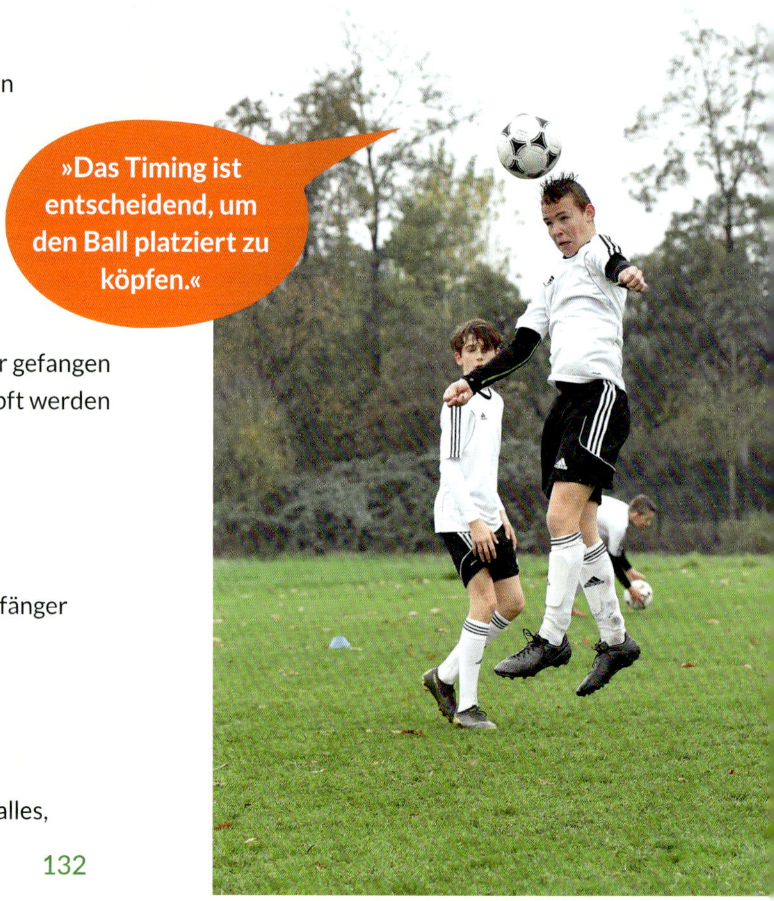

Kopfball – Hauptteil 1

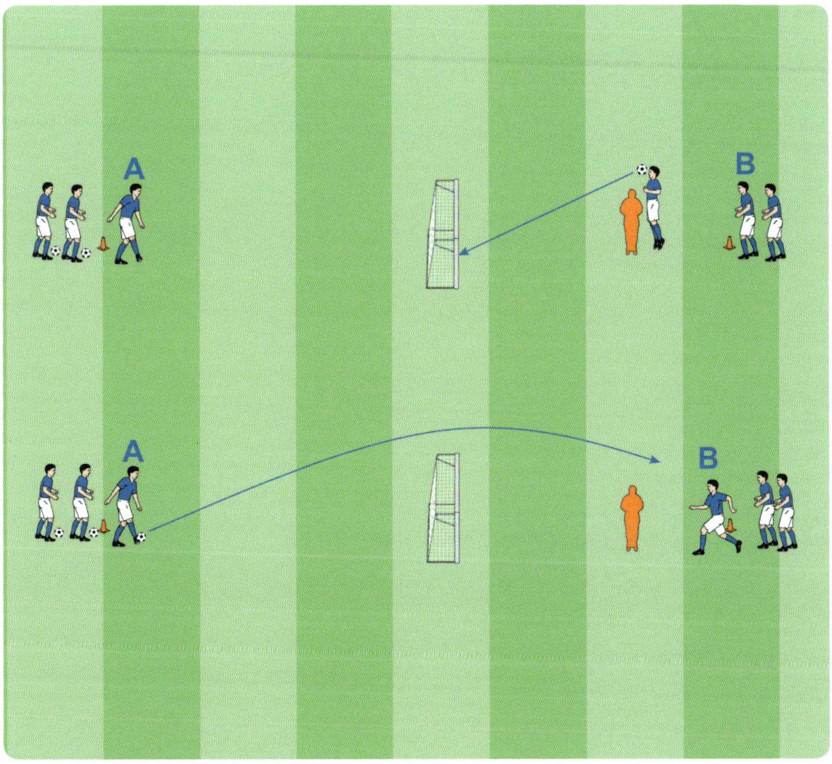

Werte u. a.
- Miteinander
- Motivation
- Teamgeist
- Ehrgeiz

Kompetenzen u. a.
- Kommunikation und Abstimmung
- Kooperations- und Teamfähigkeit
- Frustrationstoleranz

Reflexion
- Was habt ihr beobachtet?
- Welche Probleme gab es bei dieser Aufgabe?
- Welche Lösungsstrategie habt ihr verfolgt?
- Was bedeutet das für euch untereinander im Team?

Organisation
- 2 Hütchen im Abstand von 30 Metern markieren und dazwischen 1 Jugendtor aufstellen (2-mal errichten)
- Im Abstand von 5 Metern zu Position B 1 Dummy aufstellen
- Die Position A mit Bällen, B ohne Bälle gemäß Abbildung besetzen

Ablauf
- A spielt einen Flugball auf B
- B köpft ins Tor

Variationen
- Die Distanz zwischen A und B verkürzen
- A wirft ein

Hinweise
- Beidbeiniger Absprung nach einem Stemmschritt
- In der Flugphase vor dem Treffen des Balles eine Bogenspannung aufbauen
- Mit der Stirn köpfen

»Hoch in die Luft: Wer beim Kopfball erfolgreich sein will, sollte Sprungkraft mitbringen.«

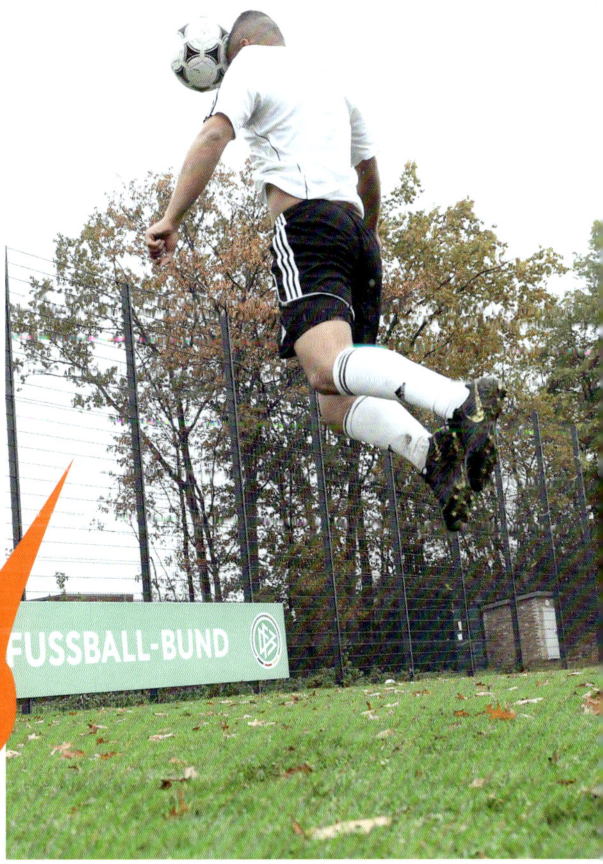

Kopfball – Hauptteil 2

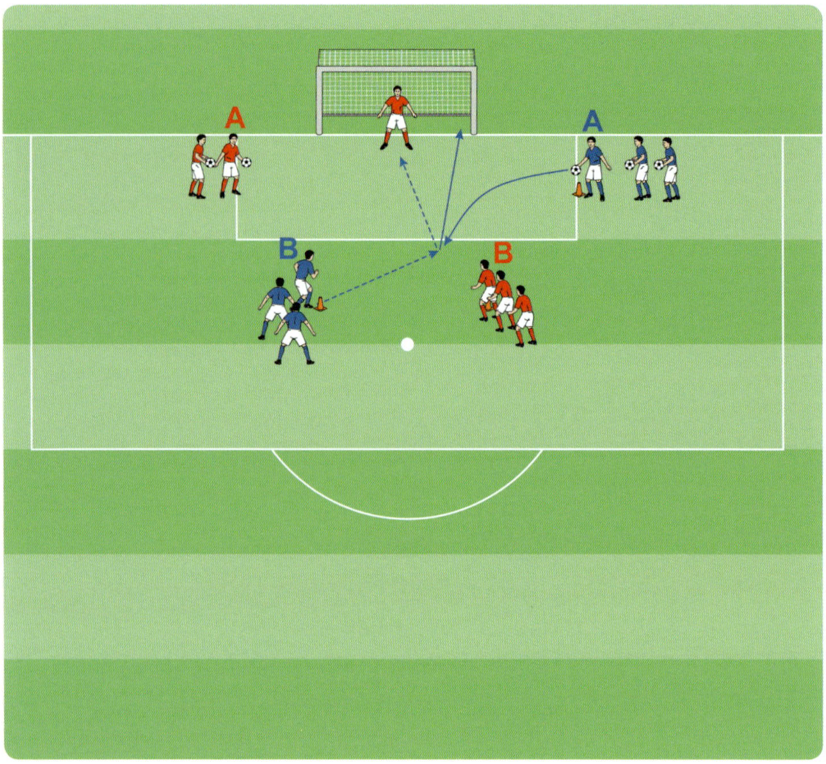

Werte u. a.
- Miteinander
- Verantwortung
- Vertrauen
- Mut

Kompetenzen u. a.
- Kooperations- und Teamfähigkeit
- Beziehungsfähigkeit
- Zielstrebigkeit
- Verantwortungsübernahme

Reflexion
- Was habt ihr beobachtet?
- Wo liegt für euch der Sinn dieser Aufgabe?
- Welche Probleme gab es bei dieser Aufgabe?
- Um welche Werte geht es hier?

Organisation
- Auf einer Grundlinie 1 Tor aufstellen
- 2 Gruppen bilden
- Die Positionen A mit Bällen in den Händen neben dem Torraum, B ohne Bälle gemäß Abbildung besetzen
- Ein Spieler einer Mannschaft steht zunächst im Tor (hier: Rot)

Ablauf
- B (hier: Blau) läuft in Richtung Tor und köpft nach Einwurf von A auf das Tor
- B (Blau) wechselt jetzt ins Tor und B (Rot) ist mit dem Kopfball an der Reihe usw.
- Teamwettbewerb: Wer erzielt zuerst 10 Treffer?

Variationen
- Vorgabe: Nur von unten nach oben oder als Einwurf zuspielen
- Ein fester Torhüter besetzt das Tor

Hinweise
- Einbeiniger Absprung zum Kopfball
- Bogenspannung in der Flugphase
- Variabilität hinsichtlich der Richtung des Kopfballs: Nicht nur in die Ecke köpfen, aus der der Ball kommt
- Rhythmisierung des gesamten Bewegungsablaufs (Anlauf, Absprung, Flugphase, Kopfball und Landung)

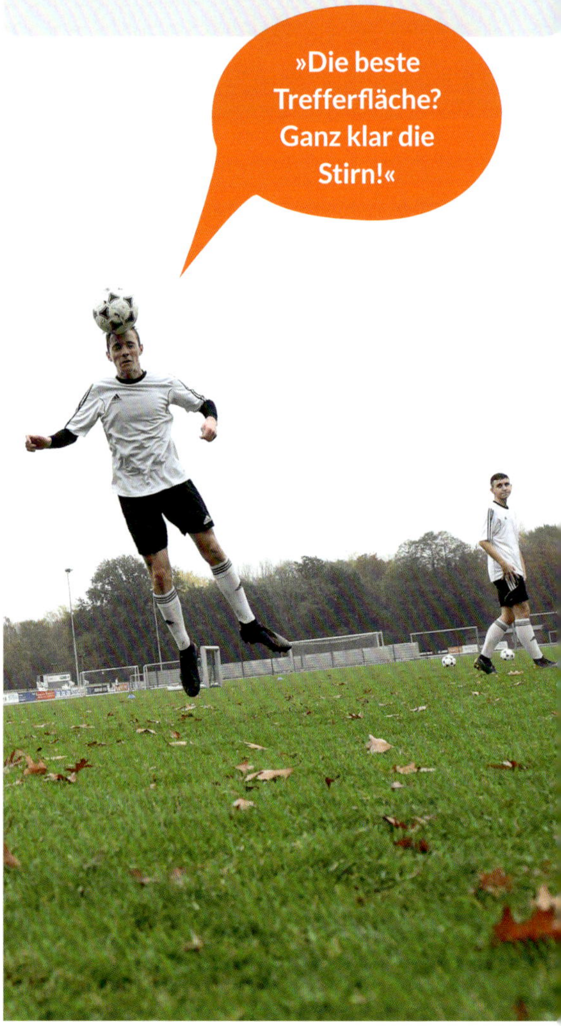

Kopfball – Schlussteil

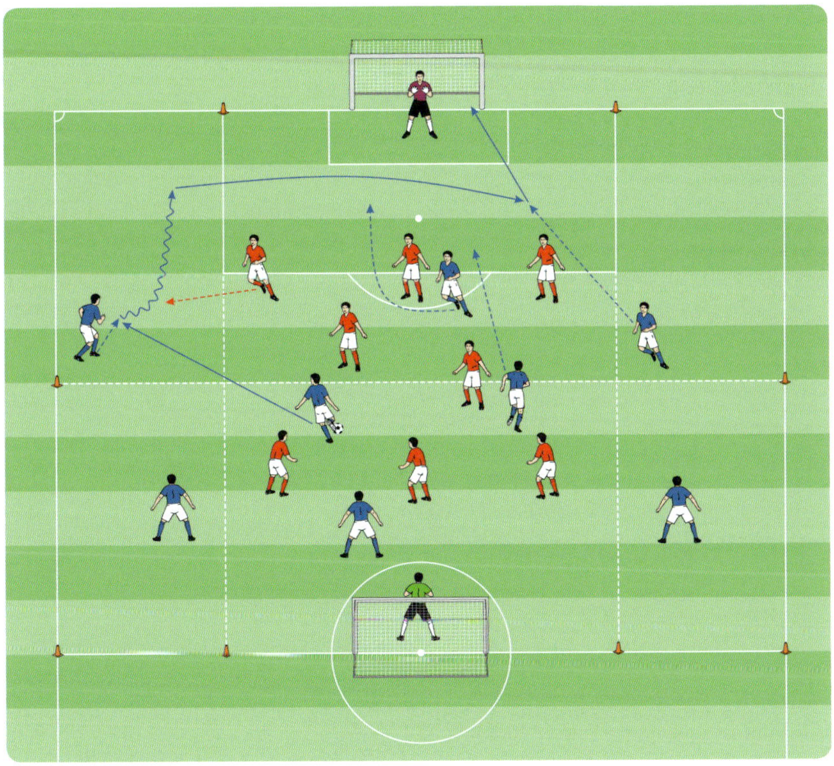

Werte u. a.
- Verantwortung
- Vertrauen
- Mut

Kompetenzen u. a.
- Kommunikation und Abstimmung
- Kooperations- und Teamfähigkeit
- Beziehungsfähigkeit
- Zielstrebigkeit
- Verantwortungsübernahme

Reflexion
- Welche Lösungsstrategie habt ihr verfolgt?
- Welche Rolle spielt die Kommunikation bei dieser Übung?
- Was hat sich verbessert? Warum?

Organisation

- Ein 1/2-Feld mit 2 Toren und Torhütern und 2 Außenzonen sowie einer Mittellinie markieren
- 2 Teams à 8 Spieler bilden
- Beide Teams agieren im 3-2-3-System

Ablauf

- 9 gegen 9
- Wird ein Spieler in einer Außenzone der gegnerischen Spielfeldhälfte angespielt, darf lediglich ein Spieler der verteidigenden Mannschaft diese Zone betreten
- Treffer nach einer Flanke aus der Außenzone doppelt werten
- Treffer nach der Verwertung einer Flanke per Kopf zählen vierfach
- Alle anderen Treffer einfach werten

Variationen

- Verteidiger dürfen die Außenzonen nicht betreten
- Die Außenspieler dürfen Pässe aufnehmen und vor das Tor werfen
- Nach Ballgewinn haben die neuen Ballbesitzer 8 Sekunden Zeit, um auf das Tor gegenüber abzuschließen

Hinweise

- Nach Ballgewinn zielstrebig auf das gegnerische Tor kontern und schnellstmöglich zum Abschluss kommen

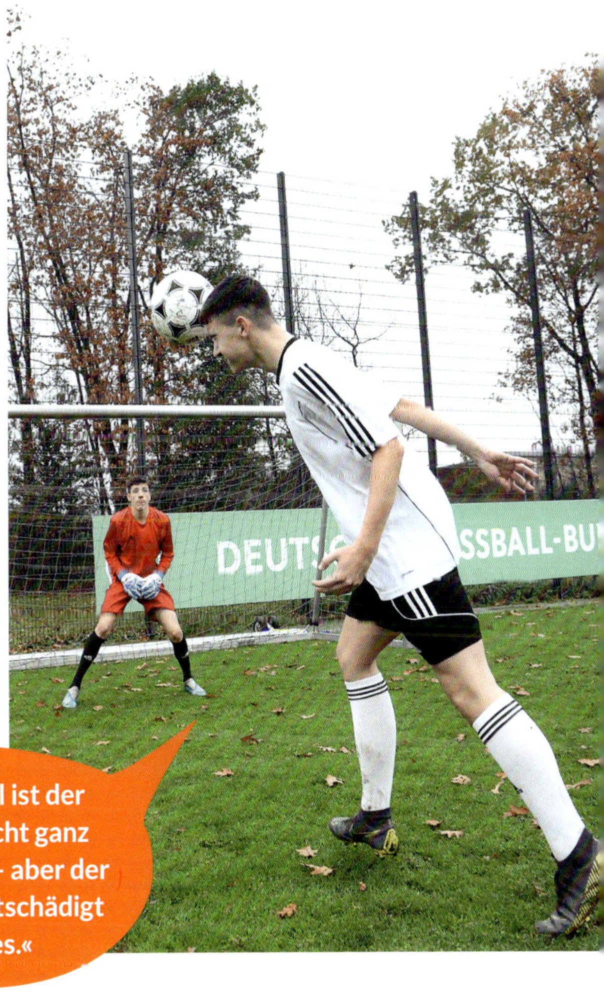

»Manchmal ist der Kopfball nicht ganz schmerzfrei – aber der Torerfolg entschädigt für alles.«

1 gegen 1 mit Gegner im Rücken – Aufwärmen

In dieser Trainingseinheit geht es um Zielstrebigkeit: Diese Kompetenz benötigen Spielerinnen und Spieler, wenn sie sich im direkten Duell durchsetzen wollen. Dabei helfen Spielfreude und Kreativität.

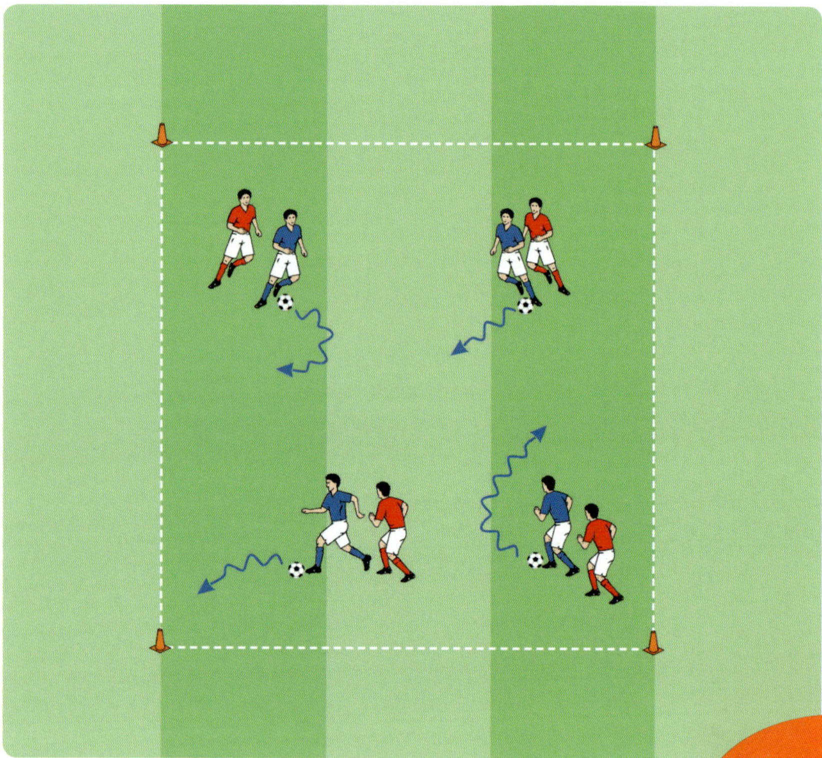

Werte u. a.

- Miteinander
- Spielfreude
- Teamgeist

Kompetenzen u. a.

- Kommunikation und Abstimmung
- Kooperations- und Teamfähigkeit
- Zielstrebigkeit

Reflexion

- Welche Lösungsstrategien habt ihr verfolgt?
- Welche Werte werden hier angesprochen?
- Welche Bedeutung hat diese Trainingsform für euch als Team?
- Was hat sich verbessert? Warum?

Organisation

- Für je 8 Spieler ein 12 x 12 Meter großes Feld markieren
- Paare mit je 1 Ball bilden

Ablauf

- 1 gegen 1 mit Verteidiger im Rücken mit dem Ziel, den Ball zu sichern
- Aufgabenwechsel nach Balleroberung
- Nach 15 Sekunden Belastungszeit eine Pause von mindestens 30 Sekunden einlegen

Variation

- Erleichtern: Rücken an Rücken mit Körperkontakt und ohne Ball um den Gegner wickeln

Hinweise

- Den Ball durch eine enge Ballführung stets unter Kontrolle behalten
- Genauigkeit vor Schnelligkeit
- Den Kopf oben behalten, um das Feld und die anderen Spieler im Blick zu haben; immer in den freien Raum dribbeln
- Den Körper zwischen Ball und Gegner schieben; dabei ständig den Kontakt zum Ball haben und den Gegner mit einem Arm auf Abstand halten; mit dem Zustechen des Verteidigers den Ball in den freien Raum mitnehmen

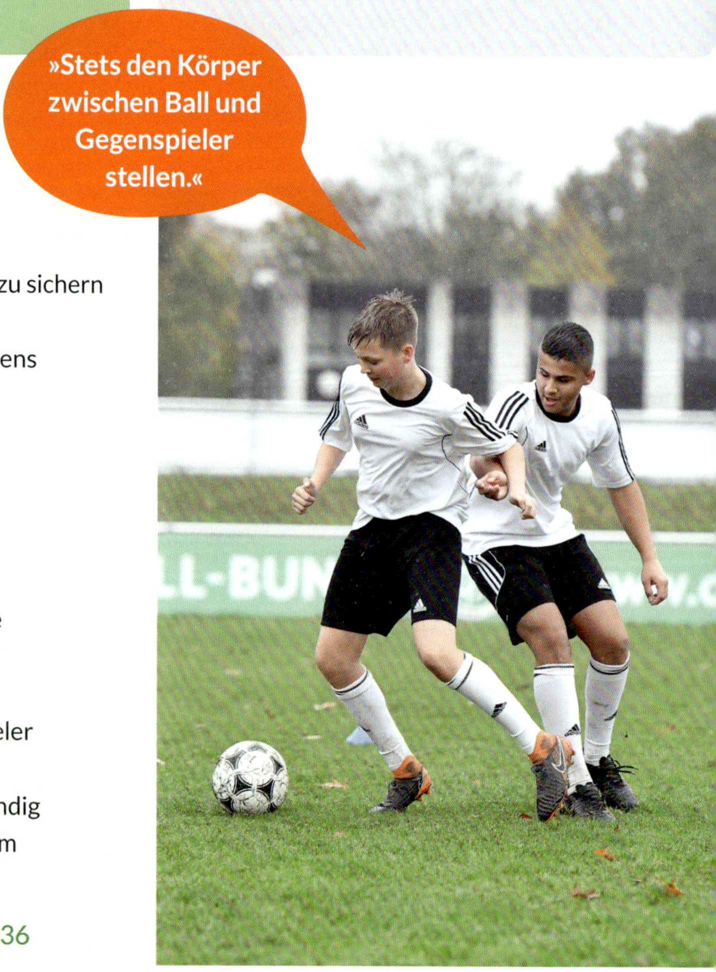

1 gegen 1 mit Gegner im Rücken – Hauptteil 1

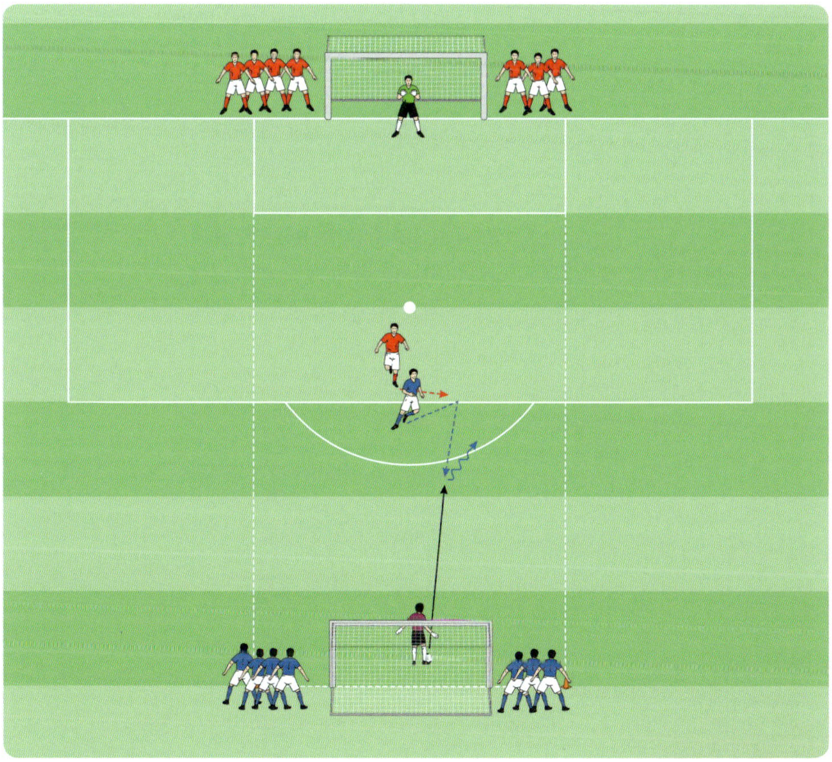

Werte u. a.
- Beharrlichkeit
- Fairness
- Spielfreude
- Individualität
- Kreativität

Kompetenzen u. a.
- Kommunikation und Abstimmung
- Kooperations- und Teamfähigkeit
- Zielstrebigkeit
- Eigenverantwortung

Reflexion
- Was habt ihr beobachtet?
- Welche Probleme hattet ihr bei dieser Aufgabe?
- Welche Lösungsstrategie habt ihr verfolgt?

Organisation
- Einen doppelten Strafraum mit 2 Toren und Torhütern auf Torraumbreite verengen
- 2 Teams bilden und neben den Toren verteilen
- Die ersten beiden Spieler stehen mittig im Feld

Ablauf
- Der Torhüter eröffnet auf den Angreifer
- 1 gegen 1 über maximal 20 Sekunden
- Der Verteidiger kontert nach Ballgewinn auf das Tor gegenüber
- 4 Durchgänge je Spieler, danach Aufgabenwechsel
- Welches Team erzielt die meisten Treffer?

Variationen
- Einzelwertung: Welcher Spieler gewinnt die meisten Duelle?
- Den jeweiligen Torhüter maximal einmal in das Spiel einbinden
- Die Torhüter dürfen nicht angespielt werden

Hinweise
- Aufdrehen: lässt der Verteidiger im Rücken einen großen Abstand, sofort in eine frontale Position zum Gegner drehen
- Abrollen: deckt der Gegner extrem eng, kann der Angreifer den Körperkontakt bewusst suchen, um sich um ihn herumzuwickeln

»Agil und wendig: So werden die Gegner im Dribbling ausgespielt.«

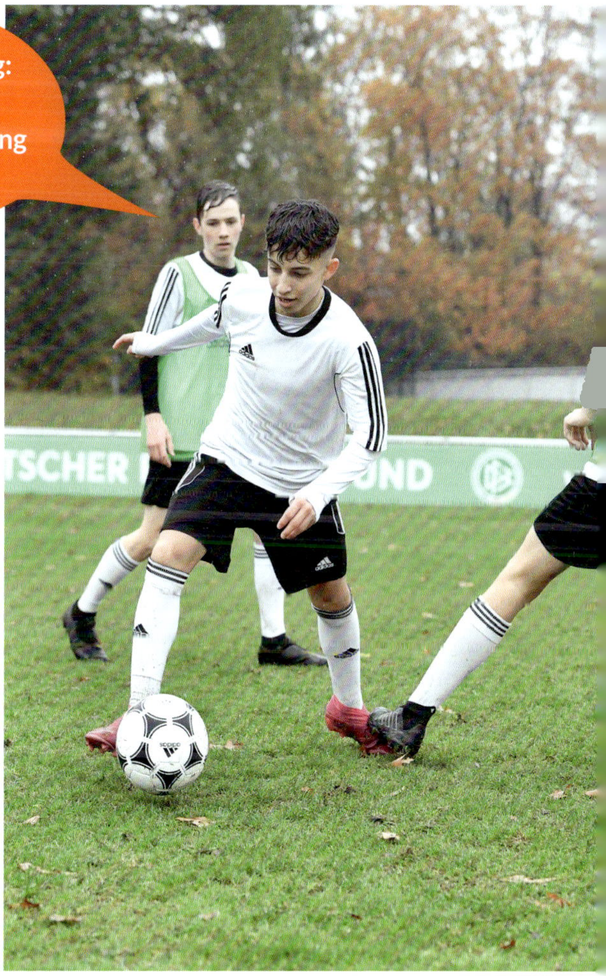

1 gegen 1 mit Gegner im Rücken – Hauptteil 2

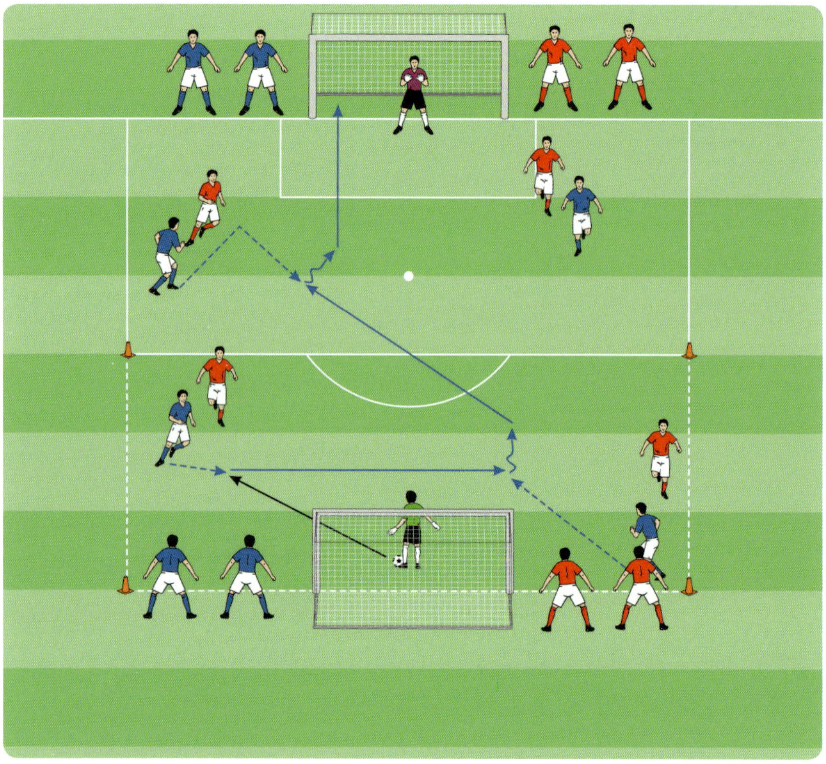

Werte u. a.
- Respekt
- Individualität
- Kreativität

Kompetenzen u. a.
- Kommunikation und Abstimmung
- Kooperations- und Teamfähigkeit
- Zielstrebigkeit

Reflexion
- Wie ist es gelaufen?
- Welche Bedeutung hat diese Trainingsform für euch als Team?
- Was hat sich verbessert? Warum?
- Um welche Werte geht es hier?

Organisation
- Einen doppelten Strafraum mit Mittellinie und 2 Toren markieren
- Je Tor ein Torhüter
- 2 Teams à 8 Feldspieler bilden
- In jeder Hälfte stehen je 2 Spieler eines Teams; die übrigen Spieler stehen außerhalb des Feldes (gemäß Abbildung)

Ablauf
- Ein Torhüter eröffnet das Spiel
- 2 gegen 2 in der Aufbauzone mit dem Ziel, in die Angriffszone zu passen
- Die Spieler dürfen ihre Zone nicht verlassen
- Rot kontert nach Ballgewinn
- Nach jedem Durchgang wechseln die Paare mit den Mitspielern in der jeweiligen Hälfte
- Nach einiger Zeit die Aufgaben wechseln

Variation
- Jeweils 1 Spieler darf in die nächste Zone nachgehen

Hinweise
- Lauffinten: für das Absetzen vom Gegner Lauffinten wie Gehen-Kommen und Kommen-Gehen einsetzen
- Freilaufen starker Fuß: zunächst quer zur Seite des schwächeren Fußes bewegen und dann explosiv diagonal in die Gegenrichtung wegstarten

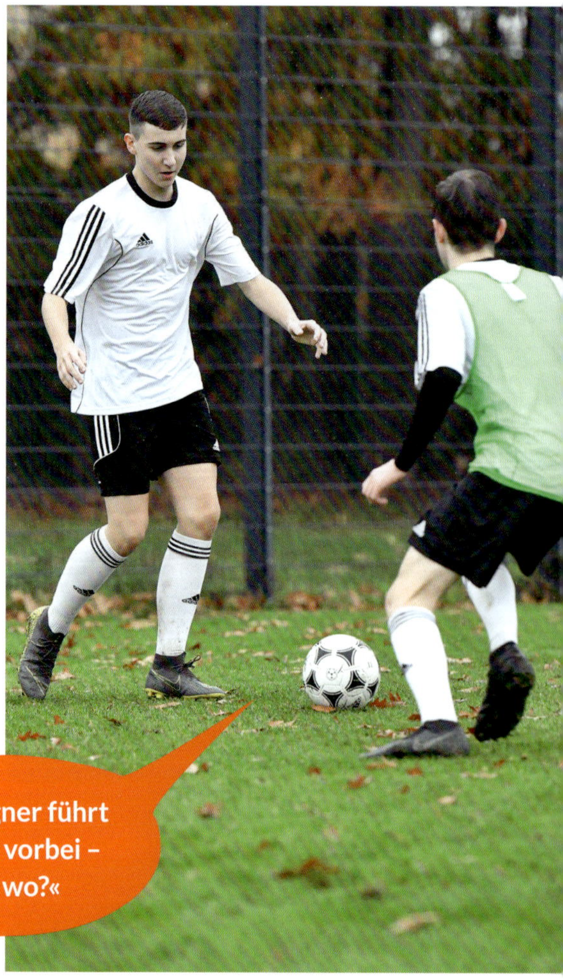

»Am Gegner führt ein Weg vorbei – aber wo?«

1 gegen 1 mit Gegner im Rücken – Schlussteil

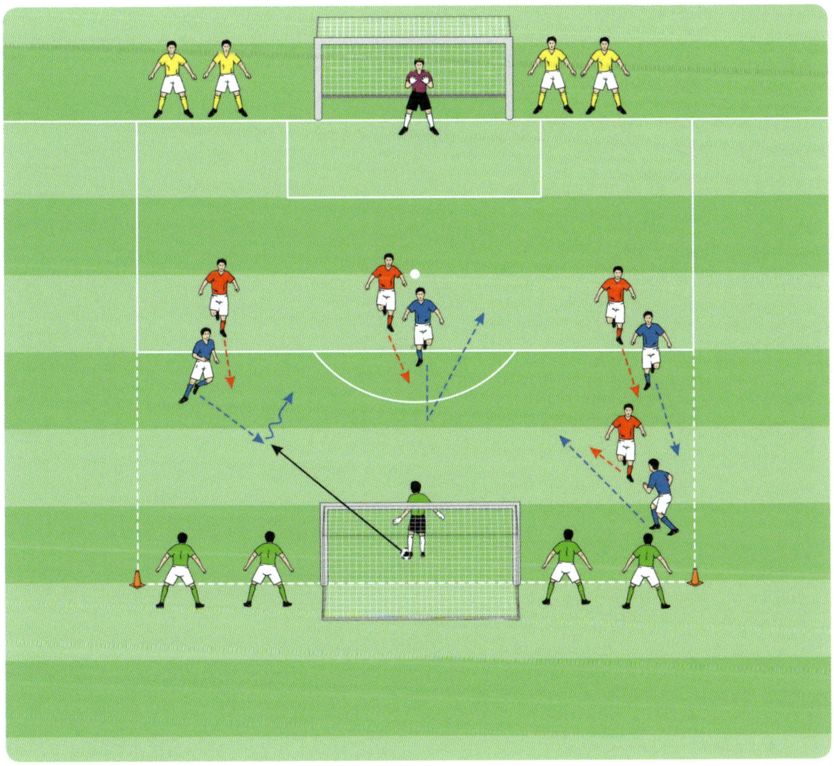

Werte u. a.
- Beharrlichkeit
- Teamgeist
- Individualität

Kompetenzen u. a.
- Kommunikation und Abstimmung
- Kooperations- und Teamfähigkeit
- Zielstrebigkeit

Reflexion
- Was ist euch aufgefallen?
- Welche Lösungsstrategie habt ihr verfolgt?
- Was bedeutet das für euch untereinander im Team?
- Wo liegt für euch der Sinn dieser Aufgabe?

Organisation
- Das Feld aus Hauptteil II beibehalten
- 4 Teams à 4 Feldspieler bilden, Tor mit Torhütern besetzen
- 2 Teams warten zunächst jeweils neben einem Tor

Ablauf
- Bei der Spieleröffnung des Torhüters werden die Gegenspieler in Manndeckung genommen
- Dann freies Spiel 5 gegen 5 auf die Tore
- Nach einem Treffer oder nach einiger Zeit (ca. 2 Minuten) die Teams wechseln

Variationen
- Bei der Spieleröffnung müssen alle Spieler zunächst in der Hälfte des ballbesitzenden Torhüters stehen
- Feste Zonen. Je 2 Spieler pro Team agieren in einer Hälfte

Hinweise
- Durch Freilaufbewegungen Räume schaffen und vom Gegenspieler lösen
- Nach dem Passempfang möglichst schnell zum gegnerischen Tor aufdrehen
- Zuspiele nach Möglichkeit bereits in offener Position in freie Räume mitnehmen

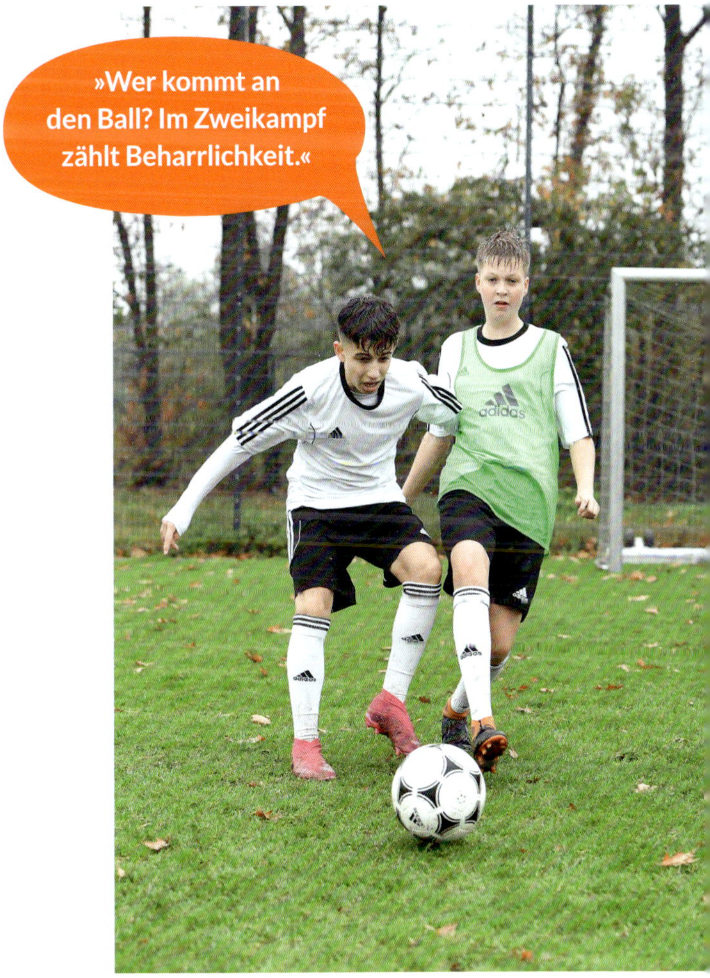

Zusammenspiel – Aufwärmen

Mit diesem Trainingsschwerpunkt schulen Sie die Kooperations- und Kommunikationsfähigkeit Ihrer Spielerinnen und Spieler. Diese Kompetenzen sind für ein erfolgreiches Fußballspiel wesentlich und tragen zu Teamgeist und Miteinander in der Gruppe bei.

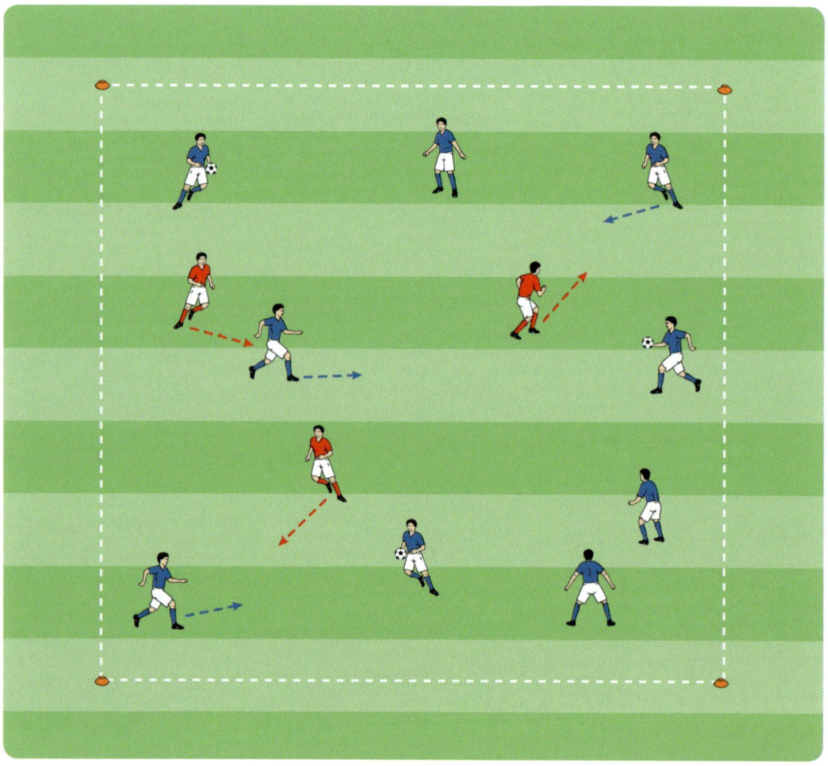

Werte u. a.
- Verantwortung
- Teamgeist
- Miteinander
- Hilfsbereitschaft

Kompetenzen u. a.
- Kommunikation und Abstimmung
- Kooperations- und Teamfähigkeit
- Zielstrebigkeit

Reflexion
- Wo liegt für euch der Sinn dieser Aufgabe?
- Welche Lösungsstrategie habt ihr verfolgt?
- Welche Rolle spielt Kommunikation bei dieser Übung?
- Was hat sich verbessert? Warum?

Organisation
- Ein 20 x 20 Meter großes Feld markieren
- 3 Fänger bestimmen
- Die Läufer verteilen sich frei im Feld
- 2 Läufer haben je 1 Ball in der Hand

»Leibchen in der Hand sind ein schnell zu übergebendes Kennzeichen der Fänger.«

Ablauf
- Fangspiel: Die Fänger versuchen, die Läufer abzuschlagen
- Läufer, die einen Ball in der Hand halten, sind sicher und können nicht gefangen werden; dazu werfen sich die Läufer die Bälle zu
- Wird ein Läufer gefangen, wechselt er mit dem Fänger die Aufgabe

Variationen
- Die Läufer spielen sich per Flachpass zu
- Die Läufer spielen sich per Dropkick zu

Hinweise
- Die Anzahl der Fänger und Bälle je nach Gruppengröße anpassen
- Fangspiele stehen für ein vielseitiges Schnelligkeitstraining: neben der Reaktions- und Antrittsschnelligkeit wird vor allem die Handlungsschnelligkeit geschult
- Fangspiele sind Wettbewerbe mit hohem konditionellem Anspruch – daher ausreichend Pausenzeiten einplanen

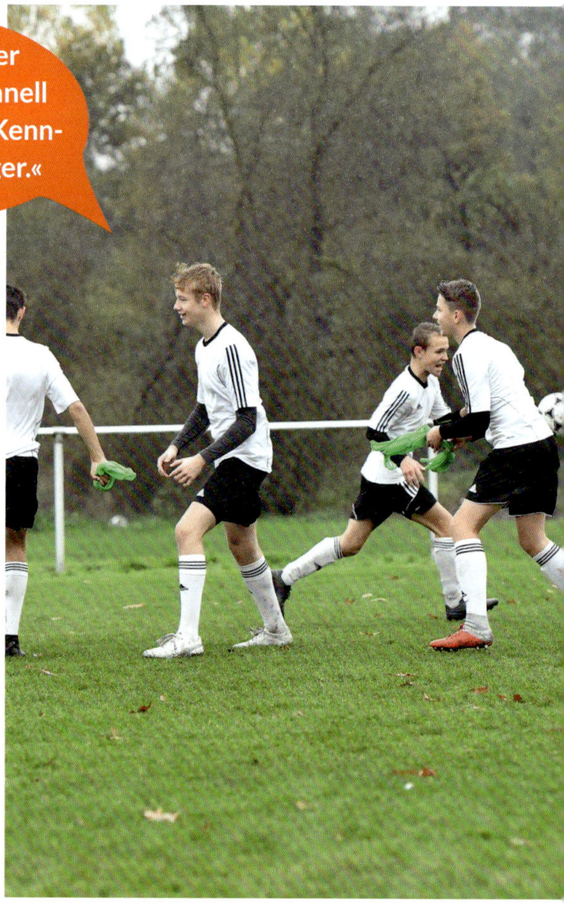

Zusammenspiel – Hauptteil 1

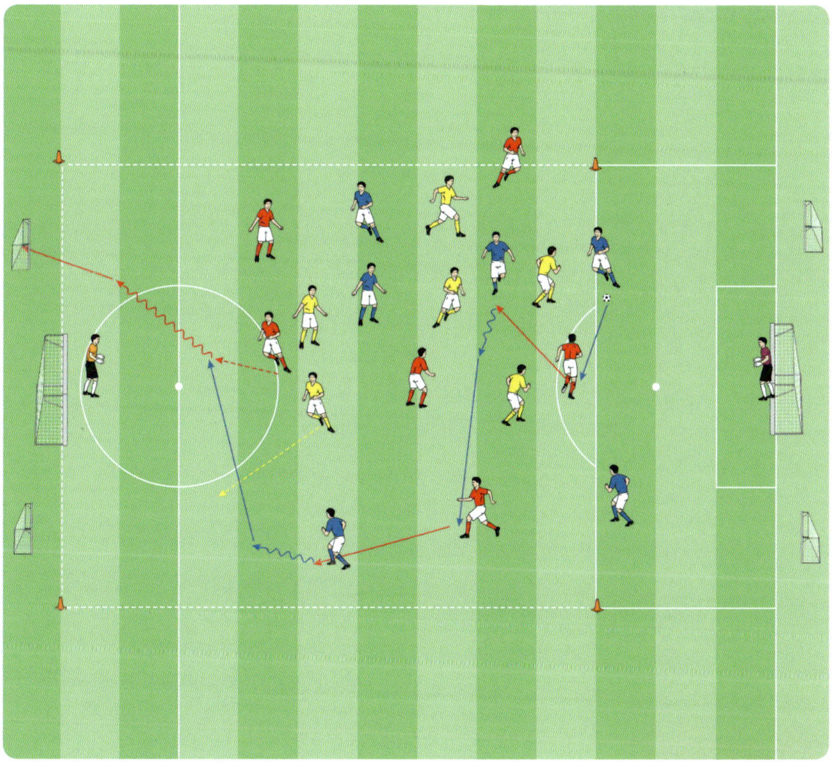

Werte u. a.
- Miteinander
- Spielfreude
- Ausdauer

Kompetenzen u. a.
- Kommunikation und Abstimmung
- Kooperations- und Teamfähigkeit
- Zielstrebigkeit
- Durchhaltevermögen

Reflexion
- Welche Probleme sind bei dieser Aufgabe aufgetreten?
- Welche Rolle spielt Kommunikation bei dieser Übung?
- Was nehmt ihr aus dieser Übung mit?
- Was bedeutet das für euch als Spieler und was als Team?

Organisation
- Ein 60 x 40 Meter großes Feld mit 2 Toren und 4 Minitoren markieren
- Die Minitore stehen 2 Meter hinter den Grundlinien
- 3 Teams Blau, Gelb und Rot bilden, Tore mit Torhütern besetzen

Ablauf
- Blau und Rot spielen gegen Gelb mit 2 Kontakten auf Ballhalten
- Nach 20 Stationen in Folge dürfen sie auf ein beliebiges Minitor angreifen
- Gelb kontert nach Ballgewinn auf ein beliebiges Tor mit Torwart
- Nach jeweils 6 Minuten Aufgabenwechsel

Variationen
- Die Torhüter spielen bei Überzahl mit
- 1 Punkt für Überzahl nach 20 Stationen, 2 Punkte bei Treffer ins Minitor

Hinweise
- Schaffen es die Ballbesitzer nur selten, 20 Stationen ohne Gegnerberührung zu spielen, die erforderliche Anzahl an Pässen verringern
- Lautes Mitzählen ist Pflicht

»Auch auf engem Raum lässt sich kombinieren.«

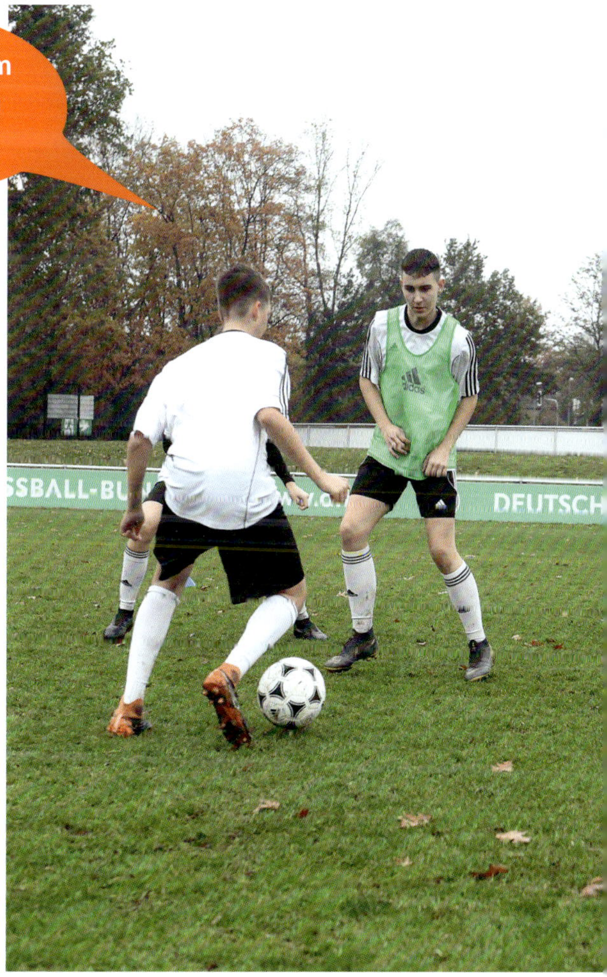

Zusammenspiel – Hauptteil 2

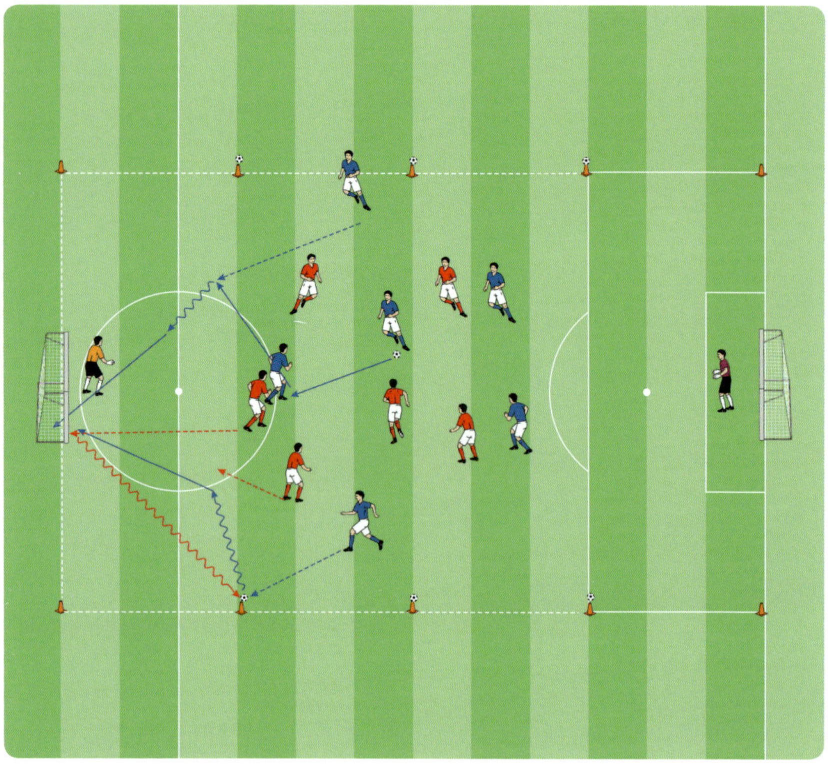

Werte u. a.
- Leidenschaft
- Verantwortung
- Miteinander

Kompetenzen u. a.
- Kommunikation und Abstimmung
- Kooperations- und Teamfähigkeit
- Zielstrebigkeit
- Verantwortungsübernahme

Reflexion
- Welche Lösungsstrategie habt ihr verfolgt?
- Welche Bedeutung hat diese Trainingsform für euch als Team?
- Was hat sich verbessert? Warum?

Organisation
- Das Feld und die 3 Teams aus Hauptteil I beibehalten
- Die Minitore entfernen
- An den Seitenlinien 8 Hütchen verteilen und auf jedes Hütchen 1 Ball legen

Ablauf
- Blau gegen Rot auf die 2 Tore im Feld
- Gelb pausiert und spielt derweil 4 gegen 2
- Nach einem Treffer holt 1 Spieler des erfolgreichen Teams einen der außen liegenden Bälle und eröffnet einen neuen Angriff
- 1 Spieler der Mannschaft, die das Gegentor erhalten hat, muss den Ball aus dem Tor holen und ihn auf das frei gewordene Hütchen legen
- Währenddessen geht das Spiel weiter, der Ballholer darf jedoch nicht eingreifen
- Somit hat das erfolgreiche Team eine kurzzeitige Überzahl
- Spielzeit: 4 Minuten

Variation
- Jeweils 1 Spieler darf in die nächste Zone nachgehen

Hinweise
- Die kurzzeitige Überzahl ausnutzen und zielstrebig zum gegnerischen Tor spielen
- Miteinander kommunizieren und darauf achten, nicht 2 Bälle gleichzeitig einzuspielen

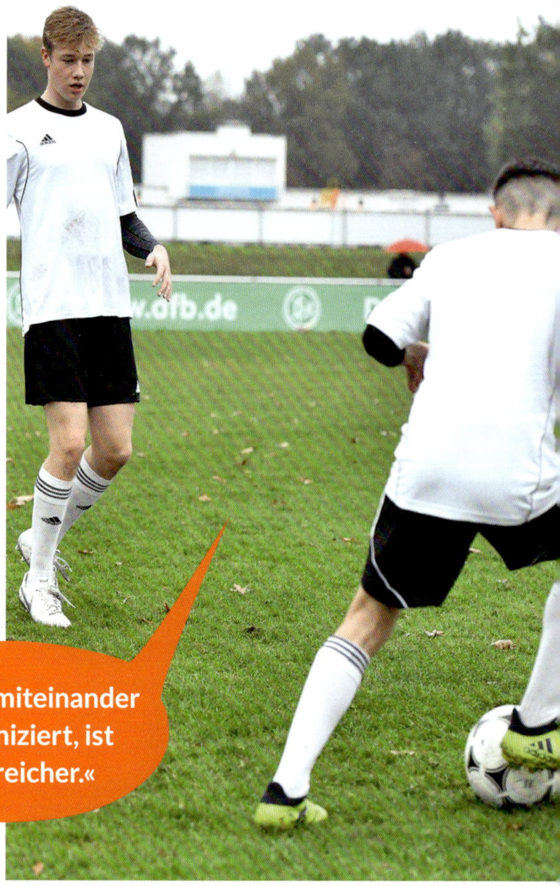

»Wer gut miteinander kommuniziert, ist erfolgreicher.«

Zusammenspiel – Schlussteil

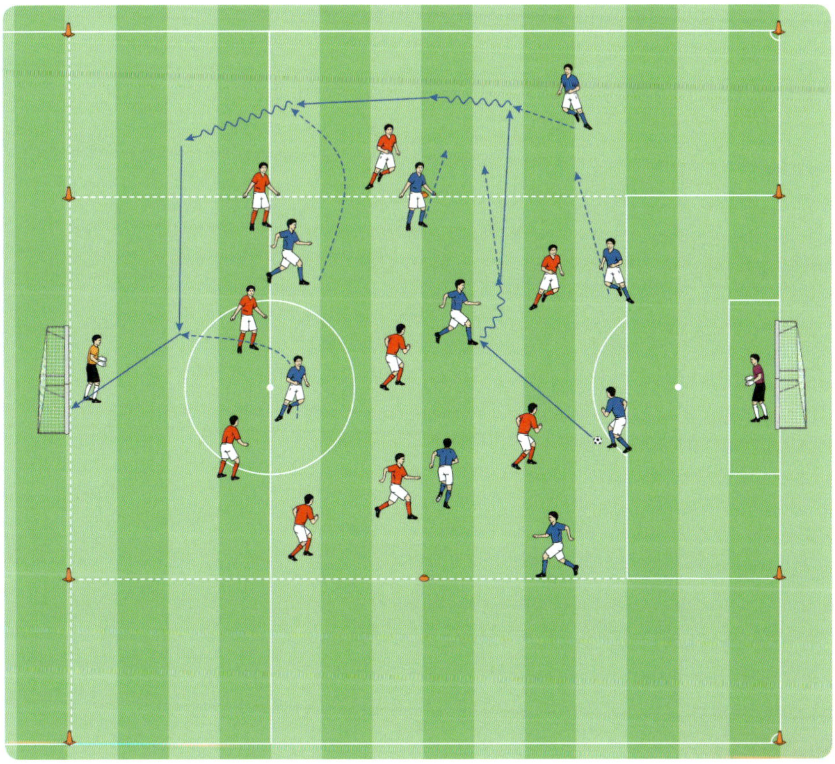

Werte u. a.
- Miteinander
- Vertrauen
- Teamgeist

Kompetenzen u. a.
- Kommunikation und Abstimmung
- Kooperations- und Teamfähigkeit
- Beziehungsfähigkeit
- Zielstrebigkeit

Reflexion der Trainingsform
- Wo liegt für euch der Sinn dieser Aufgabe?
- Welche Werte werden hier angesprochen?
- Was hat sich verbessert? Warum?
- Was bedeutet das für euch untereinander im Team?

Organisation
- In einem 2/3-Feld mit 2 Toren 3 Längszonen gemäß Abbildung markieren
- 10 gegen 10 (einschließlich 2 Torhütern)

Ablauf
- Sobald der Ball in eine Außenzone gespielt wird, müssen sofort 5 Spieler der angreifenden Mannschaft diese Zone besetzen
- Erst danach darf der Ball wieder aus der Zone herausgespielt werden
- Es gibt keine Vorgabe, wie oft und von wem der Ball in der Außenzone gepasst werden muss
- Falls der Ball aus der Zone herausgespielt wird, bevor die 5 Spieler in der Zone sind, wechselt der Ballbesitz
- Für die Mittelzone gelten keine Vorgaben

Variationen
- In der Mittelzone mit maximal 3 Kontakten spielen
- In den Außenzonen nur Direktspiel erlauben

Hinweise
- Den verengten Raum möglichst schnell mit wenigen Kontakten bespielen
- Zwischen den gegnerischen Spielern bewegen und immer wieder Tiefenläufe anbieten

»Vertrauen zahlt sich aus: Wer den Torhüter einbindet, gewinnt einen Überzahlspieler.«

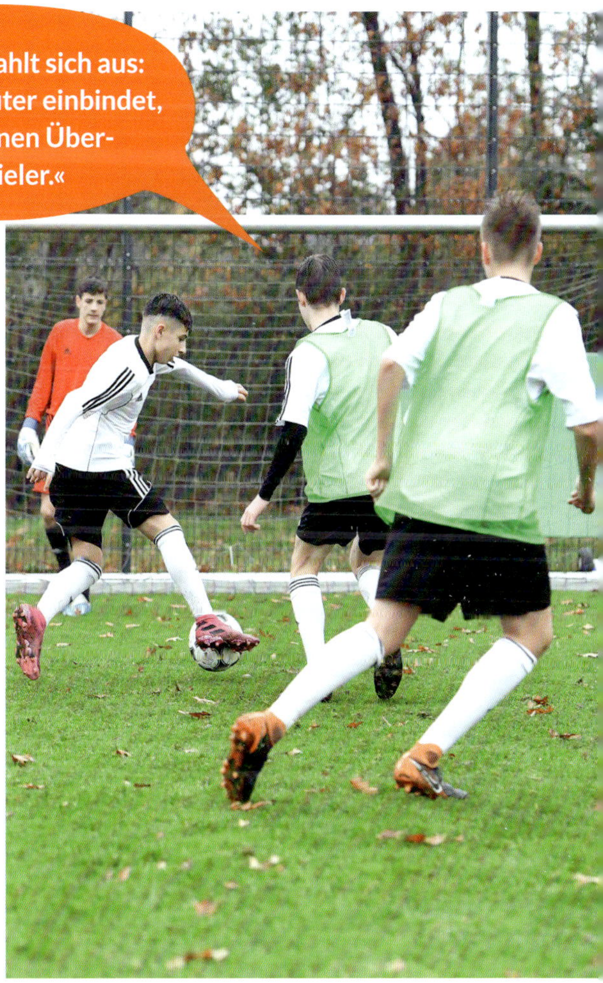

Umschalten nach Ballgewinn – Aufwärmen

In dieser Trainingseinheit steht die Kommunikation im Mittelpunkt. Ihre Spielerinnen und Spieler erfahren, dass Leidenschaft mit Respekt und Spielfreude zusammengeht. Dabei lernen sie zugleich, Verantwortung zu übernehmen und situationsgerecht zu agieren und zu reagieren.

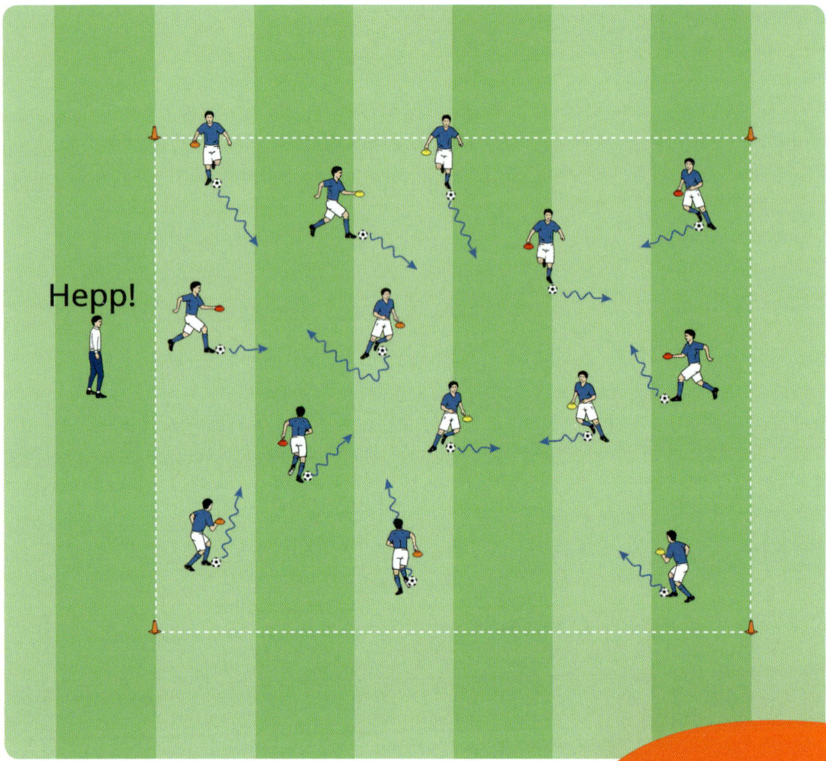

Werte u. a.
- Spielfreude
- Motivation
- Verantwortung
- Respekt

Kompetenzen u. a.
- Kommunikation und Abstimmung
- Kooperations- und Teamfähigkeit
- Zielstrebigkeit

Reflexion
- Was nehmt ihr aus der Übung mit?
- Welche Probleme gab es bei dieser Aufgabe?
- Welche Lösungsstrategie habt ihr verfolgt?

»Spielfreude kommt von allein, wenn die Spielerinnen und Spieler motiviert sind.«

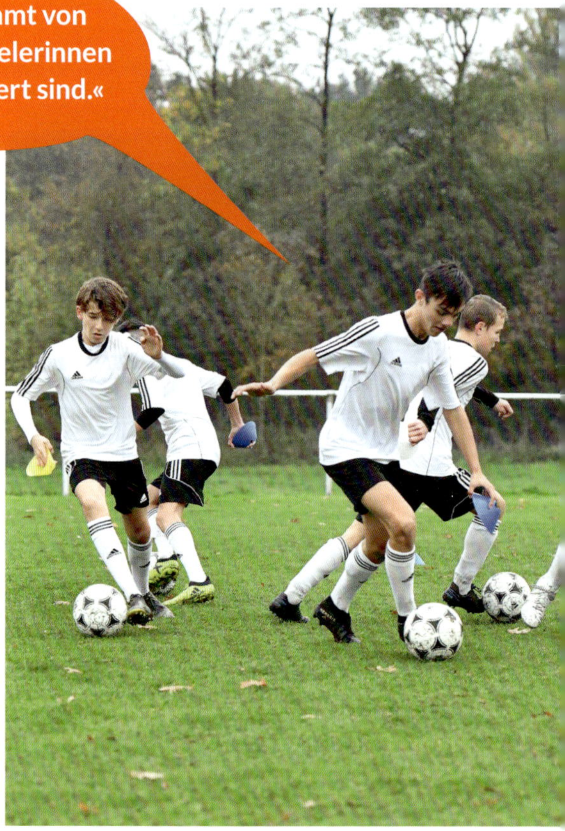

Organisation
- Ein 35 x 35 Meter großes Feld markieren
- Jeder Spieler hat 1 Ball und 1 Hütchen (3 verschiedene Farben)

Ablauf
- Alle dribbeln frei im Feld
- Mit dem Trainersignal finden sich die Spieler mit der gleichen Hütchenfarbe zusammen

Variationen
- Die Spieler tauschen die Hütchen während des Dribbelns untereinander aus
- Verschiedene Dribbelaufgaben vorgeben
- Ein optisches Signal (Hütchen hochhalten) nutzen

Hinweise
- Reaktionsschnelligkeit: auf das Trainerkommando hin umgehend reagieren und schnellstmöglich zusammenfinden
- Schnell orientieren: ständig die eigene Hütchenfarbe und die anderen Spieler mit der entsprechenden Farbe im Blick haben

Umschalten nach Ballgewinn – Hauptteil 1

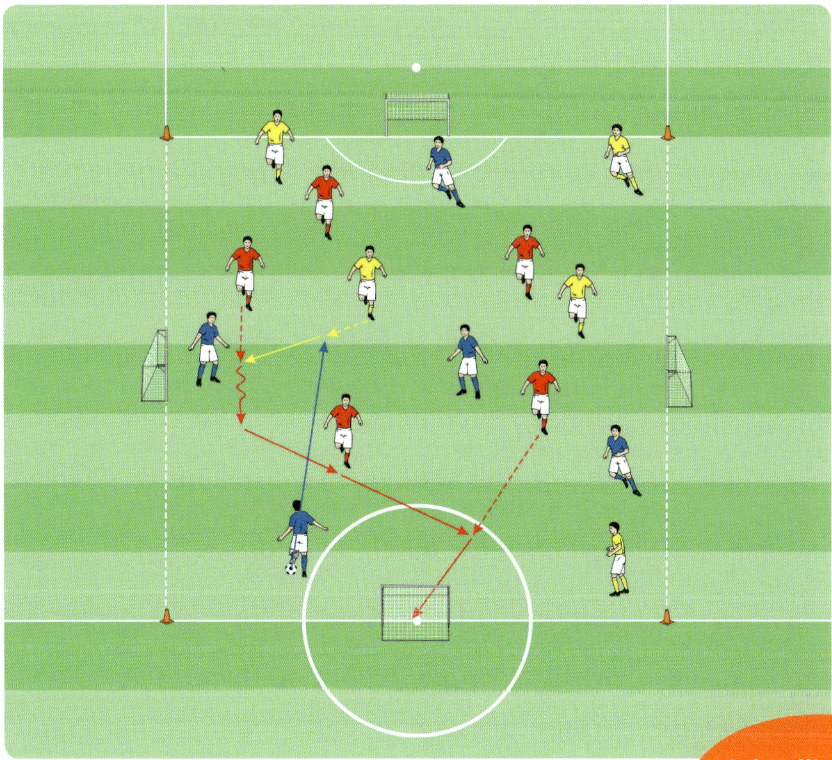

Werte u. a.
- Motivation
- Leidenschaft
- Fairness

Kompetenzen u. a.
- Kommunikation und Abstimmung
- Kooperations- und Teamfähigkeit
- Zielstrebigkeit
- Frustrationstoleranz

Reflexion
- Welche Bedeutung hat diese Trainingsform für euch als Team?
- Was nehmt ihr aus der Übung mit?
- Was hat sich verbessert? Warum?

»Schnelligkeit zählt: Nach Ballgewinn zielstrebig auf Torerfolg spielen.«

Organisation
- Ein strafraumbreites Feld von Strafraum- bis Mittellinie markieren
- Auf den Grund- und Seitenlinien je 1 Minitor aufstellen
- 3 Teams à 5 Spieler bilden

Ablauf
- 2 Teams spielen gemeinsam auf Ballhalten
- 15 Pässe in Folge ergeben 1 Punkt
- Nach einem Ballgewinn kontert das Unterzahlteam auf die Minitore
- Nach dem Konter (Ausball oder Treffer) wird das Team, das den Ballverlust verursacht hat, die verteidigende Mannschaft
- Nach einer Ballrückeroberung weiter wie zuvor

Variation
- Die Ballbesitzer agieren mit maximal 2 Kontakten

Hinweise
- Zielgerichtete Läufe: mit dem Ballgewinn Freiräume zu den Minitoren zielgerichtet mit höchstem Tempo belaufen und das Zuspiel fordern
- Zielgerichtet spielen: die Passoptionen bevorzugen, die zum Ziel (= Minitor) führen, um das kurze Zeitfenster der Unorganisation beim Gegner zu nutzen

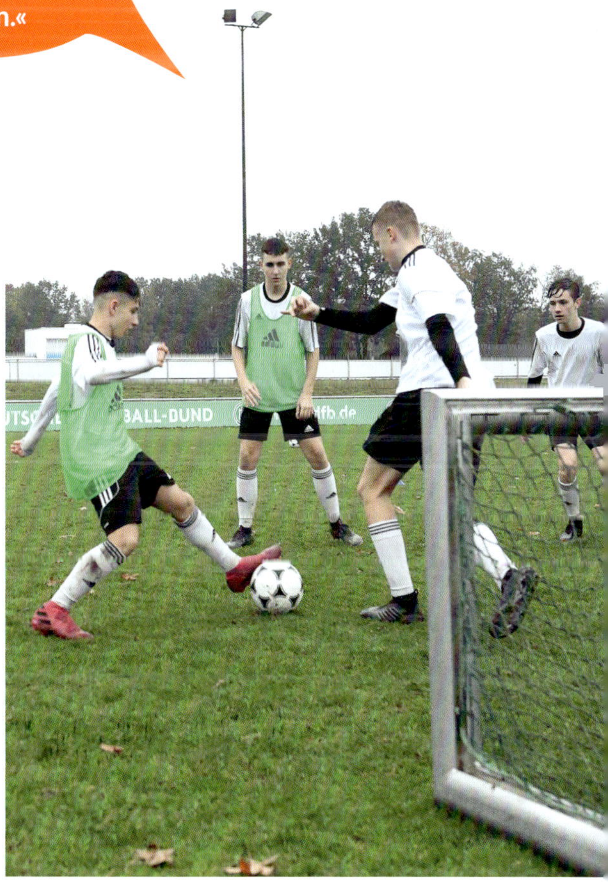

Umschalten nach Ballgewinn – Hauptteil 2

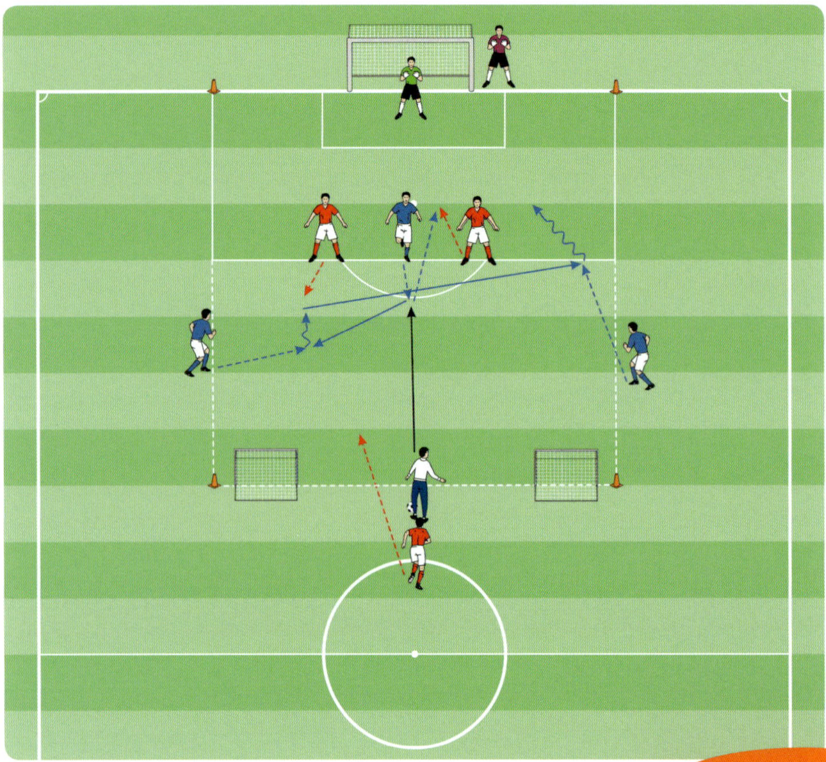

Werte u. a.
- Motivation
- Vertrauen
- Spielfreude
- Ausdauer

Kompetenzen u. a.
- Kommunikation und Abstimmung
- Kooperations- und Teamfähigkeit
- Zielstrebigkeit
- Verantwortungsübernahme

Reflexion
- Wo liegt für euch der Sinn dieser Aufgabe?
- Was hat sich verbessert? Warum?
- Welche Lösungsstrategie habt ihr verfolgt?

Organisation
- Ein strafraumbreites Feld mit 40 Metern Tiefe, 1 Tor und 2 Minitoren markieren
- Tor mit Torhüter besetzen
- Dreierteams bilden
- Der Trainer steht mit Bällen zwischen den Minitoren
- 2 Verteidiger eines Teams stehen an der Strafraumlinie, der dritte Verteidiger hinter dem Trainer
- 1 Angreifer steht an der Strafraumlinie, die anderen beiden besetzen die Außenpositionen

Ablauf
- Der Trainer passt zu einem der 3 Angreifer
- Mit dem Pass startet der dritte Verteidiger ins Feld
- Mit Abseits spielen
- Die Verteidiger kontern nach Ballgewinn auf die Minitore

Hinweise
- Raum öffnen: die Spieler ohne Ball können durch ihr Freilaufen Verteidiger binden und somit dem Ballführenden einen Raum freiziehen
- Mit Ball Gegner binden: dribbelt der Ballführende den Verteidiger an, bindet er diesen, sodass sich der Überzahlspieler für ein Anspiel absetzen kann

»Fußball ist ein leidenschaftlicher Sport – harte Zweikämpfe gehören dazu.«

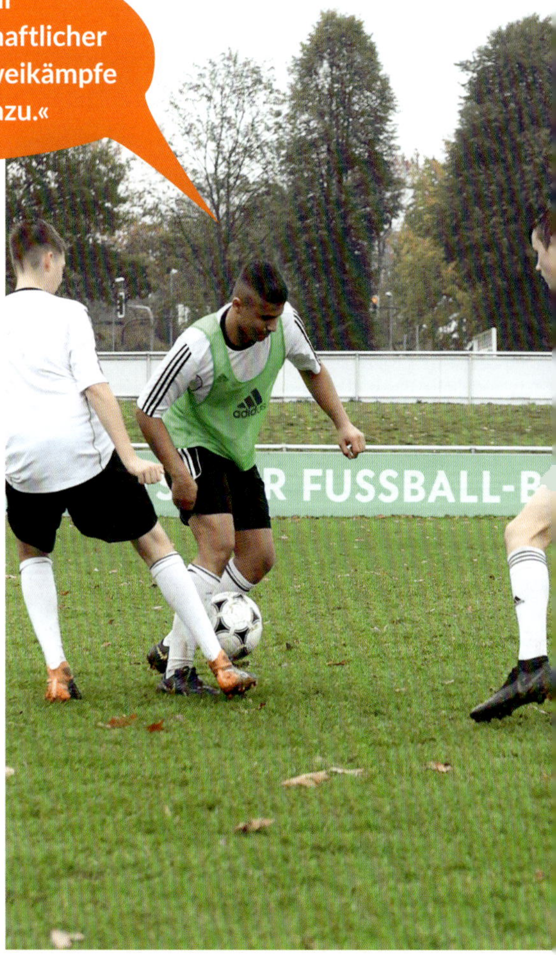

Umschalten nach Ballgewinn – Schlussteil

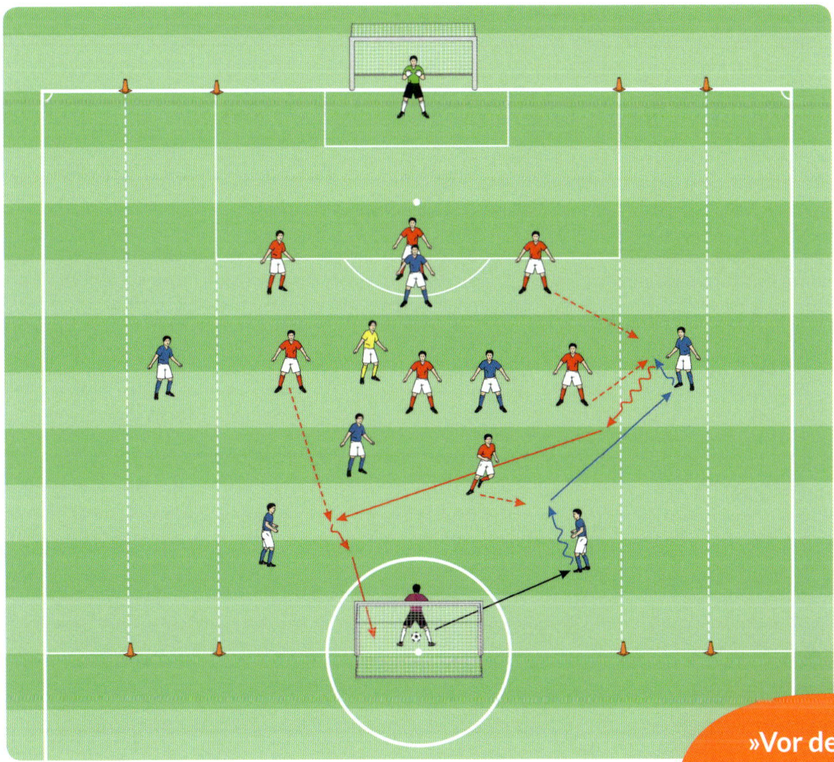

Werte u. a.

- Leidenschaft
- Motivation
- Ausdauer

Kompetenzen u. a.

- Kommunikation und Abstimmung
- Kooperations- und Teamfähigkeit
- Zielstrebigkeit

Reflexion der Trainingsform

- Was nehmt ihr aus der Übung mit?
- Welche Lösungsstrategie habt ihr verfolgt?
- Was bedeutet das für euch untereinander im Team?
- Welche Rolle spielt Kommunikation bei dieser Übung?

»Vor dem Tor wird der Raum eng und die Zweikämpfe nehmen zu.«

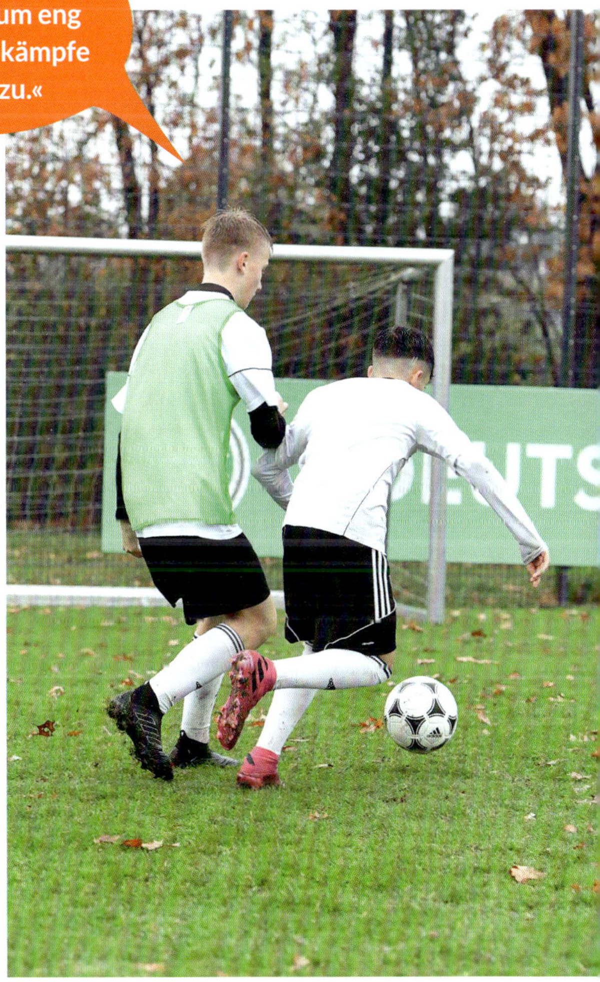

Organisation

- Ein 55 Meter breites Feld mit 2 Toren bis zur Mittellinie mit 2 Außenzonen gemäß Abbildung markieren
- 2 Teams à 7 Feldspieler bilden, Tore mit Torhütern besetzen und 1 Neutralen bestimmen
- Blau agiert im 1-4-2-1-, Rot im 1-3-3-1-System

Ablauf

- 8 plus 1 gegen 8
- Mit Abseits spielen
- Freies Spiel in den Außenzonen
- In der Mittelzone ist nur Direktspiel erlaubt

Variationen

- Maximal 1 Spieler pro Team darf die Außenzone betreten
- Feste Besetzung: Die Außenzonen müssen stets besetzt sein; dazu geht der Passgeber seinem Zuspiel nach und nimmt die Position außen ein
- Ohne Neutralen: Die Teams spielen in Über- bzw. Unterzahl

Hinweise

- Der Neutrale darf keine Tore schießen
- Über die Flügel möglichst schnell nach vorne spielen und Raum überbrücken
- Nach Ballverlust direkt umschalten und zurückerobern

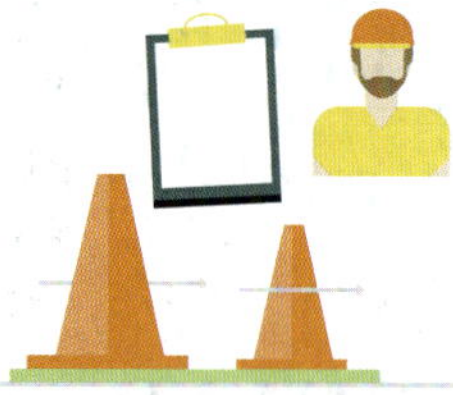

Skizze

Ihre Trainingseinheit mit Werteaspekt

Werte u. a.

Kompetenzen u. a.

Reflexion

Organisation

Ablauf

Hinweise

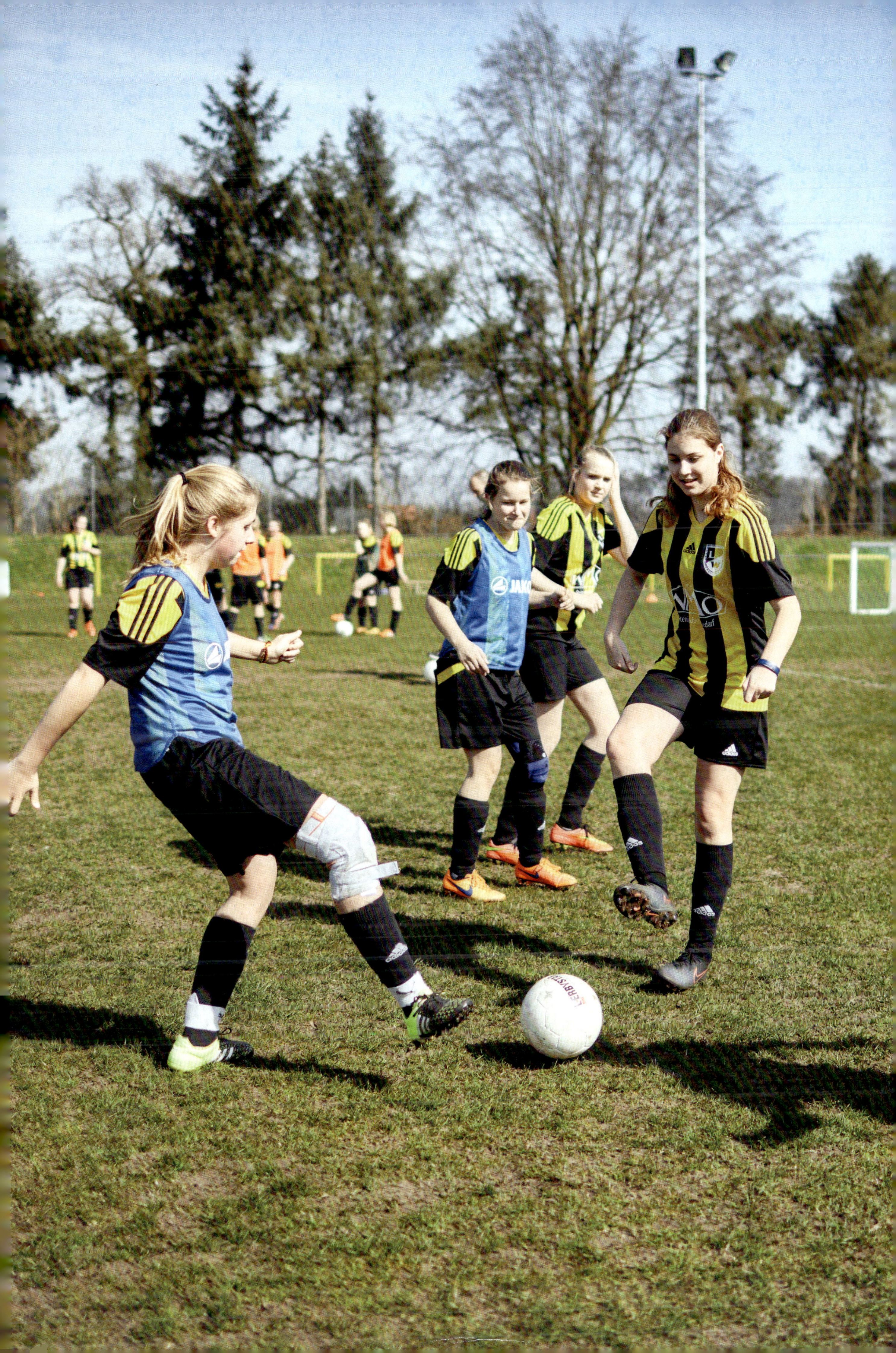

7.3 Vorbereitung Trainingsplan (Jahresplanung/Saisonplanung)

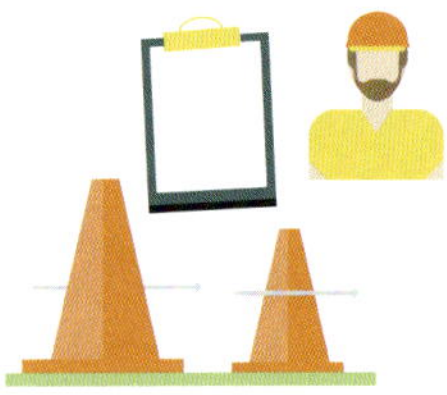

Eine Jahres- oder auch eine Halbjahresplanung zahlt sich aus, wenn Sie im Jugendbereich nicht nur punktuell, sondern kontinuierlich an der Entwicklung Ihrer Spieler arbeiten und sich nicht nur auf den nächsten Gegner vorbereiten wollen. Mit einer Jahresplanung ist es möglich, die Ausbildung im ganzheitlichen Sinn in den Blick zu nehmen und alle altersspezifischen technischen, taktischen und konditionellen Fähigkeiten und Fertigkeiten zu trainieren. Außerdem erleichtert eine grobe Übersicht die Vorbereitung auf einzelne Trainingseinheiten.

Je nachdem, wie Sie Ihre Mannschaft über einen bestimmten Zeitraum hinweg entwickeln wollen, lassen sich dabei fußballerische Übungen und wertebildende Methoden gut miteinander verknüpfen.

Trainingsschwerpunkt	Werte zum Trainingsschwerpunkt	Kompetenzen zum Trainingsschwerpunkt	Übungen zur Wertebildung
Torabschluss im Strafraum	Spielfreude, Miteinander, Teamgeist, Respekt, Motivation	Selbstwirksamkeit, Zusammenarbeit	Vertrauensübungen in Kleingruppen (TW und 4er-Kette & 6er, MF und Angriff)
Passen unter Druck	Miteinander, Vertrauen, Motivation, Verantwortung, Spielfreude, Teamgeist	Achtsamkeit, Zusammenarbeit, Kommunikation	Vertrauensübung: Blind führen
Kopfball	Miteinander, Teamgeist, Verantwortung, Motivation, Vertrauen	Zusammenarbeit, Abstimmung	Vertrauensübung: Durch die Gasse sprinten
1 gegen 1 mit Gegner im Rücken	Miteinander, Spielfreude, Beharrlichkeit, Fairness, Individualität, Kreativität, Leidenschaft, Respekt, Teamgeist, Verantwortung, Hilfsbereitschaft, Vertrauen	Zielstrebigkeit, Zusammenarbeit, Abstimmung	Kommunikationsübung: Fluch der Karibik
Zusammenspiel	Spielfreude, Verantwortung, Miteinander	Kommunikation, Abstimmung, Kooperation	Codeworte gemeinsam entwickeln (Absetzen, kompakt, doppeln, tief gehen, Abwehrdreieck usw.)
Umschalten nach Ballgewinn	Leidenschaft, Spielfreude, Verantwortung, Respekt, Motivation, Fairness, Vertrauen	Schnelligkeit, Zusammenarbeit, Abstimmung	Sitzung mit dem Mannschaftsrat
...	...	...	...

Wie gelingt gute Kommunikation?

8

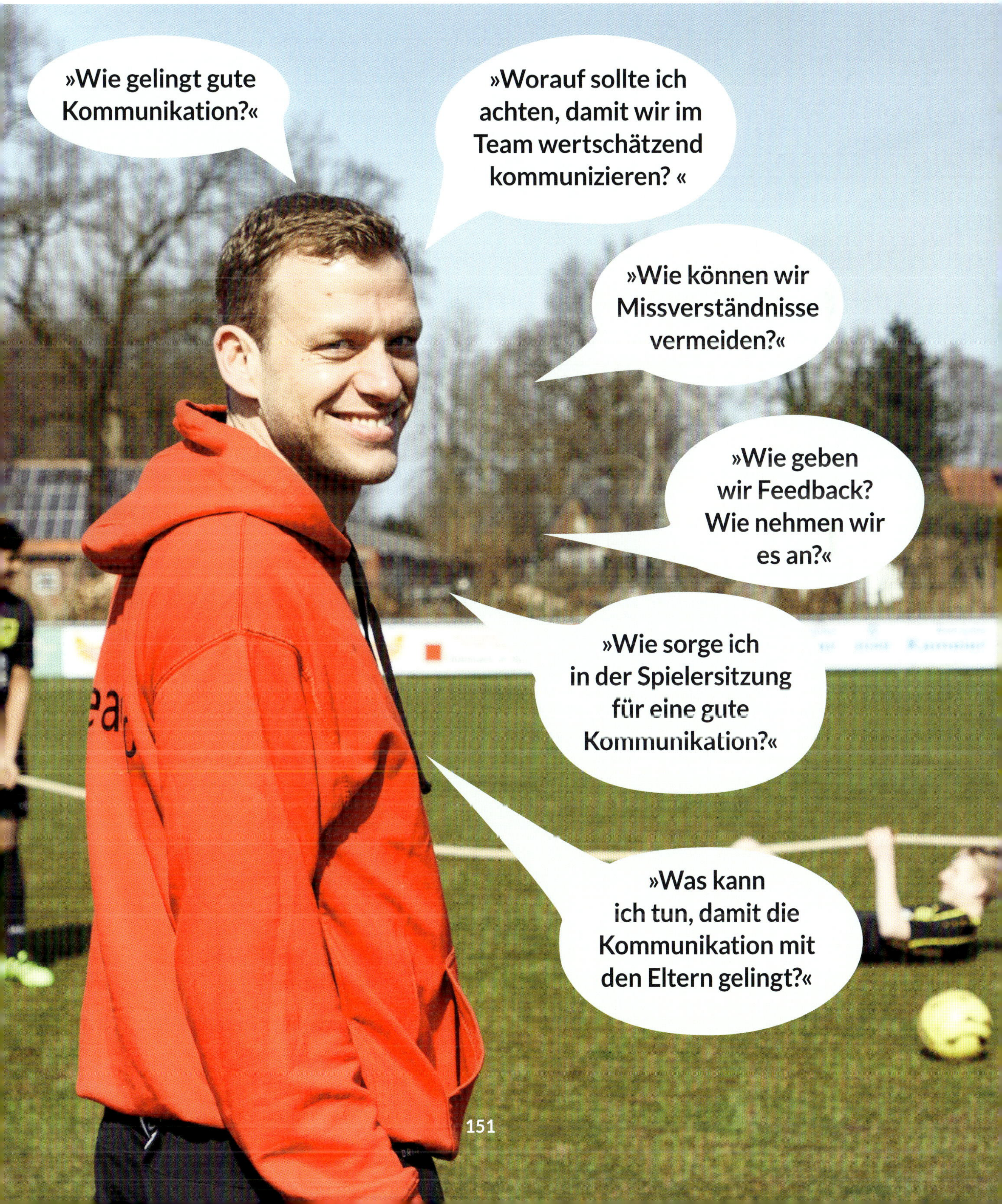

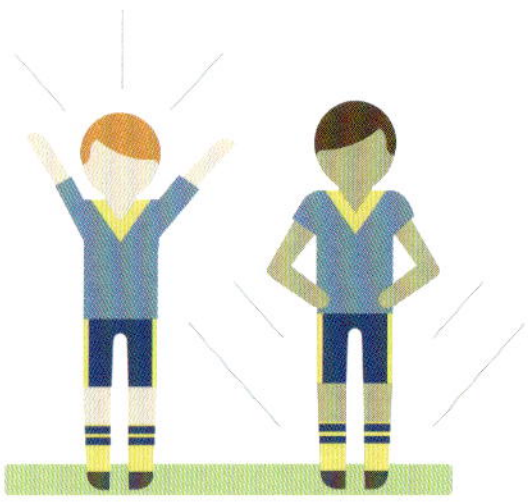

Kommunikation ist eine wesentliche Form menschlichen Handelns und die Grundlage von Verständigung. Im Alltag, sei es im Beruf, Verein oder beim Einkaufen, spielt Kommunikation eine zentrale Rolle – und die Art und Weise, wie Menschen miteinander kommunizieren, hat entscheidenden Einfluss auf das soziale Miteinander: Mal zaubert sie ein Lächeln ins Gesicht, mal macht sie wütend oder gleichgültig, lässt Konflikte entstehen oder vermeidet sie.

Kommunikation transportiert neben inhaltlichen Botschaften immer auch Gefühle, Bedürfnisse, Interessen und Werte. Sie erreicht daher das Gegenüber nicht nur kognitiv – was das Verstehen von Informationen angeht –, sondern auch emotional und berührt die Ebene des Unbewussten. Hier ist bereits viel Stoff für Missverständnisse und Spannungen, aber auch für gute, gelingende Kommunikation enthalten.

Im Folgenden haben wir Erläuterungen und Praxistipps zusammengetragen, die Ihnen helfen, wertschätzend und wirkungsvoll zu kommunizieren.

8.1 Der Unterschied zwischen Meinen, Sagen und Verstehen

Kommunikation ist vielschichtig: Schnell entstehen Missverständnisse, weil das, was gesagt wird, nicht notwendig so ankommt, wie es gemeint ist. Das, was Sie als Trainer sagen, kann von Ihren Spielerinnen und Spielern unterschiedlich verstanden werden. Neben der Situation selbst beeinflussen Gestik, Mimik, die Wortwahl und die Stimmlage die Art und Weise, wie Ihre Aussage aufgenommen wird.

Eine Aussage, unterschiedliche Interpretationen:

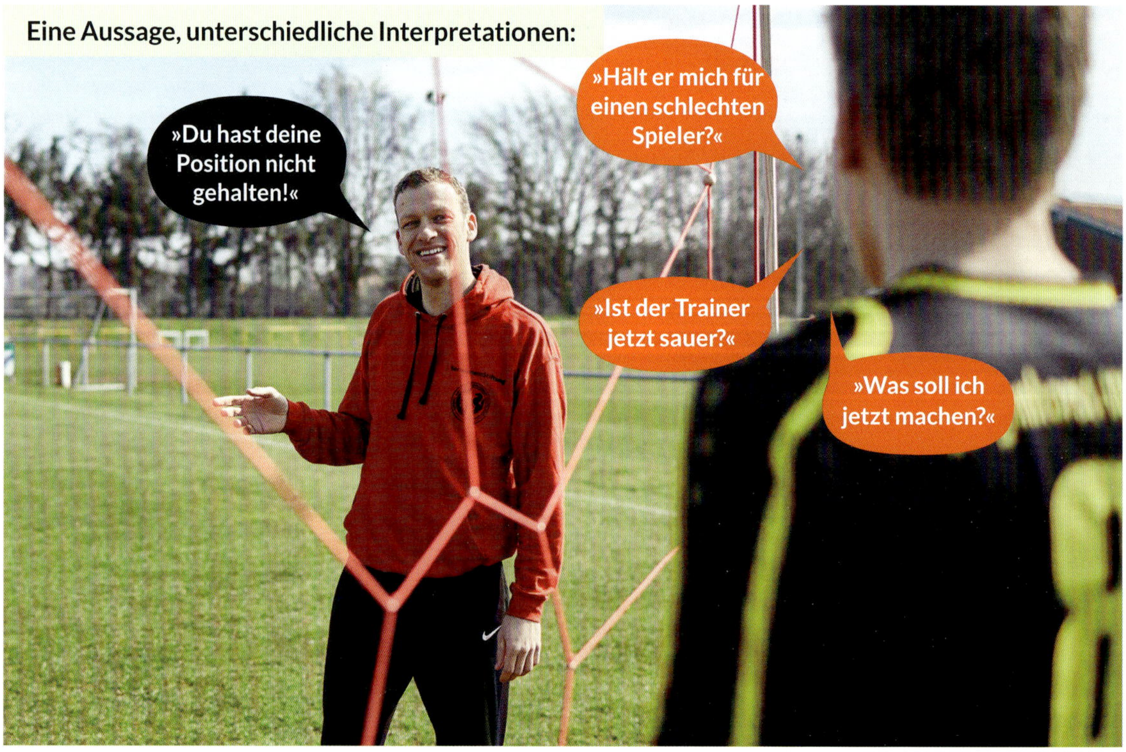

Das, was ich sage, können meine Spieler auf unterschiedliche Weise verstehen. Wenn ich mir das immer wieder bewusst mache, fällt es mir leichter, Missverständnisse nicht persönlich zu nehmen und gemeinsam zu klären.

Nimmt ein Spieler bei Ihnen beispielsweise einen enttäuschten oder verärgerten Gesichtsausdruck wahr, so dürfte die Interpretation leichtfallen. Machen Sie eine ironische Bemerkung und lächeln dabei, ist dies schon schwieriger. Auch Ihre Beziehung zueinander spielt eine Rolle für das Verständnis. Was Sie möglicherweise flapsig und neckend meinen, kann bei einem Spieler als ernsthafte Kritik ankommen, weil er zu Ihnen aufschaut und Sie als Autorität wahrnimmt, deren Ansprüchen er genügen möchte.

Ebenso beeinflussen Gefühle wie Sympathie oder Abneigung die Wahrnehmung und das Verständnis: Kann eine Spielerin ihre Mitspielerin nicht leiden, so entgeht ihr vielleicht nur deswegen der positive Gehalt einer Äußerung, weil sie etwas Negatives erwartet. Sie bekommt dann möglicherweise die Äußerung in den falschen Hals. Das Wie spielt also bei der Kommunikation oft eine größere Rolle als das Was.

Versuchen Sie daher immer, möglichst klar und konkret zu kommunizieren. Ermuntern Sie auch die Jugendspieler, sich selbst klar auszudrücken und durch Rückfragen gegenseitiges Verstehen sicherzustellen. Hin und wieder kann das heißen, etwas ausführlicher zu werden. Im oberen Beispiel könnte sich das so anhören: »Du kannst das in der Defensive bestimmt besser. Jetzt war die linke Seite offen und dadurch ist eine Lücke entstanden. Versuch, nach Ballverlust den Raum so schnell wie möglich zu schließen, um den Gegner nicht in deinem Rücken weglaufen zu lassen.«

Im (manchmal) schnellen Mannschaftssport Fußball verkürzt sich die Kommunikation oft auf knappe Anweisungen, die verstanden werden wollen. Als Trainer kennen Sie die Herausforderung, im Training, aber auch bei Wettkämpfen angemessen und hinreichend knapp und deutlich zu kommunizieren. Das gelingt, indem Sie die Spieler direkt beim Vornamen ansprechen und knappe Anweisungen verbal oder über Körpersprache (Handzeichen) geben.

In sportlicher Hinsicht zahlt es sich aus, auf eine wertschätzende, klare und unaufgeregte Weise zu kommunizieren. Es trägt zu einem respektvollen Umgang bei, stärkt Vertrauen, beugt Missverständnissen vor und fördert somit ein gutes sportliches Zusammenspiel. Hier kommt die Wertebildung ins Spiel: Für eine gute Kommunikation braucht es Voraussetzungen, zum Beispiel gemeinsame Werte (Teamgeist, Zusammenhalt, Respekt) und bestenfalls auch Regeln, die den Umgang miteinander bestimmen. Zu einer wertschätzenden Kommunikation gehören konstruktives Feedback, aktives Zuhören, Ausredenlassen und eine angemessene Wortwahl. Der Ton macht eben die Musik. Auch auf dem Platz und unter Druck ist wertschätzende und gute Kommunikation möglich: Anstatt dem Spieler zuzurufen, was er falsch gemacht hat (»Du hast die Position nicht gehalten!«), können Sie lösungsorientiert kommunizieren und ihn dazu ermutigen, beim nächsten Mal anders zu reagieren (»Achte darauf, die Lücke zu schließen! Das schaffst du!«).

Die nachfolgenden Tipps können Sie gut selbst anwenden – und auch Ihren Jugendspielern mit auf den Weg geben.

10 Empfehlungen für wertschätzende Kommunikation

1 Ausreden lassen

Nicht nur die Höflichkeit gebietet es, nicht zu unterbrechen. Wer klar und unmissverständlich kommunizieren will, ist darauf angewiesen, verstanden zu werden. Dazu gehört: ausreden lassen! Nur so erfahren Sie etwas über die Positionen des anderen. Das gilt auch innerhalb der ungleichen Beziehung zwischen Trainer und Jugendspielern: Diese haben ebenfalls das Recht, gehört zu werden – so wie Sie.

2 Aktiv zuhören

Zeigen Sie durch Ihr Verhalten, durch Nicken, Augenkontakt und andere Signale (»aha«), dass Sie zuhören. Wenn Sie es schaffen, trotz kontroverser Sichtweisen die Aussagen des anderen in Ihren eigenen Worten zu wiederholen und zu verstehen, sorgen Sie für ein konstruktives, lösungsorientiertes Gespräch. Zudem entsteht bei Ihrem Gegenüber eine größere Bereitschaft, auch Ihren Standpunkt zu hören.

3 Nach Bedürfnissen fragen

Erkundigen Sie sich danach, was und warum Jugendspieler etwas brauchen, vor allem dann, wenn Sie spüren, dass es ein Problem gibt. Nur so sind Sie informiert genug, um die Balance zwischen den unterschiedlichen Bedürfnissen herzustellen und etwaige Konflikte aktiv anzugehen.

4 Klar und konkret sprechen

Bleiben Sie immer bei konkreten Ereignissen und Fakten. Sagen Sie Ihren Jugendspielern nicht nur, was Sie anders haben wollen – sondern auch, wie Sie sich das vorstellen. Sagen Sie nicht: »Du bist wieder zu spät, du kannst nach Hause gehen.« Sondern: »Ich möchte, dass alle pünktlich sind. Wer verhindert ist, ruft mich bitte vorher an.« Übrigens: Auch Gefühle können konkret beschrieben werden.

5 Ich-Botschaften verwenden

Ich-Botschaften helfen dabei, Kritik konstruktiv zu äußern, und sie machen es leichter, Kritik anzunehmen. Als Ich-Botschaften formulierte Äußerungen zielen nicht auf einen Vorwurf, sondern sie verdeutlichen, was jemand anders mit seiner Handlung bei Ihnen ausgelöst hat. Statt: »Musst du immer dazwischenreden?« Lieber: »Ich ärgere mich, wenn ich unterbrochen werde.« Nicht: »Du bist kein Teamplayer!« Sondern: »Ich hätte mich über deinen Einsatz gefreut.« Oder: »Ich würde mir wünschen, dass du nächstes Mal stärker auf deine Mitspieler achtest und sie unterstützt.«

! Tipp

Sprechen Sie immer von sich selbst (›ich‹) und verwenden Sie nicht ›man‹, also jemand Unbestimmten als Subjekt.

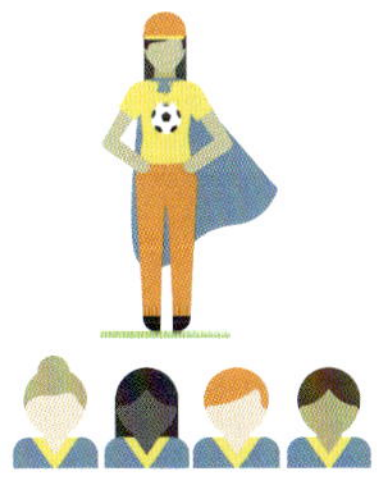

Nachfragen und klären 6

Das Ziel ist größtmögliche Klarheit. Fragen Sie daher nach, wenn Sie sich nicht sicher sind, was eigentlich los ist. Eigene (Fehl-)Interpretationen helfen hier nicht weiter: »Ich möchte wissen, weshalb du das machst.« Statt: »Du machst das nur, weil …«.

Hart in der Sache, fair zur Person 7

Fairness im Umgang mit den Beteiligten – hier in der Regel mit den Jugendspielerinnen und -spielern – schließt nicht aus, in der Sache selbst deutlich zu sein. Das eine von dem anderen zu unterscheiden, erfordert etwas Übung. Für ein konstruktives Klima ist das aber unverzichtbar. Das kann sich etwa so äußern: »Ich schätze dich sehr. Ich finde, dass dein Verhalten auf dem Platz in der letzten Zeit nicht in Ordnung ist …« Grenzen Sie das, was Sie stört, durch einen genauen zeitlichen Bezug ein (»gestern«, »letzte Woche«). Dadurch signalisieren Sie auch, dass ein Verhalten abzustellen ist (weil es nicht »immer« stattfindet) und dass Sie es nicht auf die Person des Spielers zurückführen.

Ruhig und sachlich bleiben 8

Nicht nur, weil Sie Vorbild sind, sondern auch, weil es den Jugendlichen hilft: Versuchen Sie immer, Ruhe zu bewahren und bei der Sache zu bleiben. Emotionen gehören zum Fußball dazu, aber Gespräche sollten konstruktiv und ungetrübt von emotionalen Eindrücken geführt werden. Geben Sie sich gegebenenfalls einen Tag Abstand, um Ihre eigenen sowie die Emotionen der anderen nach einem aufregenden Ereignis besser einordnen zu können.

Keine Verallgemeinerungen 9

»Alle hier sind …« »ihr könnt das einfach nicht …« »immer macht ihr das« – all das sind Verallgemeinerungen, die keine positiven Reaktionen möglich machen. Versuchen Sie, möglichst zeitnah und so konkret wie möglich Probleme, Fehlverhalten oder Beobachtungen wiederzugeben.

Keine Killersätze 10

Langwierige Diskussionen und unangenehme Gespräche werden gerne mit Killerphrasen abgewürgt: »Da fehlt euch die Erfahrung!« »Ihr könnt das eh nicht!« Solche Aussagen führen nicht zu einem konstruktiven Miteinander – verzichten Sie besser ganz darauf.

8.2 Feedback geben und annehmen

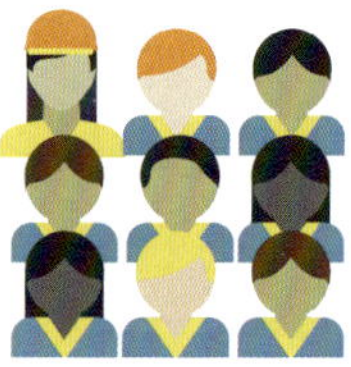

Feedback spielt eine große Rolle in der Trainer-Spieler-Beziehung, aber auch generell im Teamsport und Vereinsleben. Das Feedback, das Sie Ihren Spielern geben, bietet den Jugendlichen die Möglichkeit, eigene Verhaltensweisen zu überprüfen und gegebenenfalls zu verändern. Feedback ist immer subjektiv und erfasst immer nur einen Ausschnitt aus der Wirklichkeit. Es sollte die persönliche Wahrnehmung (Was habe ich wahrgenommen? Was nehme ich wahr?) und eine persönliche Bewertung (Wie bewerte ich das? Wie wirkt das auf mich?) in Verbindung mit nachvollziehbaren Maßstäben (Was war eigentlich die Aufgabe, sollte eigentlich getan werden? Welche Werte oder Regeln gelten eigentlich?) ausdrücken. Dabei sollten Sie möglichst Ihre Wertschätzung für den angesprochenen Jugendlichen ausdrücken. Feedback ist insofern positiv und konstruktiv, auch wenn es etwas Kritisches zurückzumelden gibt.

Besonders wichtig ist, dass Sie Feedback zeitnah geben, wenn Ihre Eindrücke noch präsent sind. Zudem sollten Sie sich auf ein konkretes Verhalten und dessen Wirkung beziehen. Zu den Feedbackregeln gehört auch, dass die Person, die Feedback empfängt, dieses ohne Diskussion anhört. Missverständnisse oder Unklarheiten können natürlich direkt ausgeräumt werden.

Hilfreich ist es, Feedback als Geschenk zu verstehen, das man nicht zwangsläufig annehmen muss. Eine mögliche Einstiegsfrage ist daher: »Darf ich dir ein Feedback dazu geben?« Oder: »Möchtest du gerade ein Feedback dazu von mir hören?«

Bei Feedback geht es also darum, konstruktive Rückmeldung zu einem Verhalten zu geben mit dem Ziel, dass die Jugendlichen diese Rückmeldung auch annehmen können und sich nicht angegriffen fühlen oder in eine Verteidigungshaltung geraten. Für Sie als Feedbackgeber ist es an dieser Stelle entscheidend, sich bewusst zu machen, dass auch Sie nicht jederzeit das Recht haben, ihre Meinung kundzutun. Manche Trainer geben ungefragt Feedback in einer Situation, in der es den Spieler nicht weiterbringt, weil er noch zu aufgebracht ist oder selbst weiß, dass er gerade einen Fehler gemacht hat. Er ist also noch nicht bereit, den konstruktiven Teil der Kritik sachlich anzunehmen. Dann kann gut gemeintes Feedback auch wie ein Draufhauen wirken und verliert seine konstruktive Wirkung.

Feedback geben

- **Nachfragen:** Darf ich dir gerade ein Feedback geben?
- Das Feedback möglichst konkret formulieren.
- Das Feedback zeitnah am angesprochenen Verhalten vornehmen.
- Die Kriterien für die Beurteilung des Verhaltens deutlich machen.
- Das Verhalten nachvollziehbar beschreiben.
- Durch das Verhalten ausgelöste Gefühle beschreiben.
- Das gewünschte Verhalten für die Zukunft aufzeigen.
- Das Feedback als Ich-Botschaft formulieren.
- Das Feedback so formulieren, dass man es selbst auch akzeptieren könnte.
- Wird das Feedback verstanden? **Nachfragen!**

Feedback empfangen

- Zuhören, aufnehmen
- Nicht verteidigen, nicht argumentieren, nicht abwerten
- Bestätigen, falls erforderlich sachlich richtigstellen
- Klärend nachfragen
- Wirken lassen
- Bewusste und freie Auswahl der Information; das Feedback besteht aus subjektiven Eindrücken einer anderen Person – man kann es auch anders sehen
- **Bedanken!**

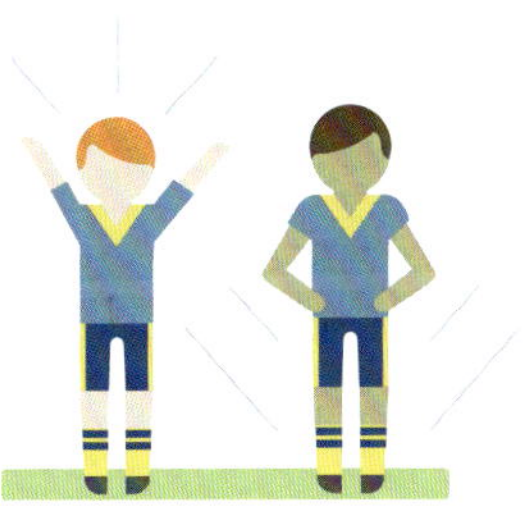

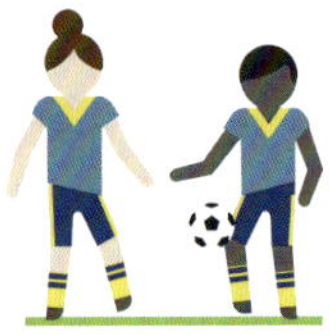

Praxis: Feedback über die WWW-Methode geben

Eine einfache Variante, konstruktiv Feedback zu geben, ist die WWW-Methode. Sie besteht aus drei Schritten: **Wahrnehmung, Wirkung und Wunsch**.

Wahrnehmung beschreiben – ohne Wertung und Vorwürfe:

A »Ich habe bemerkt, dass du in den letzten zwei Wochen dreimal zu spät gekommen bist.«

B »Mir fällt auf, dass du immer wieder deine Mitspieler anschreist und sie dabei mit Schimpfworten beleidigst. Das entspricht nicht unserem Teamgedanken.«

Wirkung erklären – mit Bezug auf die eigenen Gefühle:

A »Das ärgert mich, weil es mir wichtig ist, am Anfang des Trainings Organisatorisches zu besprechen. Wenn jemand zu spät kommt, muss ich alles noch mal erklären. Außerdem denke ich dann, dass dir das Training nicht so wichtig ist.«

B »Das führt dazu, dass wir immer wieder Konflikte im Training haben. Deine Mitspieler fühlen sich dadurch verletzt. Das ärgert mich und die Konzentration auf die wichtigen Dinge geht verloren.«

Wunsch mitteilen – positives Bedürfnis und gegebenenfalls Konsequenzen aufzeigen:

A »Ich bitte dich, künftig pünktlich zu kommen. Wenn es nicht klappt, ruf bitte an.«

B »Ich bitte dich, deine Impulsivität in konstruktive kämpferische Leistung umzumünzen und den Respekt und Teamgeist untereinander zu wahren.«

Lesetipps

- Schulz von Thun, Friedemann (2019). *Miteinander reden Band 1 bis 4: Allgemeine Psychologie der Kommunikation. Stile, Werte und Persönlichkeitsentwicklung. Situationsgerechte Kommunikation. Fragen und Antworten*. Hamburg.
- Thomann, Christoph, und Friedemann Schulz von Thun (2011). *Klärungshilfe 1: Handbuch für Therapeuten, Gesprächshelfer und Moderatoren in schwierigen Gesprächen*. 6. Auflage. Reinbek bei Hamburg.
- Thomann, Christoph (2014). *Klärungshilfe 2: Konflikte im Beruf: Methoden und Modelle klärender Gespräche*. 6. Auflage. Reinbek bei Hamburg.

8.3 Die Spielersitzung: Gute Kommunikation im Team

In der Spielersitzung wird in der Regel über das vergangene Spiel gesprochen. Sie zeigen der Mannschaft auf, wo sie Schwächen gezeigt hat und was sie ändern sollte. Als Trainer sollten Sie auch hervorheben, was gut gelaufen ist. Dann legen Sie den Fokus auf das kommende Spiel und besprechen die nötige Taktik, Aufstellung und Zielsetzung.

Die Spielersitzung ist auch ein Forum für das Team. Ermuntern Sie die Jugendlichen, ihre eigenen Beobachtungen und Gedanken zu äußern sowie Vorschläge einzubringen (zum Beispiel Ideen dazu, was in Zukunft besser gemacht werden könnte). Aktivieren Sie Ihre Spieler, indem Sie ihnen in der Sitzung Raum für eigene Beiträge geben. Gehen Sie davon aus, dass die Jugendlichen bezogen auf das vergangene Spiel und auf kritische Situationen im Spiel gute Lösungsmöglichkeiten zur Hand haben. Oft fühlt sich die Spielsituation, wenn man selbst in ihr steckt, anders an als von außen beobachtet. Fragen Sie nach diesen Empfindungen und nach Lösungsideen, die sich daraus ergeben. Sie werden erstaunt sein, was die Spieler wahrnehmen, und lernen selbst dabei. Durch das Anleiten solcher Gespräche und die Übergabe der Verantwortung erreichen Sie außerdem, dass sich Ihre Spieler vermehrt von sich aus über Spielsituationen Gedanken machen und diese so auch besser bewältigen können.

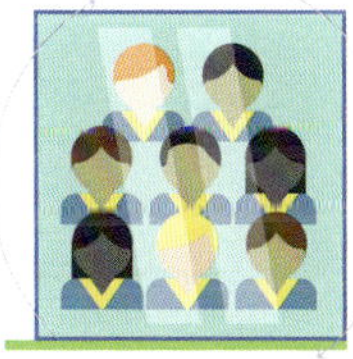

Die Spielersitzung oder Mannschaftsbesprechung können Sie zudem nutzen, um neben sportlichen Aspekten auch das Verhalten in Bezug auf Werte und Regeln zu besprechen. Hier haben Sie die Möglichkeit, Beobachtungen zur Mannschaft und einzelnen Spielern zur Sprache zu bringen und an den gemeinsamen Werten und Regeln zu messen.

Einerseits gilt es dabei, das Positive im Blick zu haben: zu loben, wenn etwas besonders gut funktioniert hat, zu würdigen und anzuerkennen, was die Mannschaft leistet – etwa die gute Zusammenarbeit, die Übernahme von Aufgaben, die wertschätzende Kommunikation, das vorbildliche Verhalten auf dem Platz. Andererseits sollten Sie auch ansprechen, was noch nicht so gut läuft – und zwar konstruktiv. Dafür ist es, wie in den vorausgehenden Abschnitten bereits beschrieben, sinnvoll, handlungs- und lösungsorientiert vorzugehen und auf konstruktive Weise das Gespräch zu eröffnen. »Wir haben gemeinsam vereinbart, dass jeder mal die Trainingstore wegträgt. Das hat am Anfang auch gut geklappt. Mir ist aufgefallen, dass in der letzten Zeit immer wieder nur dieselben Spieler diese Aufgabe übernehmen. Was sagt ihr dazu? Habt ihr einen Vorschlag, wie wir das in Zukunft ändern können?«

Sie haben somit die Chance, sich an den in der Vorbereitung erarbeiteten Werten und Regeln zu orientieren und die gewünschte Vereins- oder Teamkultur zu leben und weiterzuentwickeln. Das schweißt Spieler zusammen und trägt dazu bei, ein starkes Team zu bilden sowie gemeinsam auf sportlichen Erfolg hinzuarbeiten.

In Spielersitzungen lässt sich zudem gut gegenseitiges positives Feedback unterbringen. Jugendspieler können hier auch unterschiedliche Sichtweisen kennenlernen, die Perspektiven der anderen verstehen und gemeinsam Lösungen für Meinungsverschiedenheiten entwickeln. Anregungen finden Sie dafür ab Seite 189 (»Perspektivwechsel«).

Praxis: Inhalte durch Jugendspieler mitbestimmen lassen

Probieren Sie einmal aus, die Spielersitzung nicht selbst inhaltlich zu leiten, sondern sie durch die Beiträge der Jugendspielerinnen und -spieler zu organisieren. Dafür ist natürlich ein gewisses Vertrauen beiderseits notwendig.

Der Mehrwert: Die Spieler fühlen sich in ihrer Wahrnehmung bestärkt und gehört.

Der Ablauf könnte wie folgt aussehen:

1. Wie geht es euch nach dem Spiel, möchte jemand etwas dazu erzählen?
2. Habt ihr Fragen zum Spiel (hier meistens konkrete Spielsituationen)?

Der Gedanke dahinter: Anstatt als Trainerin oder Trainer auf Situationen aufmerksam zu machen, die nicht gut liefen, sagen die Spieler, in welchen Situationen sie Schwierigkeiten hatten und nicht wussten, wie sie sich verhalten sollten. Häufig sind dies die Situationen, in denen auch aus Trainersicht etwas schiefgelaufen ist. In der Regel wissen die Spieler ja selbst, dass sie einen Zweikampf nicht gewonnen haben, ein Gegentor von ihrem Gegenspieler erzielt wurde und so weiter. Sie können dann in einem zweiten Schritt die Situation aus ihrer Sicht beschreiben (auch an der Tafel). Dazu sollten Sie als Trainer dann natürlich auch spontan Feedback geben können.

Auch wenn diese Form der Gesprächsführung nicht immer zum Ziel führt (weil die Spielerinnen und Spieler sich möglicherweise schwertun, Auskunft zu geben), lohnt sich ein Ausprobieren. So lässt sich erfahren, was alles möglich ist, wenn man den Spielern Verantwortung gibt und ihnen Vertrauen entgegenbringt. Ist ein solcher Ablauf erst einmal etabliert, spielt er sich auch ein.

Notizen

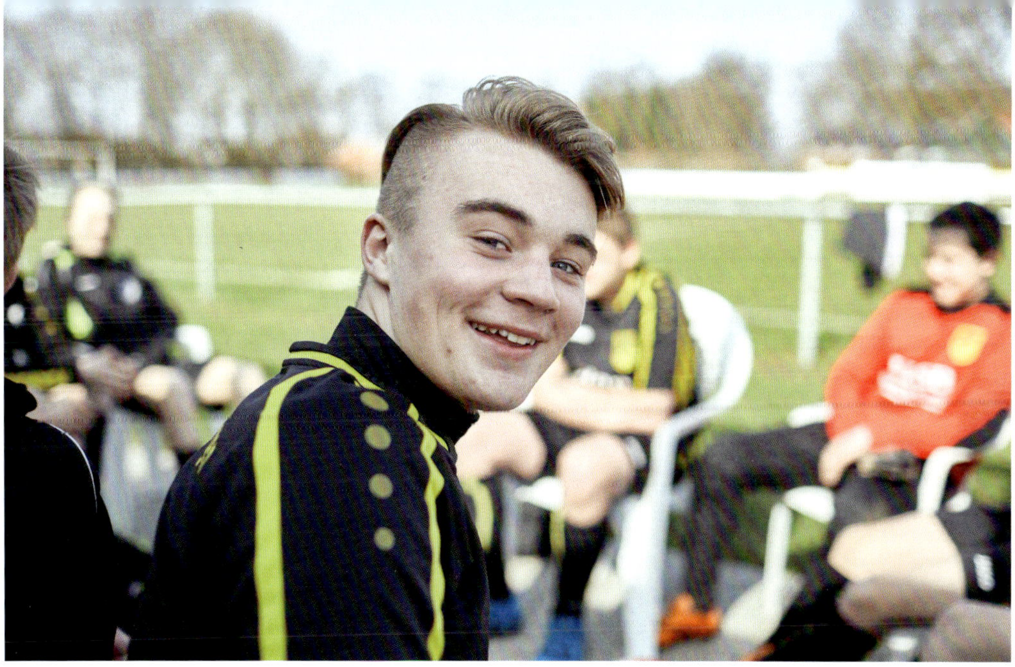

Lassen Sie Ihre Jugendspieler regelmäßig zu wichtigen Themen in den Austausch kommen!

Praxis: Die Spielersitzung

Ablauf

1. Begrüßung
2. Rückblick auf das letzte Spiel: Was lief gut? Was muss besser werden? Wie gelingt uns das? (Bezug zu Leistung, Taktik, Einstellung, aber auch Verhalten, Fairplay etc.)
3. Analyse des nächsten Gegners
4. Taktik für das kommende Spiel und Aufstellung (gegebenenfalls erst am Spieltag)
5. Fragen oder Anregungen der Spieler
6. Regeln und Werte in Erinnerung rufen

Was ist sonst zu beachten?

- Halten Sie sich kurz – damit die Jugendlichen auch schnell verstehen, worum es Ihnen geht.
- Einfache Sprache – jeder sollte den Inhalten folgen können.
- Beispiele – knüpfen Sie in Ihren Ausführungen an konkrete Geschehnisse an, damit die Theorie im Kopf einen praktischen Anknüpfungspunkt findet.
- Achten Sie auf eine klare Struktur (s. o.).
- Geben Sie den Spielern die Möglichkeit, sich zu äußern, und hören Sie zu.
- Halten Sie Blickkontakt – das zeigt Ihr Interesse und demonstriert Sicherheit.
- Reden Sie lebendig – so demonstrieren Sie Engagement.
- Bei Kritik: Hart in der Sache – wertschätzend gegenüber der Person. Denken Sie an die Feedbackregeln auf Seite 156–157 und gehen Sie lösungs- statt problemorientiert vor: Was können wir tun, damit es besser läuft? Welche Unterstützung braucht ihr dafür?
- Leben Sie Respekt und Wertschätzung vor.

8.4 Die Rolle der Eltern

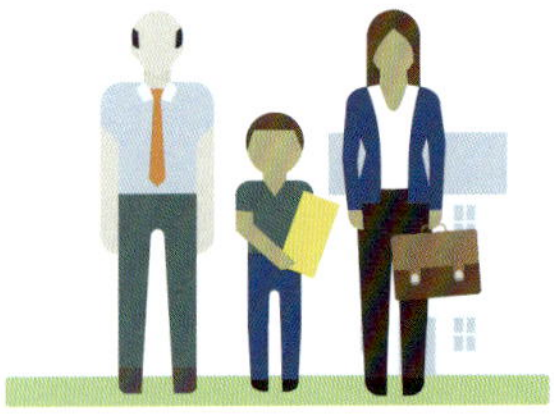

Nicht nur im Kinder-, sondern auch im Jugendfußball sind Eltern präsent. Betrachten Sie diese als Kooperationspartner und beziehen Sie sie als Unterstützer in Ihre Trainerarbeit ein. Umso mehr sollten Sie zu Beginn der Saison auch gegenüber den Eltern auf das gemeinsame Werteverständnis aufmerksam machen und über die festgelegten Regeln informieren. Es kann auch sinnvoll sein, gemeinsam mit den Eltern eigene Regeln zu einem fairen und respektvollen Elternverhalten zu entwickeln. Viele Vereine haben so etwas bereits, weil der Bedarf tatsächlich vorhanden ist.

Während der Saison können Sie dann darauf verweisen und darum bitten, Sie als Trainer arbeiten zu lassen – was etwa notwendig werden kann, wenn sich Eltern am Spielfeldrand hörbar einmischen. Bei individuellen Problemen mit einem Spieler ist es sinnvoll, die Eltern in einem persönlichen Gespräch einzubeziehen. Dabei kann es unterschiedliche Auffassungen geben. Sie werden eher damit zurechtkommen, wenn Ihre beziehungsweise die Haltung des Vereins klar ist und sich an Werten und Regeln orientiert. Dann können Sie den Eltern, falls nötig, auch höflich, aber bestimmt vermitteln, dass sie sich – oder ihr Kind – entgegen diesen Regeln verhalten.

Ein gewisses Maß an Vertrauen der Eltern in Ihre Arbeit ist immer notwendig, wenn ein Kind in Ihre sportliche Obhut gegeben wird. Als Trainer sind Sie für die fußballerische Entwicklung der Spielerinnen und Spieler und das Miteinander in der Mannschaft verantwortlich und sollten diese Rolle auch gegen unangemessene Einmischungen wertschätzend, aber bestimmt behaupten. Dennoch können Anregungen von Eltern auch zu Verbesserungen beitragen, wenn sie sich im Rahmen der in der Mannschaft entwickelten Vereinbarungen bewegen. Für die Kommunikation mit den Eltern sind also eine klare Haltung und ebenso ein gewisses Maß an Offenheit hilfreich. Das gilt natürlich insbesondere für den Umgang mit Fragen und Sorgen der Eltern. In jedem Fall sind Respekt und Fairness sowie ein konstruktiver Umgang mit Konflikten oder Problemen gefragt.

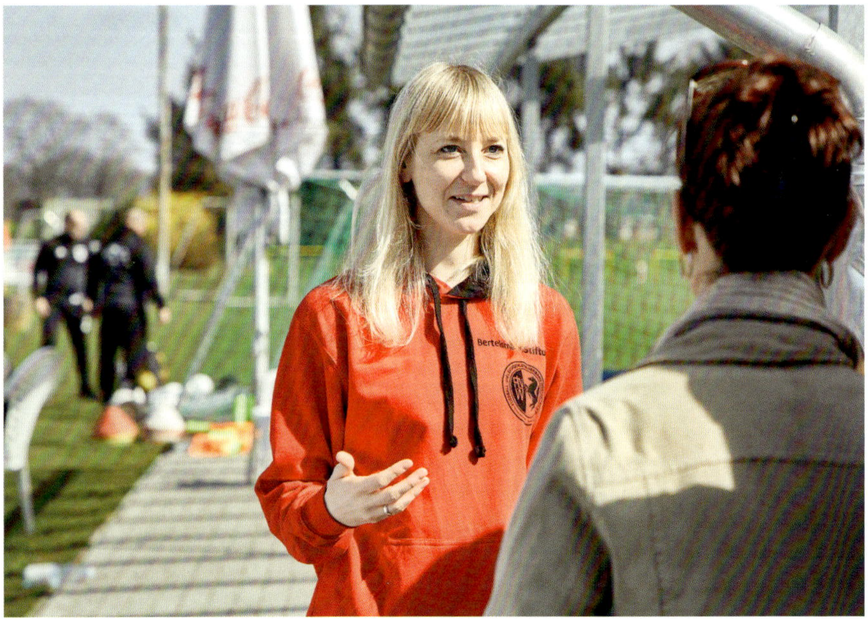

Gespräche mit den Eltern sind wichtig, ob eher informell neben dem Platz oder formal in einer Elternversammlung.

Praxis: Mit den Eltern arbeiten

Für gute Kommunikation sorgen

- Infoabend zu Saisonbeginn
- Nutzung digitaler Austauschforen und Messenger
- Verteilen von Handzetteln und Infobriefen
- Schnellinformationen für alle nach Training/Spiel
- regelmäßige Elternabende
- Gründung eines Elternstammtischs
- individuelle Gespräche mit Eltern
- Sportangebote zusammen für Jugendliche und Eltern

Mitwirkungsmöglichkeiten eröffnen

- als Trainerassistenten
- als Betreuer/Aufsichtspersonen
- als Helfer bei Veranstaltungen
- als Unterstützer bei der Organisation von Turnieren
- beim Verkauf von Getränken und Essen an Spieltagen
- für Fahrdienste zu Auswärtsspielen
- für individuelle Betreuungssituationen (z.B. Trösten)
- zum Ausfüllen des Spielberichts
- als Spielleiter
- für Trikotwäsche, Pausengetränke
- für die Organisation bestimmter Abläufe (z.B. Telefonkette)
- als Helfer bei Ausflügen oder außersportlichen Veranstaltungen

Quelle (bearbeitet): https://www.dfb.de/trainer/f-juniorin/artikel/die-eltern-mit-ins-boot-holen-146/

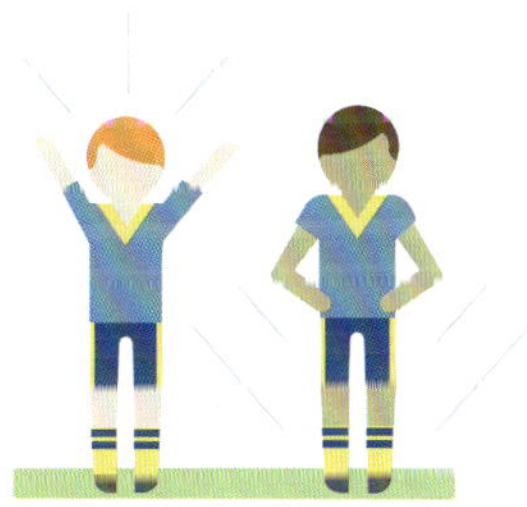

Notizen

8.5 Die Elternsitzung

In der Vorbereitung zur Saison und insbesondere begleitend zur wertebildenden Arbeit im Jugendfußball bieten sich Elternsitzungen an. Hier können Sie die Eltern über vereinbarte Werte und Verhaltensregeln informieren und erläutern, warum diese Werte gelten sollen. Hier ist auch Raum, um Erwartungen zu formulieren. Idealerweise sollten Sie dabei ein für alle Jugendmannschaften einheitliches Vorgehen abstimmen. Das setzt voraus, dass Sie in Ihrem Verein beziehungsweise in Ihrer Jugendabteilung über das Thema »Werte« gesprochen haben.

Je mehr die Eltern über die Haltung des Vereins und der Trainerinnen und Trainer informiert sind, umso besser verstehen sie, worauf sich einzelne Entscheidungen in Bezug auf ihr Kind und die Mannschaft gründen. Je mehr ihnen die Entscheidungen einleuchten, umso weniger Grund gibt es für Kritik. So legen Sie die Grundlage dafür, dass alle Beteiligten an einem Strang ziehen, weil es eine Kultur gibt, die sich an gemeinsamen, für alle erkennbaren Werten orientiert.

Auch in den Gesprächen mit Eltern gilt: Feedbackregeln, aktives Zuhören, Perspektivwechsel, wertschätzende Kommunikation und ein konstruktiver Umgang mit Konflikten (vgl. »Wie gelingt gute Kommunikation« ab Seite 151).

Tipp

Elternrat analog zum Mannschaftsrat

Vergleichbar dem Mannschaftsrat kann auch ein Elternrat gewählt werden, der als erster Ansprechpartner für die Eltern dient (und nicht Sie als Trainer). Ein solches Gremium kann nicht nur die Trainer, sondern auch die Eltern entlasten. Aufgaben wie Fahrdienste und Trikotwäsche können die Eltern direkt untereinander abstimmen und auf kurzem Weg etwa entscheiden, dass derjenige, der kein Auto hat, stattdessen die Trikots häufiger wäscht. Sie als Trainerin oder Trainer haben so die Chance, sich auf die Themen zu konzentrieren, bei denen Ihre Kompetenz und Ihr Einsatz gefragt sind.

Mit Konflikten umgehen

9

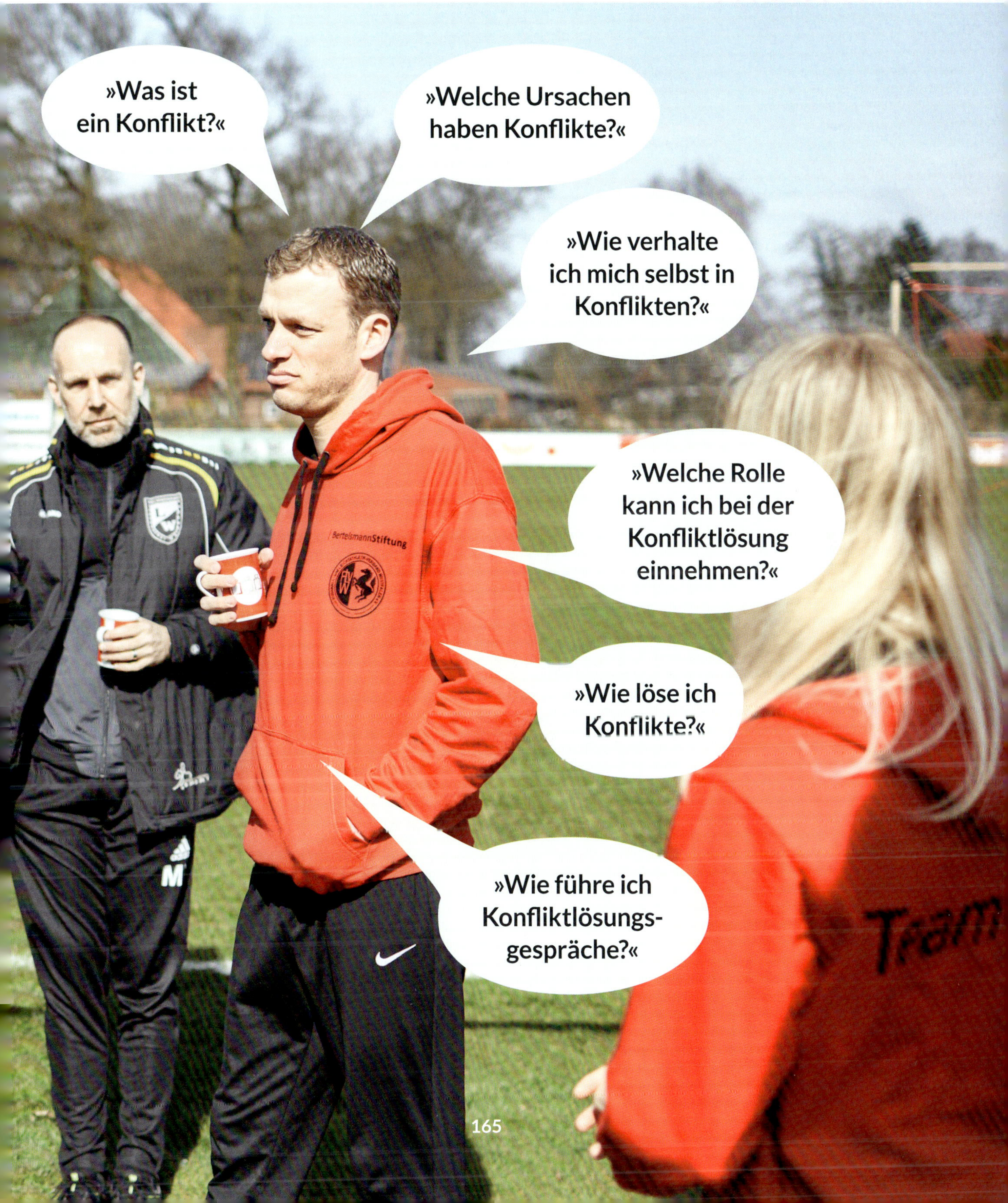

9.1 Was ist ein Konflikt?

Eine Spielerin fühlt sich zu Unrecht auf die Ersatzbank versetzt. Nach einem hart geführten Zweikampf bekommen sich zwei Spieler im Training in die Haare. Ein Spieler glaubt, dass er von seinen Mannschaftskameraden bewusst nie angespielt wird. Eine Trainerin und ihr Co-Trainer haben unterschiedliche Vorstellungen davon, wie die Mannschaft zu trainieren ist. Die Jugendabteilung verteilt das Material ungleich zwischen erster und zweiter Mannschaft auf. Im Spiel wird eine Spielerin von einer anderen rassistisch beleidigt. Zwei Jugendspieler können sich nicht leiden. Die Mannschaft ist mit der Startelf oder der taktischen Ausrichtung unzufrieden. Ein Vater legt sich mit dem Trainer an, weil sein Sohn nicht aufgestellt wurde. Eltern beschimpfen sich untereinander am Spielfeldrand. Der Trainer regt sich auf, weil die Schiedsrichterin ein Foul übersieht ...

Die Liste alltäglich vorkommender Konflikte lässt sich beliebig fortsetzen. Sie sind überall möglich, wo Menschen aufeinandertreffen, denn unterschiedliche Sichtweisen, Gefühlslagen und Interessen gehören zum menschlichen Miteinander dazu. Daraus entstehen leicht Spannungen oder Konflikte. Aber was genau ist ein Konflikt, was löst ihn aus?

Ein Konflikt ist eine Interaktion zwischen Personen, bei der sich mindestens eine Person in ihrem Denken, Fühlen, Wahrnehmen oder Wollen durch eine andere Person beeinträchtigt fühlt (nach einer Definition von Friedrich Glasl). Ein Konflikt besteht bereits, wenn nur eine Person ein Problem hat. Erkennen Sie es also an, wenn ein Spieler etwas mit Ihnen besprechen möchte, auch wenn Sie die Situation vielleicht anders bewerten. Die betreffende Person kann einen inneren Konflikt erleben (zum Beispiel Neidgefühle gegenüber einem Mitspieler) oder konkret auf die Handlung einer anderen Person reagieren (etwa einen aggressiven Unterton). In beiden Fällen drohen größere Spannungen, wenn keine Klärung herbeigeführt wird. Eine wichtige Übung, zu der Sie auch Ihre Jugendspieler ermuntern sollten, ist es daher, Probleme direkt anzusprechen, damit sie zügig gelöst werden. Im Falle eines inneren Konflikts gilt es, Wege zu finden, wie der betreffende Jugendliche – auch mit Ihrer Hilfe – an sich selbst arbeiten kann, um mit seinen Gefühlen besser umzugehen. Wenn es sich um einen Konflikt handelt, an dem mehr als eine Person beteiligt ist, bietet sich ein Konfliktgespräch an mit dem Ziel, die Spannungen und das Missverhältnis aufzulösen.

Natürlich haben alle ein Interesse daran, unnötige Konflikte zu vermeiden. Grundsätzlich gilt es aber anzuerkennen, dass Konflikte immer Teil des Mannschaftssports und Vereinslebens bleiben werden. Für die Wertebildung hat das durchaus einen positiven Aspekt. Denn Konflikte bieten immer auch eine Chance für die Persönlichkeitsentwicklung von Jugendlichen. Sie ermöglichen die Auseinandersetzung mit unterschiedlichen Perspektiven und bieten die Gelegenheit, die eigene Position zu überdenken, begründet zu vertreten oder zu modifizieren sowie Empathie, Perspektivwechsel und Kompromissfähigkeit einzuüben. Und manchmal entsteht aus Konflikten auch eine neue Idee, auf die man sonst nicht gekommen wäre.

Konstruktiv gelöste Konflikte haben viele positive Auswirkungen. Haben Sie also keine Bedenken, Probleme als solche anzuerkennen und zu bearbeiten – es wird Sie und Ihr Team nach vorne bringen.

Es ist daher wichtig, Konflikte nicht kleinzureden (»WIR haben doch keine Konflikte«), sondern ihre positive Seite herauszustellen. Ist es Ihren Jugendspielern gelungen, einen Konflikt zu lösen, ermutigt sie das fürs nächste Mal. Sie haben außerdem gelernt, dass sie selbst in der Lage sind, auch einen möglicherweise unangenehmen Klärungsprozess zu bewältigen, und dass am Ende ein gutes Gefühl steht.

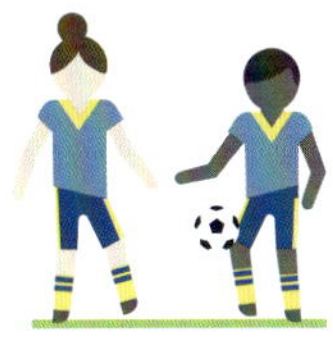

9.2 Konflikte lösen, bevor sie eskalieren

Sind die Beziehungen in der Mannschaft von einem Konflikt belastet, kann das viele negative Folgen haben:

- Es wird nicht mehr offen und aufrichtig kommuniziert.
- Unterschiede statt Gemeinsamkeiten werden betont.
- Das Vertrauen nimmt ab.
- Drohungen und Druck nehmen zu.
- Offene Diskussion und Auseinandersetzung sind nicht mehr möglich.
- Positive Gesten werden negativ oder feindselig gedeutet.
- Die Bereitschaft, den anderen herabzusetzen, nimmt zu.
- Es gibt kein gemeinsames Herangehen an Aufgaben mehr.
- Jeder macht alles für sich allein.
- Im schlimmsten Fall eskaliert der Konflikt.
- Es kommt zur verbalen und/oder auch körperlichen Gewalt.

Gewalt schließt nicht nur körperliche Angriffe und explizite Beleidigungen ein. Auch Missachtung, verbale Abwertungen und lautes Anschreien können als gewalttätig empfunden werden, selbst wenn es nicht so gemeint war. Was als Gewalt empfunden wird, entscheidet grundsätzlich die Person, die betroffen ist.

Stichwort: Verbale Gewalt

Marshall Rosenberg, der Begründer der gewaltfreien Kommunikation, versteht unter Gewalt jeden Versuch, jemanden zu etwas zu zwingen. Nach ihm beginnt Gewalt bereits im Denken und drückt sich zuerst im Sprechen aus (›verbale Gewalt‹) – in der Folge unter Umständen auch körperlich. Nach dieser Definition ist auch lautes Brüllen und Meckern gegenüber einem Spieler bereits Gewalt und selbst Untertöne, die der Jugendliche heraushört und spürt, können als verbale Gewalt wirken.

Unter ungeklärten und sich hinziehenden Konflikten leidet das Gemeinschaftsgefühl Ihres Teams; es kommt möglicherweise zur Lagerbildung bis hin zu offen ausgetragenen Auseinandersetzungen. Mindestens schwindet der Teamgeist, der sportliche Erfolg bleibt auf der Strecke und es kann zu ernsthaften Konsequenzen für den Spielbetrieb kommen (Sperren, Spieler bleiben weg, Verlust von Ansehen). Als Jugendtrainer stehen Sie in einer besonderen Verantwortung den Spielerinnen und Spielern, den Eltern, dem Verein und schließlich sich selbst gegenüber. Deshalb sollten aufkommende Spannungen und Konflikte so rasch wie möglich, jedoch in größtmöglicher Gelassenheit gelöst werden. Gehen Sie proaktiv vor und versuchen Sie, alle Konflikte konstruktiv und gemeinsam mit den betreffenden Spielern oder dem ganzen Team zu klären. Dafür ist es wichtig, die Ursachen zu erkennen, sich eine Lösungsstrategie zu überlegen und das Thema anzupacken.

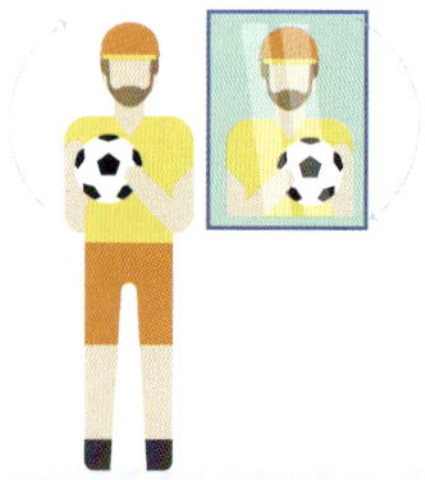

Reflexion

- An welche Konflikte in letzter Zeit erinnern Sie sich?
- Wie haben Sie diese Konflikte geregelt?
- Wie sind Sie dabei vorgegangen?
- Wann gelang das besonders gut und warum?

Auch im Training kann es schnell zu Spannungen kommen, die rasch gelöst werden sollten.

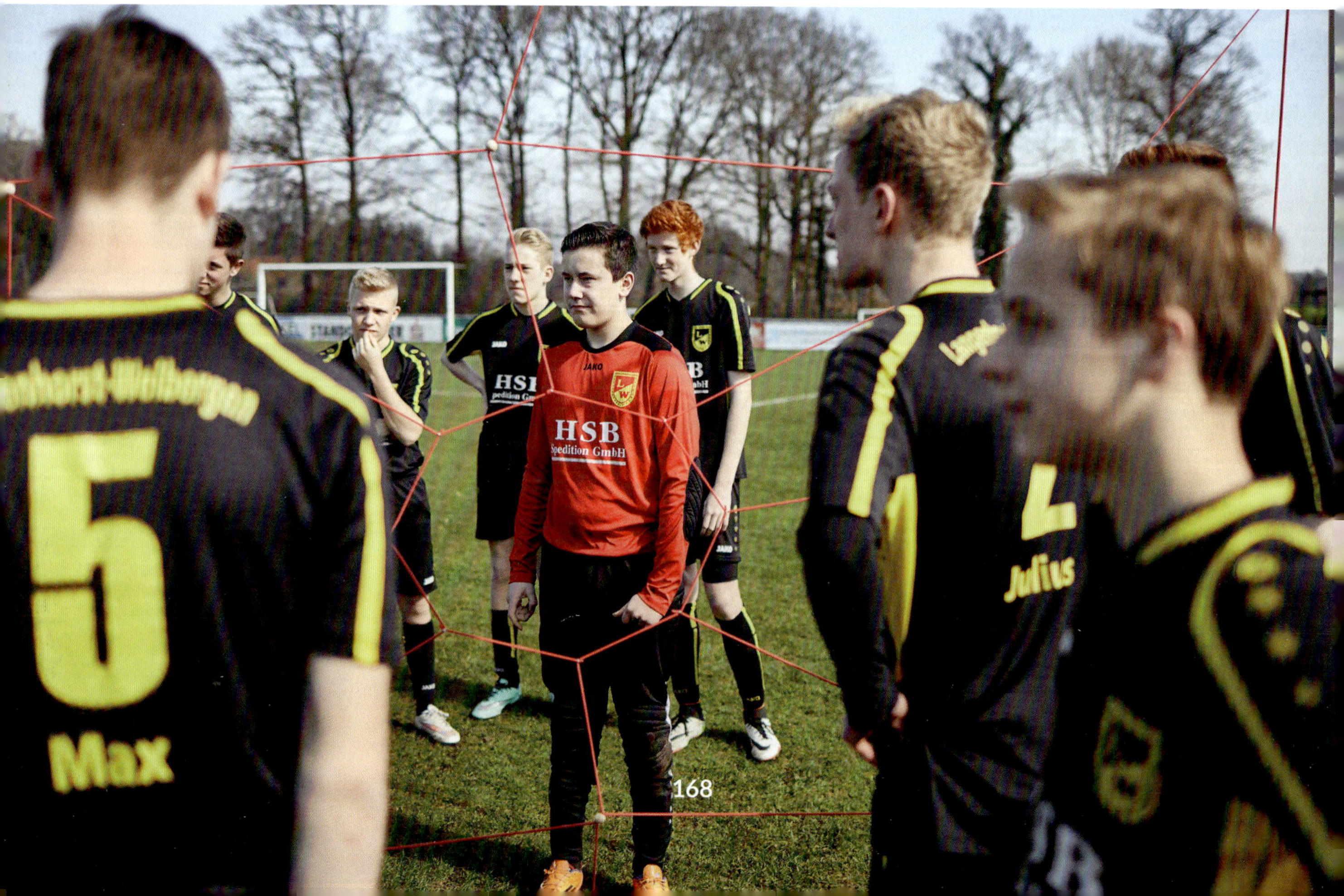

Praxis: Was Sie über Konflikte wissen sollten

Für gute Kommunikation sorgen

1. Bearbeiten Sie Konflikte zeitnah

Konflikte können offen ausgetragen werden oder im Verborgenen schwelen. Und auch wenn es im ersten Fall manchmal heftig kracht: Die zweite Sorte ist die gefährlichere! Ein heimlicher Konflikt vergiftet die Atmosphäre – bricht er schließlich auf, ist es für eine friedliche Lösung manchmal schon zu spät.

2. Gehen Sie Konflikte offen an

Schweigen ist Silber, Reden ist Gold: Gehen Sie Konflikte deshalb proaktiv an und bemühen Sie sich um eine Lösung. Verschweigen und Vertuschen drängt sie nur in den Untergrund. Besser, Sie stellen sich Konflikten rechtzeitig und entschlossen.

3. Geben Sie Gefühlen Raum und Zeit

Vor allem in zugespitzten Konflikten haben Emotionen das Sagen und nicht Vernunft und Logik. Wo Ärger, Unzufriedenheit, Angst oder Wut regieren, kommen Sie daher mit vernünftigen Argumenten allein nicht weit. Bewahren Sie sich diese für später auf, atmen Sie tief durch und nehmen Sie Druck raus. Gefühle brauchen ihren Raum und vor allem ihre Zeit, um sich zu beruhigen.

4. Versuchen Sie zu verstehen, was hinter dem Konflikt liegt

Ein Konflikt hat seine Ursachen und kommt selten allein: Meist liegt ein ganzes Bündel an Schwierigkeiten vor. Und je länger sich die Situation hinzieht, desto mehr weiten sich Konflikte aus. Ungeklärte Sachfragen schädigen persönliche Beziehungen und das wirkt sich wiederum auf den alltäglichen Umgang aus. Fazit: Will man eine Situation richtig einschätzen, ist ein genauer Blick hinter die Kulissen nötig.

5. Teams brauchen Konflikte

Konflikte bedeuten nicht nur Streit und Ärger. Konflikte sind auch ein Schritt auf dem Weg zur Befriedung, weil vorhandene Differenzen auf den Tisch kommen. Die Konfliktpartner offenbaren Wünsche und Bedürfnisse. Man lernt sich kennen und erfährt viel Neues. Harmonie ist schön – kann aber auch zu Stillstand führen. Konflikte dagegen bringen Schwung in festgefahrene Strukturen.

6. Konfliktmanagement ist eine Führungsaufgabe

Als Trainer sind Sie für die Mannschaft verantwortlich. Sie möchten, dass die jungen Spielerinnen und Spieler sich wohlfühlen und gute Arbeit leisten. Das können sie aber nur, wenn sie nicht von Zank und Streiterei belastet sind. Hier ist der Teamchef gefragt: als Vorbild im Alltag und als Vermittler im Krisenfall.

Quelle (bearbeitet): www.ehrenamt-im-sport.de

9.3 Ursachen von Konflikten erkennen

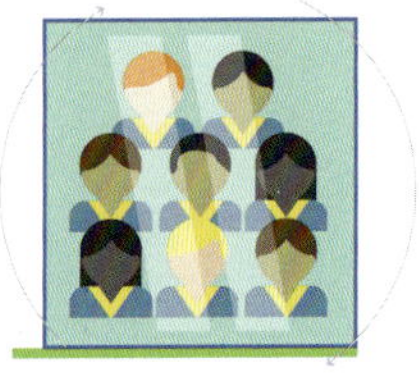

Spieler geraten in Streit, weil einige immer zu spät kommen. Dahinter stehen unterschiedliche Sichtweisen und Gefühlslagen: Dem einen ist das Training nicht so wichtig, der Nächste hat Stress zu Hause, ein anderer sieht das Zuspätkommen als Respektlosigkeit an. Zwei Jugendtrainerinnen geraten in Streit über die Aufstellung – aber eigentlich haben sie unterschiedliche Vorstellungen von Erfolg: Die eine will mit dem Team an die Tabellenspitze gelangen, während die andere Wert darauf legt, dass alle Spielerinnen des Kaders gleichberechtigt zum Einsatz kommen. Marcel hat ehrgeizige Eltern. Sie erwarten von ihm, dass er nicht nur in der Schule, sondern auch beim Fußball glänzt. Beim Training spürt Marcel diesen Druck, während einige seiner Mitspieler die Sache locker angehen und vor allem Spaß haben wollen. Bei einem nachlässig gespielten Pass gerät Marcel in Rage und es kommt zum Streit.

Um mit Konflikten angemessen umzugehen, ist es wichtig zu verstehen, was dahintersteckt. Das ist nicht immer einfach, denn die Ursachen von Konflikten liegen meist im Verborgenen, weil das Verhalten von Menschen mehrheitlich von unbewussten Bedürfnissen und Motiven beeinflusst wird.

Das veranschaulicht das Eisbergmodell (s. Abbildung unten): Das, was durch das Verhalten zum Vorschein kommt, ist gewissermaßen nur die Spitze des Eisbergs (Sachebene). Das sind aufgeführte Argumente, erfahrbare Fakten, erkennbare Positionen und Informationen. Entscheidend ist aber, dass ein Großteil dessen, was das Handeln ausmacht und zum Konflikt führt, in der Situation selbst unbewusst wirkt. Dazu gehören Interessen, Werte, Einstellungen, Bedürfnisse und Gefühle (emotionale Ebene). Sie nehmen den größten Teil des Eisbergs ein und liegen gewissermaßen unter der Oberfläche. Bei der Konfliktlösung ist es wichtig, sich des Einflusses dieser tiefliegenden Konfliktursachen bewusst zu sein, sie zu erkunden und vielleicht sogar Räume zu eröffnen, in denen es möglich wird, über diese emotionalen Aspekte zu sprechen.

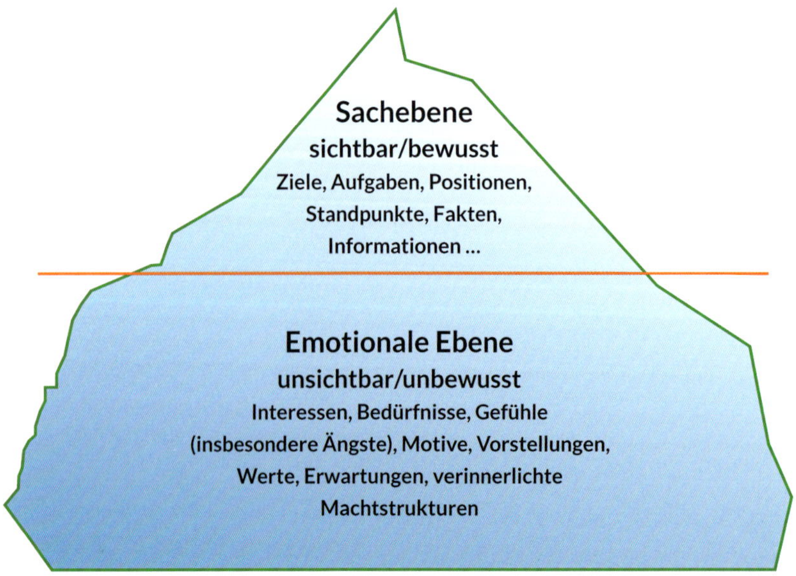

9.4 Wie beeinflussen Werte Konflikte?

Wie das Eisbergmodell veranschaulicht, spielen in Konflikten neben Interessen, Bedürfnissen, Gefühlen und Ängsten eben auch Werte und Grundüberzeugungen mit hinein – wenn auch oft unbewusst. Häufig ist den Jugendspielern und vielleicht auch Ihnen als Trainer zunächst gar nicht klar, um was es eigentlich in einem bestimmten Konflikt geht. Deshalb ist es wichtig, unter die Oberfläche zu schauen und verborgene Interessen, Gefühle und eben auch Werte und Grundüberzeugungen aufzudecken. Gerade Werte können eine zentrale Rolle in Konflikten spielen.

Werte sind untrennbar mit uns als Person verbunden – wir wollen daher auch unser Verhalten an ihnen orientieren, mehr noch: sie schützen und verteidigen. Wem etwa die Familie als Wert sehr wichtig ist, zieht sich eher ins Private zurück, wenn die ehrenamtliche Trainertätigkeit droht, zeitlich überhandzunehmen und das Familienleben beeinträchtigt. Jugendspieler, für die Gerechtigkeit eine hohe Bedeutung hat, werden mitunter sehr empfindlich reagieren, wenn sie sich oder andere ungerecht behandelt fühlen. Überhaupt scheint Gerechtigkeit gerade für Teenager sehr bedeutsam zu sein, denn mit diesem Wert sind weitere Bedürfnisse verbunden, zum Beispiel einen festen Platz im Team einzunehmen, Anerkennung in der Mannschaft zu finden, mit der eigenen Leistung gesehen zu werden oder genauso behandelt zu werden wie die Mitspieler. Das zu wissen, hilft beim Verstehen und der Lösung von Konflikten.

Das folgende Schaubild zeigt, welche Werte im Jugendfußball häufig miteinander in Konflikt geraten.

Werte, die im Jugendfußball häufig in Konflikt geraten

Soziale Integration (sucht Gemeinschaft): Teamgeist und Miteinander sind wichtiger als sportlicher Erfolg.	vs.	**Autonomie (sucht Unabhängigkeit):** Der Erhalt der eigenen Freiheit und die persönlichen Ziele zählen.
Fürsorge (sucht Unterstützung): Das Fußballteam ist eine soziale Gruppe, die Halt gibt.	vs.	**Opportunismus (sucht Vorteile):** Die eigene sportliche Entwicklung ist wichtiger als die Bedürfnisse des Teams.
Kontinuität (sucht Sicherheit): Es ist gut, bei dem zu bleiben, was man bereits kann.	vs.	**Veränderung (sucht Wechsel):** Ziel ist es, sich weiterzuentwickeln und etwas Neues auszuprobieren.
Hierarchie (sucht Autorität): Was der Trainer sagt, zählt und das befolgt man auch.	vs.	**Partizipation (sucht Teilhabe):** Gute Entscheidungen im Team brauchen die Beteiligung der Spielerinnen und Spieler.

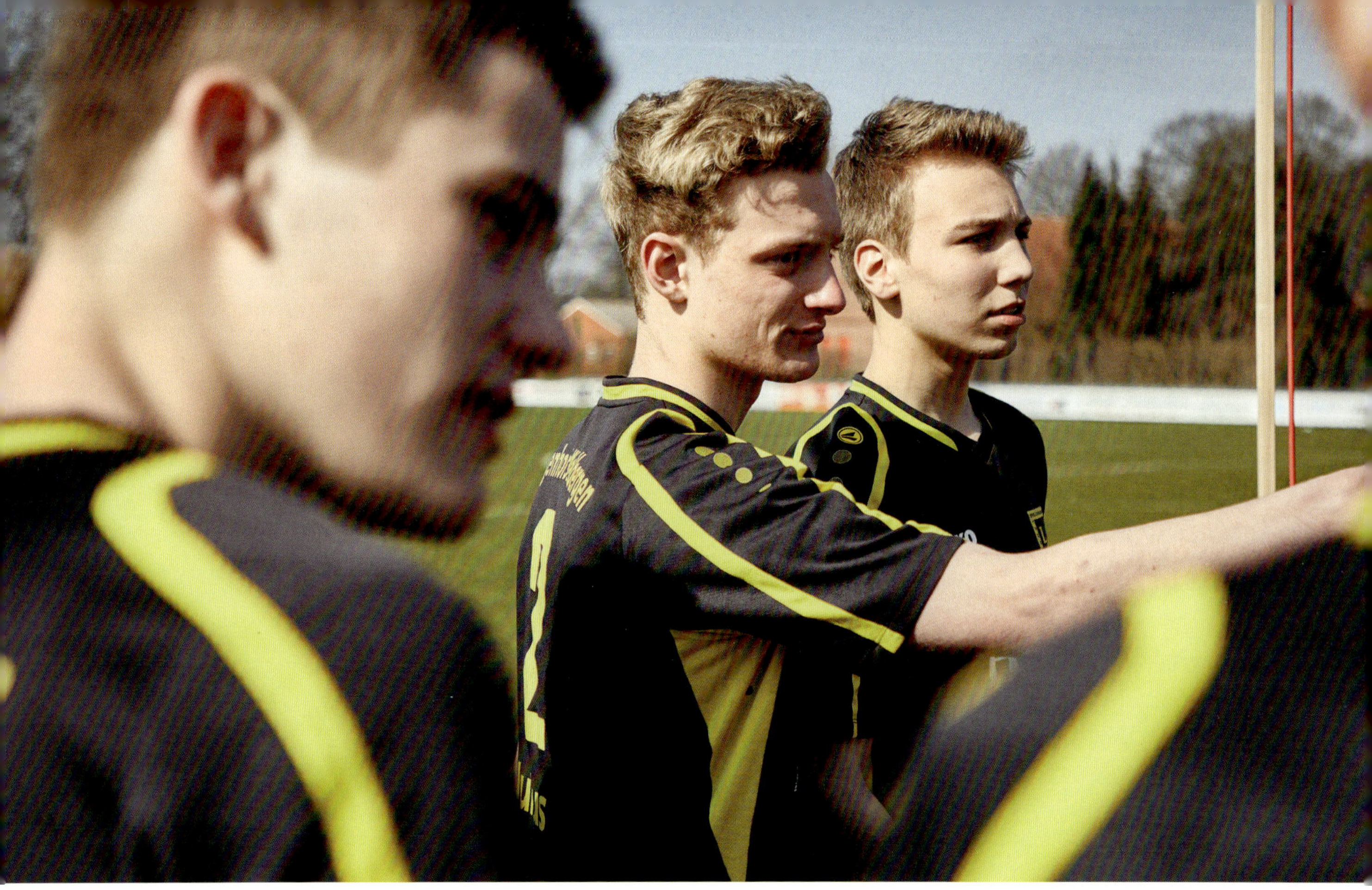

Schwierige Situationen lassen sich nur im gemeinsamen Gespräch lösen.

Gelöst werden kann ein Konflikt, wenn verstanden wird, woher er rührt. Hier gilt es, auch die persönlichen Werte ins Gespräch zu bringen, die für das Miteinander in der Mannschaft bedeutsam sind.

Ein wichtiges Prinzip der Konfliktbearbeitung ist es, diese unterschiedlichen Wertvorstellungen im Gespräch herauszuarbeiten. Hierbei ist daran zu denken, dass Werte etwas Persönliches sind und den Jugendspielern nicht genommen werden können. Es gilt also zuallererst, die Jugendlichen in ihren eigenen Vorstellungen ernst zu nehmen und zu respektieren. Das bedeutet jedoch nicht, jedes Verhalten hinzunehmen. Im Gegenteil: Zum guten Umgang mit den eigenen Werten und denen der anderen gehört auch die Auseinandersetzung damit. Und zu einem funktionierenden Miteinander gehört es bisweilen auch, individuelle Wertvorstellungen hinter den innerhalb des Teams vereinbarten Werten zurückzustellen.

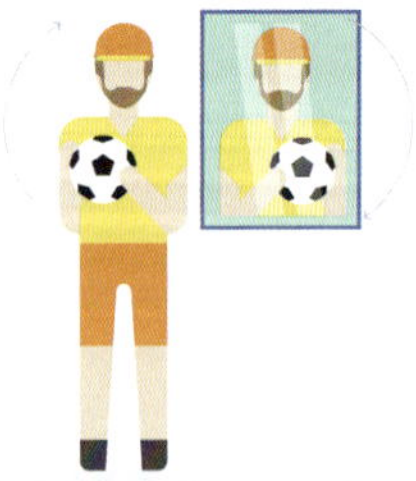

Reflexion

Ich erinnere mich an eine vergangene Konfliktsituation:
Welche meiner persönlichen Werte waren da betroffen?
Welche Werte standen wohl hinter dem Standpunkt der Gegenposition?

9.5 Welche Rolle sollte ich in Konflikten einnehmen?

Ein Konflikt in der Jugendmannschaft nimmt Sie schnell ein. Die Frage ist, in welcher Rolle und wie Sie Konflikte lösen. Konflikte haben ihre eigene Dynamik und schnell geschieht es, dass Sie sich plötzlich in einer Art Retterrolle wiederfinden. Die Jugendlichen erwarten von Ihnen – ob ausgesprochen oder unausgesprochen –, dass Sie Partei ergreifen und denjenigen zur Seite springen, die gerade in einer spannungsreichen Situation zum »Opfer« zu werden drohen. Gerade in der Jugendarbeit erfolgt die Annahme dieser Rolle oft aus einem fürsorglichen und beschützenden Impuls heraus. Die Gefahr ist jedoch groß, dass Sie als Retter oder Beschützer der einen Partei gleichzeitig zum Verfolger oder Ankläger der anderen Partei werden, sodass sich diese plötzlich in der Opferrolle sieht. Das entschärft den Konflikt auf keinen Fall, sondern schafft neue Fronten und Sie können schnell selbst in die Defensive geraten.

Versuchen Sie, im Konflikt und vor allem für die Konfliktlösung eine neutrale Rolle einzunehmen.

Moderator, Lösungssuchender, Streitschlichter und Mediator sind die Rollen, die Sie als Jugendtrainer bevorzugt einnehmen sollten, wenn Sie die Jugendspielerinnen und -spieler bei der Konfliktlösung begleiten (vgl. zu den unterschiedlichen Trainerrollen Seite 57). Diese Rollen unterscheiden sich allerdings: In einem Streitgespräch ohne Gewaltanwendung können Sie als Moderator die Jugendlichen selbst eine Lösung suchen lassen oder Sie beziehen Führungsspieler ein, die das Gespräch strukturieren und auf Regeln der Gesprächsführung achten. Bei Gewaltanwendung ist die Situation anders, denn dann braucht es zunächst jemanden, der aktiv die Fronten trennt; anschließend ist eine Streitschlichtung oder Mediation angebracht.

TeamUp!

Im Kapitel »Wie gelingt gute Kommunikation?« (ab Seite 151) finden Sie viele Tipps dazu, wie Sie Auseinandersetzungen lösen können, ohne eine dritte Person hinzuzuziehen: konstruktives Feedback, aktives Zuhören, Kommunikationsregeln, Ich-Botschaften. Ein weiterer Tipp: Nutzen Sie die WWW-Methode (Seite 158).

Reflexion

- Welche Rolle liegt mir bei der Konfliktlösung am ehesten/ welche traue ich mir zu?
- Ab welchem Zeitpunkt würde ich eine außenstehende Person hinzunehmen?
- In welchen Situationen können auch Führungsspieler für die Problemlösung eingesetzt werden?
- Wann können sogar die Spieler selbst ein Problem lösen?

9.6 Wie verhalte ich mich bei der Konfliktlösung?

Menschen gehen unterschiedlich an Konflikte heran. Das hat mit ihrer Persönlichkeit zu tun sowie mit Vorerfahrungen, die Einstellungen prägen. Solche persönlichen Eigenschaften und Verhaltensweisen lassen sich gut beobachten. Der eine zieht sich eher zurück, wenn es schwierig wird. Die andere glaubt, mit Druck und Durchsetzung an den Konflikt herangehen zu müssen. Der Nächste sucht das offene Gespräch. Diese unterschiedlichen Herangehensweisen beeinflussen natürlich die Entwicklung eines Konflikts und ob er eskaliert oder nicht. Behalten Sie daher Ihre Vorbildrolle im Blick: Mit welcher Haltung Sie an Konflikte herangehen, entscheidet mit darüber, welche Haltung Ihre Jugendspieler selbst bei Spannungen und Konflikten einnehmen.

Es gibt unterschiedliche Arten von Konfliktlösungsverhalten, die im folgenden Schaubild dargestellt sind. Sicherlich haben Sie diese schon bei sich und anderen beobachtet. Dabei ist zu erkennen, dass es eine Rolle spielt, ob jemand sich nur an den eigenen Bedürfnissen bzw. nur an denen der anderen orientiert oder diese Bedürfnisse in eine Balance bringt.

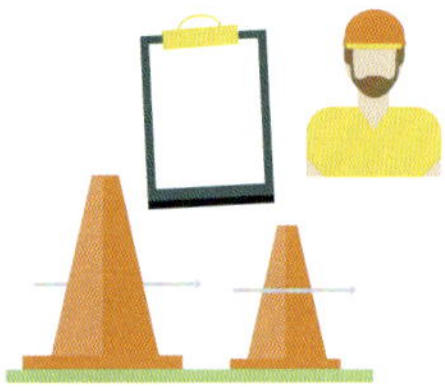

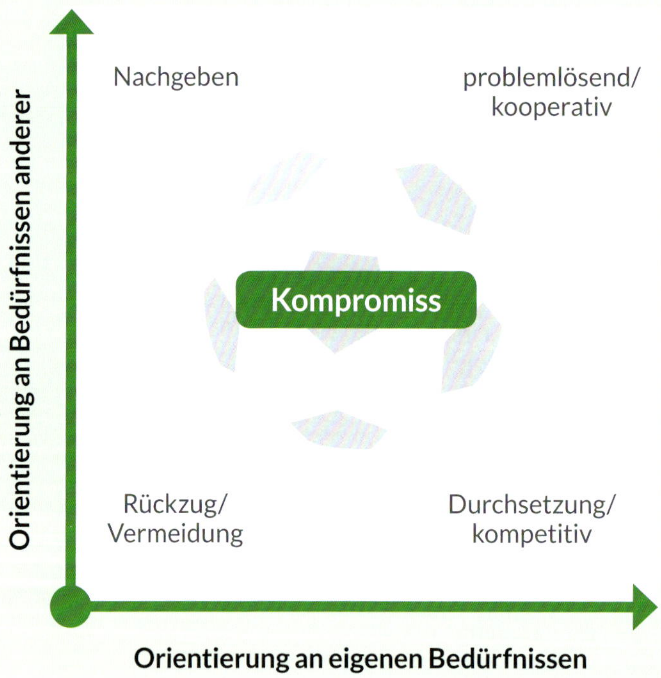

Quelle: Grafik frei nach Berkel (2020)

Fünf Verhaltensstile

1 Durchsetzung

Wer bestrebt ist, seine Meinung durchzusetzen – auch auf Kosten der anderen Partei –, sucht nicht lange nach Ursachen für den Konflikt, sondern schaut nur auf seine Bedürfnisse und Ziele. Durchsetzungstypen setzen auf Überredung und notfalls auf Druck und Drohungen.

2 Kompromiss

Kompromissbereite Menschen sind bereit, der anderen Partei ein Stück weit entgegenzukommen. Das bedeutet, Abstriche zu machen und auch eigene Positionen zu verlassen. Auch die andere Seite muss ein wenig von ihren Interessen abrücken. Für den Kompromiss braucht es eine sachliche Argumentation, man vorverurteilt den anderen nicht und entwickelt Angebote für eine Kompromissformel.

3 Rückzug/Vermeidung

Wer einem Konflikt ausweicht und ihn verdrängt, macht es sich vermeintlich leicht. Ein Konflikt sucht sich allerdings wieder seinen Weg an die Oberfläche und präsentiert sich dann vielleicht heftiger. Der Rückzug kann aber sinnvoll sein, wenn sich zeigt, dass ein weiteres Insistieren in der Sache keinen Mehrwert bringt, weil inzwischen die Frage, wer sich durchsetzt, die Oberhand gewonnen hat.

4 Nachgeben

Wenn jemandem eine Sache nicht so wichtig ist, kann Nachgeben sinnvoll sein. Ungünstig wird es aber dann, wenn Menschen darunter leiden, weil sie mal wieder nachgegeben haben, ihre legitimen Interessen nicht stark genug vertreten und sich vorschnell anderen unterordnen.

5 Kooperative Problemlösung

Der kooperative Stil der Problemlösung kommt der Berücksichtigung sowohl der eigenen Bedürfnisse als auch der Bedürfnisse der anderen am nächsten. Dieser Stil erfordert indes in der Regel einen langen Atem, da eine – auch selbstkritische – Auseinandersetzung mit der Ursache des Konfliktes notwendig ist und eine Analyse, was man selbst und was die andere Partei dazu beigetragen hat. Wenn es aber so gelingt, die verschiedenen Bedürfnisse unter einen Hut zu bringen, ist dieser Stil am erfolgversprechendsten. Der Unterschied zum Kompromiss ist, dass hier gemeinsam nach einer bestmöglichen Lösung für alle Beteiligten gesucht wird.

Diese fünf Verhaltensstile haben alle ihre Berechtigung, denn je nach Situation kann ein Rückzug oder der Mut zur Durchsetzung angemessen sein. Im Mannschaftssport sind Sie allerdings auf Zusammenarbeit und Zusammenhalt angewiesen; deswegen ist hier der problemlösende, kooperative Stil anderen Wegen oft vorzuziehen. Auch der Kompromiss ist häufig eine gute Variante der Konfliktlösung. Hier besteht jedoch die Gefahr, dass die Konfliktpartner unzufrieden zurückbleiben – dann dauert es nicht lange, bis die Spannungen wiederkehren. Deswegen sollten Kompromisse gut durchdacht sein.

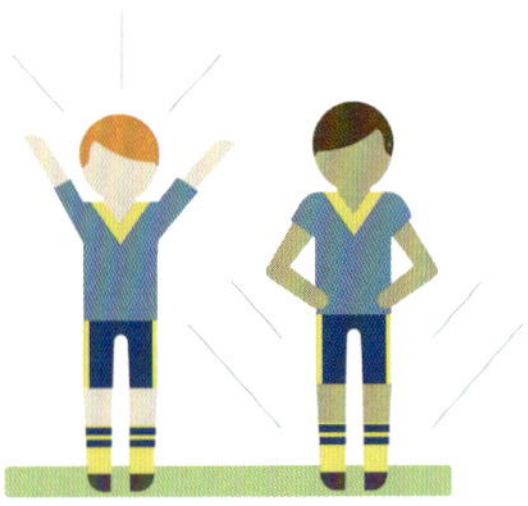

5 Empfehlungen für die kooperative Problemlösung

1

Wahrnehmen

Versuchen Sie, das Problem zu beschreiben: Worum geht es? Was zeigt sich? Wie ist die Situation? Wie sollte sie eigentlich sein? Nehmen Sie hierfür unterschiedliche Perspektiven ein.

2

Analysieren

Untersuchen Sie die Situation und deren Ursachen: Wodurch wird das Problem beeinflusst und wovon hängt es ab? Nehmen Sie auch Ihre Interessen und Bedürfnisse in den Blick, genauso wie die der anderen.

3

Konkretisieren

Fragen Sie sich, welche möglichen Ziele mit einer Problemlösung verwirklicht werden sollen. Was ist sowohl für Sie als auch für andere jeweils das Minimal- und das Maximalziel?

4

Simulieren

Suchen Sie nach Lösungsmöglichkeiten: Welche Alternativen nehmen Sie wahr? Und vor allem: Welches ist die für alle Beteiligten beste Lösung? Für welche dieser Möglichkeiten soll entschieden werden? Warum nicht für die anderen? Welche Chancen und welche Risiken verbinden Sie damit?

5

Entscheiden

Entscheiden Sie gemeinsam mit allen Beteiligten, welche Lösung für das bestehende Problem in Frage kommt. Überlegen Sie die nächsten Schritte und vereinbaren Sie eine gemeinsame Vorgehensweise.

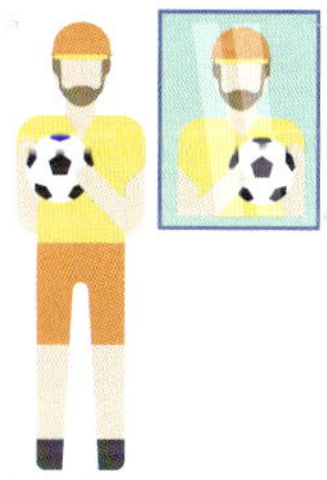

Reflexion

Dazu die Grafik (Seite 174) und die Beschreibungen (Seite 175–176) nochmal ansehen.

- Ich setze meine Interessen durch, notfalls per Kampf.
- Ich suche möglichst den Kompromiss.
- Ich ziehe mich zurück/vermeide jeden Konflikt.
- Ich gebe leicht nach und passe mich an.
- Ich versuche, das Problem konstruktiv zu lösen.

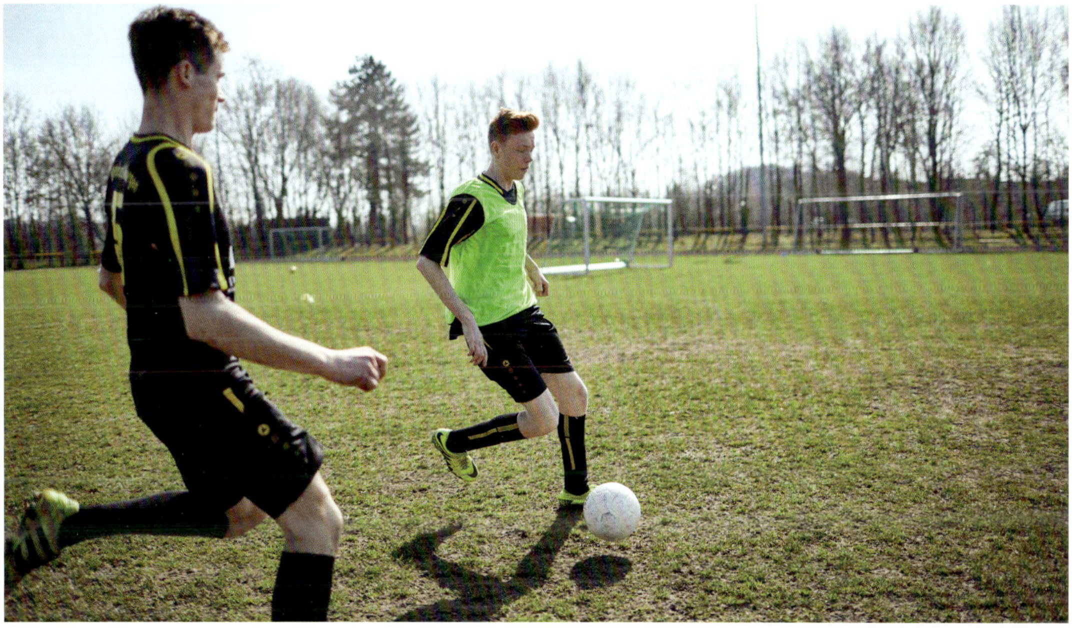

Wie beim erfolgreichen Zusammenspiel im Fußball kommt es gerade auch bei Konflikten auf Kooperation an.

9.7 Und wenn ich selbst Teil des Konflikts bin?

Eine besondere Herausforderung ist es, wenn Sie selbst an einem Konflikt beteiligt sind oder ihn vielleicht sogar mitverursacht haben. Als Trainer oder Trainerin wissen Sie, dass es viele verschiedene mögliche Konfliktkonstellationen gibt, etwa im Verhältnis zwischen Ihnen und Spielerinnen und Spielern, Eltern, anderen Trainern oder Jugendleitern. Manchmal kann es sehr schwer werden, eine gute Lösung zu finden, und es braucht eventuell eine dritte, neutrale Person, die die Rolle des Moderators einnehmen kann, zum Beispiel ein anderer Jugendtrainer oder die Jugendleiterin. In anderen Fällen können Sie im Gespräch mit der anderen Konfliktpartei den Konflikt auch ohne Vermittler lösen. Hierzu ist es hilfreich, sich an die bereits vorgestellten Kommunikationsregeln (ab Seite 154) zu erinnern, den Perspektivwechsel (ab Seite 189) anzuwenden und die in diesem Kapitel vorgestellten Tipps zum Umgang mit Konflikten zu beherzigen. Für den Fall, dass Sie selbst in einen Konflikt involviert sind, sind hier für Sie die wichtigsten Tipps einmal zusammengefasst.

10 Empfehlungen für die Konfliktlösung

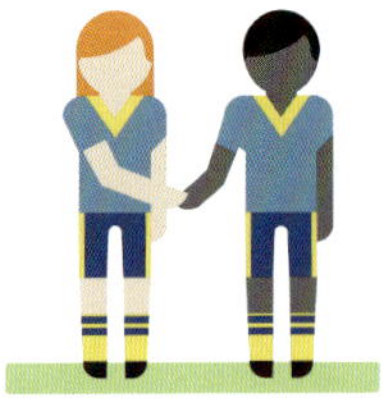

Prüfen Sie zunächst für sich selbst, ob Sie Voraussetzungen für ein gelingendes Konfliktlösungsgespräch wie Bereitschaft, Offenheit, Fairness und Wertschätzung (siehe Seite 182) erfüllen können und wollen. Überlegen Sie, ob Sie sich zutrauen, den Konflikt selbst mithilfe eines Gesprächs zu lösen. Falls nein, suchen Sie sich eine dritte Person, die moderierend das Gespräch führt. Falls ja, beherzigen Sie die nachfolgenden Tipps.

1 Aufrichtiges Interesse, den Konflikt zu lösen

Nur wenn Sie und die am Konflikt beteiligten Parteien den Konflikt wirklich lösen wollen, macht ein Gespräch Sinn.

2 Das Gespräch eröffnen

Stellen Sie eine ruhige Gesprächsatmosphäre her. Klären Sie gemeinsam, welche Ziele das Gespräch hat, und betonen Sie, dass Sie eine Lösung wünschen. Die Seite, die den größten Gesprächsbedarf hat, sollte beginnen.

3 Bedürfnisse klären

Teilen Sie Ihre eigenen Bedürfnisse mit und erkundigen Sie sich danach, was die andere Konfliktpartei braucht und warum, vor allem dann, wenn Sie spüren, dass es ein Problem gibt. Nur so sind Sie informiert genug, um eine Balance zwischen den unterschiedlichen Bedürfnissen herzustellen und etwaige Konflikte aktiv anzugehen.

4 Perspektivwechsel vollziehen

Alle Konfliktparteien erläutern ihre jeweiligen Standpunkte. Beachten Sie dabei die Tipps für gute Kommunikation (siehe Seite 154) wie: zuhören, einander ausreden lassen, Beleidigungen oder Beschuldigungen vermeiden, Ich-Botschaften formulieren, WWW-Methode anwenden (Seite 158).

5 Gemeinsamkeiten finden

Suchen Sie nach Gemeinsamkeiten, etwa nach gemeinsamen Interessen oder Bedürfnissen. Oft zeigt sich dabei, dass Sie und die andere Partei gar nicht so weit auseinanderliegen. Diese gemeinsamen Interessen und Bedürfnisse sind ein guter Ansatzpunkt, um eine gemeinsame Lösung zu finden.

Notizen

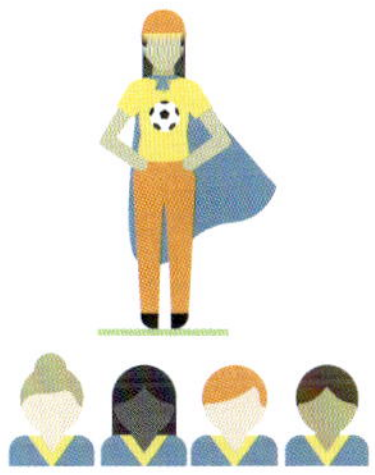

Fair bleiben 6

Konflikte sind emotional sehr belastend. Auch beim Versuch, einen Konflikt zu lösen, spielen die Gefühle eine große Rolle. Bleiben Sie auch dann fair, wenn es der anderen Konfliktpartei nicht mehr recht gelingen mag. Erinnern Sie an die Gebote der Fairness und die Regeln wertschätzender Kommunikation, wenn es notwendig ist.

Kompromisse eingehen 7

Überlegen Sie, wo Sie selbst Kompromisse eingehen können und wo Sie bereit sind, auf die andere Konfliktpartei zuzugehen. Loten Sie die Kompromissbereitschaft der anderen Seite aus.

Lösungen vorschlagen 8

Überlegen Sie sich mehrere Lösungsalternativen, die Sie vorschlagen können. Prüfen Sie im Gespräch eine Alternative nach der anderen. Fragen Sie auch die Gegenseite nach eigenen Lösungsvorschlägen.

Die nächsten Schritte vereinbaren 9

Wenn Sie und die Konfliktpartner sich auf eine Lösung geeinigt haben, besprechen Sie die nächsten Schritte.

Den Erfolg kontrollieren 10

Vereinbaren Sie ggf., wann Sie noch einmal gemeinsam auf die getanen Schritte schauen wollen, um den Fortgang und den Erfolg der Lösung bewerten zu können.

Manche Konflikte sind nicht vermeidbar. Wenn es also zu Konflikten kommt, sollten Sie als Trainer wissen, wie Sie sich verhalten und wie Sie damit umgehen können. Wenn Sie selbst ein Problem erkennen, können Sie sich an die bereits vorgestellten Kommunikationsregeln halten und Ihr Problem mit dem Team, einzelnen Spielern oder anderen Beteiligten auf und neben dem Fußballplatz konstruktiv ansprechen (»Wie gelingt gute Kommunikation?«, ab Seite 151).

Nehme ich selbst wahr, dass ich emotional sehr aufgewühlt bin, sollte ich mir Zeit nehmen. Ein klärendes Gespräch kann auch am nächsten Tag geführt werden, wenn alle Parteien ihre Gefühle besser einordnen können.

Neigen Sie selbst dazu, eher emotional zu reagieren, sollten Sie lernen, sich Ihre Gefühle zu vergegenwärtigen und sich bewusst zu machen, was Sie impulsiv reagieren lässt. Dafür ist eine gewisse Distanz zu den eigenen Emotionen notwendig und das geht nicht von jetzt auf gleich – schon gar nicht in dem Augenblick aufkochender Emotionen selbst.

Halten Sie sich immer wieder selbst die Werte und Regeln vor Augen, die Sie für die konstruktive Mannschaftsführung hilfreich finden, und erweitern Sie Ihre eigenen Fähigkeiten für einen guten Umgang mit Gefühlen. Das sind vor allem folgende vier Kompetenzen (siehe Petermann und Wiedebusch 2003):

- Gefühle nicht nur nonverbal, sondern auch sprachlich ausdrücken
- Verständnis gewinnen für Ursachen und Folgen von Gefühlen
- Emotionen regulieren in Abhängigkeit von unterschiedlichen Personen und Situationen (unterschiedliche Konstellationen wie Spieler–Spieler, Eltern–Trainer, Trainer–Spieler, insbesondere wenn es sich um eigene Familienangehörige handelt)
- sich emotional und kognitiv in die Situation anderer hineinversetzen können (Perspektivwechsel)

Trainer, die in der Lage sind, ihre Gefühlswelt zu regulieren, fühlen sich ausgeglichener und stärker. Das wirkt sich auch positiv auf ihre Tätigkeit aus, da sie zum Beispiel im Umgang mit ihren Spielern offener und gelassener sind (Lee, Wäsche und Jekauc 2018).

Tipp

Kontrolle über die eigenen Emotionen zu bekommen, lässt sich lernen.

Die einfachste Übung ist diese:

1. Impulskontrolle: Aufmerksamkeit bewusst steuern, Störreize ausblenden, vor allem langsamer und leiser werden (»Ich werde jetzt auf diese Situation ganz ruhig reagieren«).

2. Erfahrung: Erinnern Sie sich an Situationen, die Sie bereits erfolgreich gemeistert haben (»Es gibt immer wieder schwierige Situationen und ich schaffe es auch dieses Mal, sie zu lösen«).

3. Fokussierung: Stellen Sie sich auf neue Situationen ein und wechseln Sie den Fokus der Aufmerksamkeit gezielt (»Wichtig ist, das Ziel jetzt nicht aus den Augen zu verlieren und sich neu zu fokussieren«).

9.8 Lösungsstrategien überlegen

Hat man die Ursache eines Konflikts gefunden, hilft das bei der Lösung. Denn unterschiedliche Ursachen bestimmen auch die Art oder Form eines Konflikts. Das zu wissen, erleichtert die Konfliktlösung.

Mit Material aus folgender Quelle: www.riepel.net

Konflikt-arten	Ursachen	Lösungsansatz
Werte-konflikt	Es gibt keinen Konsens hinsichtlich prinzipieller Werte und Einstellungen. Grundüberzeugungen stehen gegeneinander. **Beispiel:** Es herrschen gegensätzliche Vorstellungen davon, was wichtiger ist: Einsatz für den Verein oder Zeit für die Familie? Sportliche Leistungen oder soziales Engagement? Fairplay oder Erfolg?	Trainer und Mannschaft klären gemeinsam die Schnittmenge dessen, was für sie zählt, und bilden hierüber einen Konsens.
Beziehungs-konflikt	Störungen bestehen im zwischenmenschlichen Bereich. **Beispiel:** Zwei Jugendspieler können überhaupt nicht miteinander; dadurch bilden sich Cliquen im Team.	Klärende Gespräche und Teamübungen helfen, die Kluft zu überwinden.
Rollen-konflikt	Rollen werden nicht anerkannt. **Beispiel:** Teile der Mannschaft akzeptieren einen Mitspieler nicht in der Rolle des Kapitäns. Der Trainer will gleichzeitig Kumpel und Autoritätsperson sein.	Die Mannschaft wird im Gespräch darin angeleitet, die Entscheidung zu akzeptieren. Der Trainer erläutert seine Entscheidung. Der Trainer reflektiert sein Verhalten als Vorbild und entscheidet sich für eine angemessene Rolle.
Macht-konflikt	Macht wird durchgesetzt oder infrage gestellt. **Beispiel:** Der Trainer setzt seinen Willen mit aller Macht durch. Die Jugendspieler wehren sich dagegen.	Der Trainer liefert Begründungen für seine Entscheidungen. Wichtige Zielfragen (sportliche Ziele, Entwicklungsziele) klärt der Trainer gemeinsam mit der Mannschaft.
Ziel-konflikt	Es bestehen unterschiedliche Zielvorstellungen. **Beispiel:** Der Trainer will an die Tabellenspitze, die Mannschaft will vor allem miteinander kicken.	Zu Saisonbeginn klären Trainer und Mannschaft ihre Ziele. Der Trainer wirbt für seine Vorstellungen und ermöglicht es der Mannschaft, die Ziele zu erreichen – oder passt gegebenenfalls Ziele an die Bedürfnisse der Spieler an.
Interessen-konflikt	Interessen stehen gegeneinander. **Beispiel:** Einigen Jugendspielern sind die eigenen Vorteile wichtiger als die Entwicklung der Mannschaft.	Die Mannschaft klärt gemeinsam mit dem Trainer ihre Ziele, Werte, Regeln und Prinzipien.
Verteilungs-konflikt	Ressourcen werden ungleich/ungerecht verteilt. **Beispiel:** Im Verein erhalten die erfolgreichen Mannschaften deutlich mehr Geld als die anderen.	Der Trainer kümmert sich im Zusammenspiel mit dem Jugendleiter um eine gerechte Verteilung der Ressourcen und transparente Maßstäbe für die Vergabe.
Beurteilungs-konflikt	Ziele, Maßnahmen und Ergebnisse werden unterschiedlich bewertet. **Beispiel:** Es herrscht Uneinigkeit über Ziele (Tabellenspitze erlangen), bestimmte Maßnahmen (neue Spieler einsetzen) oder über die Frage, wie der Erfolg zu bewerten ist (ist die Tabellenspitze schon ein Erfolg?).	Nicht nur die Ziele müssen vorab definiert werden, sondern auch die Kriterien und Maßnahmen zur Zielerreichung und vor allem, wie mit dem jeweiligen Ergebnis umgegangen wird.

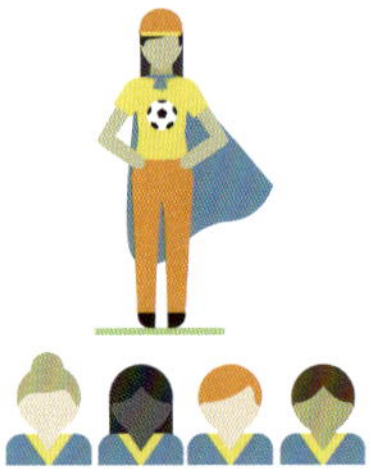

9.9 Das Thema anpacken: Konflikte durch Gespräche lösen

Sind bereits Spannungen und Konflikte entstanden, lautet der erste Lösungsansatz: das Gespräch suchen. Das können die Konfliktparteien untereinander führen oder auch mit Unterstützung durch eine dritte, vermittelnde Person. Versuchen die Konfliktparteien es selbst, benötigen sie dafür Bereitschaft, Offenheit und Fairness (siehe unten). Erfüllen sie diese drei Bedingungen, bieten die Tipps für die Konfliktlösung (siehe Seite 178) eine gute Orientierung für das Gespräch. Wenn Sie als Trainer konstruktiv vermittelnd ein solches Gespräch unterstützen wollen, kommt als vierte Bedingung noch die Neutralität hinzu.

Bereitschaft

Die Konfliktparteien erklären sich freiwillig und ernsthaft bereit, eine gemeinsame Lösung zu erarbeiten. Nur so hat das Konfliktgespräch eine echte Chance.

Offenheit

Beide Seiten stimmen überein, nichts zurückzuhalten: Alle Anliegen kommen auf den Tisch.

Fairness

Die Beteiligten einigen sich auf faires Verhalten. Persönliche Angriffe, Drohungen, Schreien sind tabu – auch in der Hitze des Gefechts.

Neutralität

Der Vermittler oder die Vermittlerin gehört keiner Partei an und wird von allen akzeptiert. Er – oder sie – wahrt während des Konfliktgesprächs Neutralität, lässt sich auf keine Seite ziehen und gibt keine Wertungen ab. Wer persönlich involviert ist, gibt besser an einen externen Moderator ab.

Quelle:
www.ehrenamt-im-sport.de

Notizen

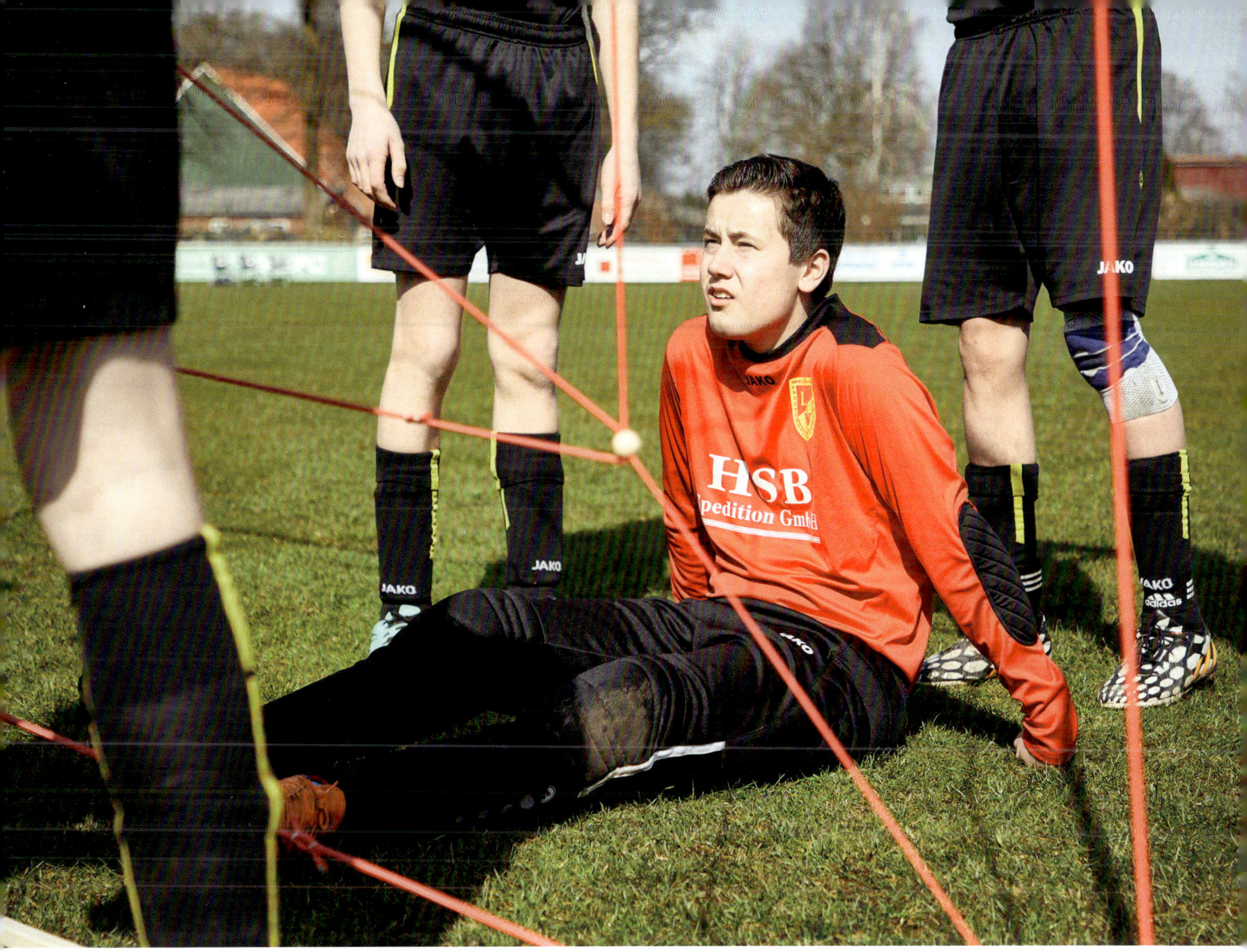

Manchmal entstehen auch Konflikte durch die Aufgaben, die Sie Ihrer Mannschaft geben. Sehen Sie das als Chance, Jugendliche können so mit Ihrer Hilfe lernen, mit Konflikten umzugehen.

Als Moderator oder Moderatorin ergeben sich daraus für Sie folgende Aufgaben:

- Fragen Sie die Konfliktparteien nach ihrer Bereitschaft und ob sie sich auf das Gespräch einlassen wollen. Zeigen Sie Ihre Unterstützung. Betonen Sie, dass nur so das Gespräch eine Chance hat.
- Versuchen Sie, den Konfliktparteien die Angst zu nehmen, nicht offen sprechen zu können. Machen Sie deutlich, dass das Gespräch in einem geschützten Raum verläuft und Sie dafür Sorge tragen, dass beide Seiten in ihrem Schutzbedürfnis respektiert werden.
- Besprechen Sie vorher einige grundlegende Regeln. Holen Sie sich von den Konfliktparteien die Zustimmung zu diesen Regeln und machen Sie deutlich, dass Sie strikt auf deren Einhaltung achten.
- Machen Sie von Anfang an Ihre neutrale Position klar und dass Sie keine der Konfliktparteien bevorzugen oder benachteiligen werden. Diese neutrale Position können Sie selbstverständlich nur einnehmen, wenn Sie nicht selbst involviert sind.

Praxis: Das Konfliktklärungsgespräch

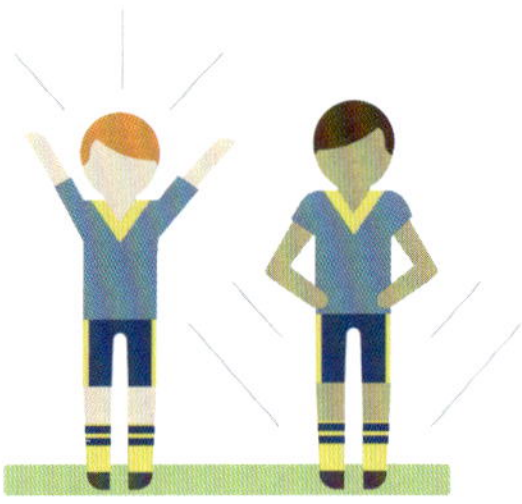

Haben Spieler untereinander einen größeren Konflikt, haben Sie die Möglichkeit, sich mit den Konfliktparteien an einen Tisch zu setzen und ein Klärungsgespräch zu führen. Folgende Vorgehensweise, die vom klassischen Mediationsverfahren hergeleitet ist, kann dabei helfen.

1. Im Vorfeld einzeln mit den Konfliktparteien sprechen, um herauszuhören, was die Ursachen sein könnten. Oft wird hierbei ein und dieselbe Situation von beiden Seiten komplett unterschiedlich dargestellt. Wenn Sie hier für jede Sichtweise Verständnis zeigen, ist die Bereitschaft für eine gemeinsame Klärung größer.

2. Mit den Konfliktparteien gemeinsam über den Konflikt sprechen (Kommunikationsregeln vorab ins Bewusstsein rufen; siehe »10 Empfehlungen für wertschätzende Kommunikation«, Seite 154). Nacheinander stellt jede Seite ihre Sichtweise dar. Als Trainer hören Sie zu und fassen nur mit eigenen Worten zusammen, ohne zu bewerten.

3. Im nächsten Schritt versuchen Sie zu verstehen, wie sich die Parteien angesichts des Konflikts fühlen, und versuchen, das zu beschreiben. Wenn es Ihnen an dieser Stelle gelingt, die Interessen und Bedürfnisse, die hinter dem Konflikt liegen, herauszuarbeiten und anzusprechen, sind Sie der Konfliktklärung ein großes Stück nähergekommen: Was ist euch wichtig? Welche Bedürfnisse habt ihr? Was ist euer Anliegen? Versucht einmal, die Sicht des Anderen zu sehen.

4. Wenn über den vorherigen Schritt ein Verständnis der Konfliktparteien für die jeweils andere Seite entstanden ist, kann nun gemeinsam nach Lösungen gesucht werden, wie man künftig miteinander umgehen will, damit es nicht wieder zu Konflikten kommt. Hilfreich: Was würdet ihr euch wünschen? Was sollte sich ändern? Im Vordergrund stehen dabei der Blick nach vorn und eine konstruktive Lösungsfindung.

5. Als letzten Schritt sollten Sie gemeinsam klare Vereinbarungen formulieren. Sofern es sich um einen schwerwiegenden, festgefahrenen Konflikt handelt, kann es sinnvoll sein, die Punkte, auf die sich die Parteien verständigt haben, schriftlich festzuhalten.

9.10 Mit unterschiedlichen Meinungen umgehen

Zu einem guten Miteinander gehört es, unterschiedliche Ansichten akzeptieren zu können. Und auch wenn es einmal nicht vordergründig um die schönste Nebensache der Welt – den Fußball – geht, zahlt die gemeinsame Bearbeitung von Spannungen, Missverständnissen und Konflikten auch auf das sportliche Konto ein. Auf dem Weg zu einer Klärung von Konflikten bietet es sich an, gemeinsam mit den Jugendspielern das Für und Wider umstrittener Themen abzuwägen. Eine schnelle und leichte Methode ist der Perspektivwechsel (auf Seite 190).

Wenn Sie grundsätzliche Themen mit der Mannschaft diskutieren wollen, eignet sich dafür eine Pro-und-Contra-Diskussion. In ihr geht es nicht nur um ein Stimmungsbild (siehe auch Positionsbarometer auf Seite 87), sondern darum, eine für alle Seiten akzeptable Lösung zu finden.

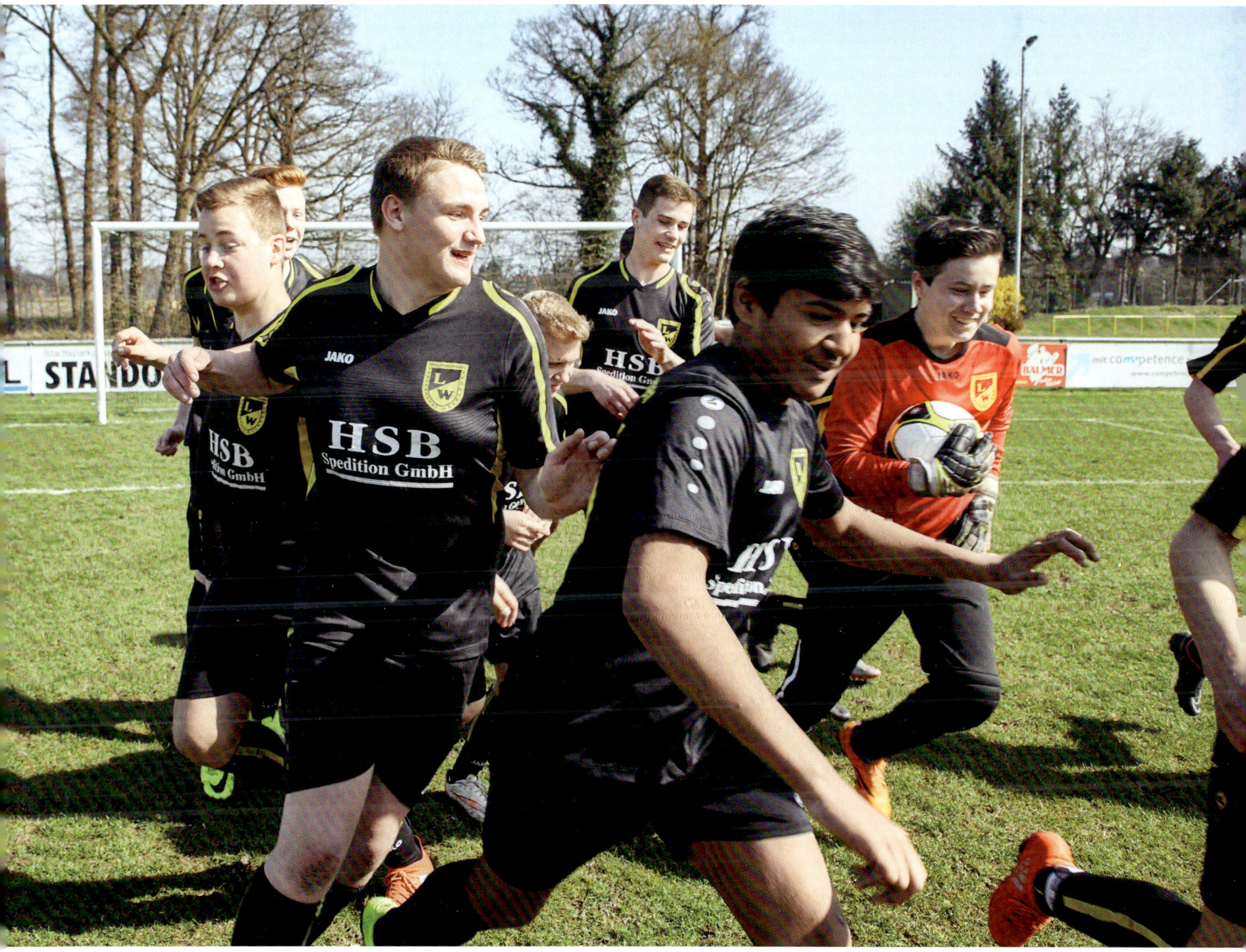

So unterschiedlich, wie die Jugendspieler sind, sind auch die Meinungen. Damit gilt es, umgehen zu können.

Praxisübung: Pro-und-Contra-Diskussion

Diese Methode wird eingesetzt, um gegensätzliche Meinungen in einen Austausch zu bringen. Es handelt sich dabei um ein kontrolliertes Streitgespräch zwischen zwei Gruppen zu einem Thema mit dem Ziel, zu einem Kompromiss oder zu einer Annäherung zu kommen.

Beispiele

- Zusätzliche Trainingseinheiten, mehr trainieren: Wer ist dafür, wer dagegen? Warum?
- Wie sollen wir die Spielzeit verteilen? Sollen die Spieler, die regelmäßig am Training teilnehmen, mehr Spielzeit bekommen? Wer ist dafür, wer dagegen?
- Sollte ein Spieler aus unserem Team bei einem wichtigen Spiel eine Schwalbe gestehen und damit unser Team um einen Strafstoß bringen? Wer ist dafür, wer dagegen?

Verlauf

- Die Thematik (= Streitthema) wird genau benannt. Es muss sich dabei um eine Aussage handeln, zu der eine zustimmende Meinung (pro) und ablehnende Gegenmeinung (contra) möglich ist.
- Die Mannschaft wird in zwei Gruppen aufgeteilt – die Pro-Gruppe und die Contra-Gruppe. Welche Meinung die Teilnehmer wirklich vertreten würden, spielt dabei keine Rolle. Außerdem wird ein Diskussionsleiter oder eine Diskussionsleiterin bestimmt (gewählt).
- Jede Gruppe sammelt zunächst die Argumente, die sie vortragen möchte. Außerdem ist es ratsam, sich mit möglichen Argumenten der Gegenseite zu beschäftigen, um sie besser entkräften zu können.
- Die Gruppen sitzen sich in zwei Reihen gegenüber.

1. Diskussionsrunde

- Ein Vertreter der Pro-Gruppe trägt das erste Argument – begründet – vor.
- Spiegeln der Argumente: Ein Vertreter der Contra-Gruppe gibt das erste Argument der Pro-Gruppe kurz mit eigenen Worten wieder. Hierdurch soll gewährleistet werden, dass das Argument auch richtig aufgefasst wurde.
- Erst jetzt wird reagiert. Die Erwiderung muss sich inhaltlich genau auf das Pro-Argument beziehen und es möglichst widerlegen.

- Hierauf kann zunächst die Pro-Gruppe antworten, darauf wieder die Contra-Gruppe. Wichtig ist nur, dass es sich in diesem Stadium der Diskussion lediglich um das erste Argument der Pro-Gruppe dreht.

2. Diskussionsrunde

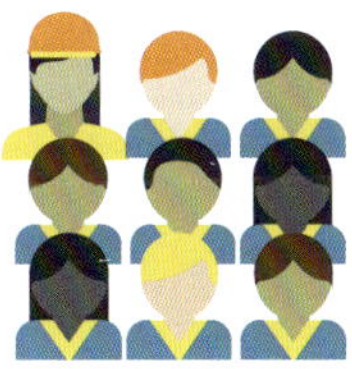

Sind die Argumente und Gegenargumente zum ersten Beitrag ausgetauscht, ist nun ein Vertreter der Contra-Gruppe als Erstes dran und trägt ein neues Contra-Argument vor. Die Pro-und-Contra-Diskussion wird nun nach dem eben beschriebenen Muster in weiteren Runden fortgeführt.

Regeln

- Die Mitglieder einer Gruppe müssen sich für diese Übung mit der jeweiligen Grundhaltung (pro oder contra) identifizieren. Sie dürfen ihre Rolle – auch wenn es schwerfällt – nicht verlassen.
- Die Diskussionsbeiträge sollen kurz, deutlich und präzise sein. Sie müssen immer begründet sein.
- Die Diskussionsbeiträge müssen sich am Thema orientieren. Sie müssen sachlich, nicht persönlich und nicht beleidigend formuliert sein.

Niemals durcheinanderreden!

- Es darf nicht dazwischengeredet werden. Jede Seite kann ihre Argumente ungestört vortragen.
- Die Diskussionsleitung fungiert quasi als Schiedsrichter und sollte deshalb nur eingreifen, wenn gegen die Regeln verstoßen wird. Sie darf aber inhaltlich nicht eingreifen und keine eigene Meinung äußern.
- Siehe auch: »10 Empfehlungen für wertschätzende Kommunikation«, Seite 154.

Variationen

- Es kann eine dritte Gruppe gebildet werden, die die Diskussion beobachtet und sich anschließend – begründet – für eine Position entscheidet.
- Es wird auf ein Argument nur eine Gegenrede zugelassen. Dies verkürzt die Diskussion, macht sie eventuell aber auch prägnanter.
- Jede Seite bekommt eine bestimmte, vorher festgelegte Redezeit zugewiesen.
- Zum Schluss der Diskussion kann jede Seite noch ein kurzes Plädoyer (Zusammenfassung der eigenen Argumente) abgeben.
- Der Meinungsaustausch kann auch beendet werden, indem die Diskussionsleitung die wichtigen Argumente beider Seiten kurz zusammenfasst.

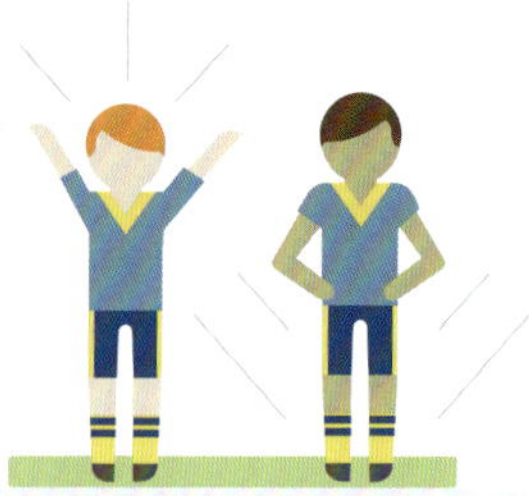

Reflexion

Ziel: Sich bewusst werden, welche Bewegung die Pro-und-Contra-Diskussion in einem selbst ausgelöst hat.

Plenum: Sprecher der Gruppe berichten, was aus ihrer Sicht die besten Argumente der Gegenseite waren.

Vertiefende Fragen (Beispiele):

- Wie habt ihr den Verlauf der Diskussion erlebt?
- Wo habt ihr eure eigene Meinung gar nicht/wenig/stark geändert? Warum?
- Welchen Nutzen hat diese Art der Diskussion für euch persönlich/für eure Mannschaft/für den Verein?
- Was bedeuten die Ergebnisse der Diskussion für die Zukunft?

Mit Material aus folgender Quelle: www.riepel.net

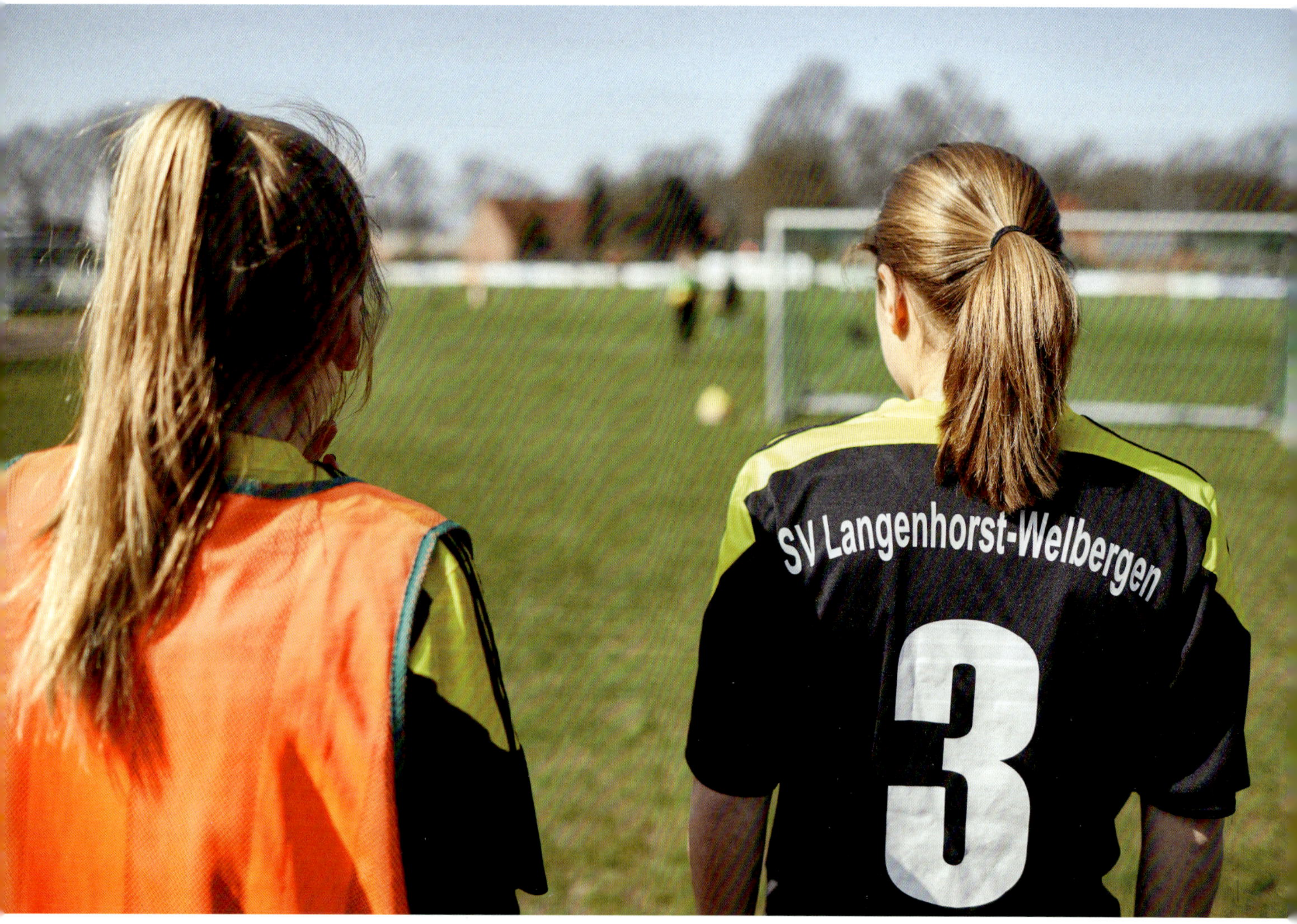

Gemeinsame Reflexion schärft die Wahrnehmung und das Bewusstsein für das Miteinander.

9.11 Perspektivwechsel bei Konflikten einsetzen

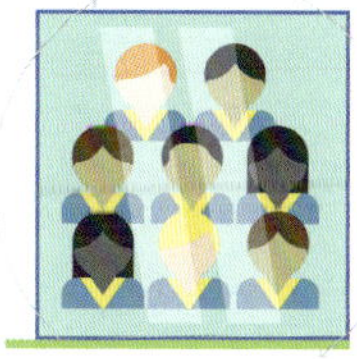

Im Konflikt haben Sie es mit unterschiedlichen Interessen zu tun, die ausgeglichen werden wollen. Um konstruktiv und wertschätzend miteinander umzugehen, hilft es, zunächst das Verständnis füreinander zu fördern. Auch hierbei ist der Perspektivwechsel (vgl. auch Seite 190) eine gute Übung.

Drei Perspektiven sind zu berücksichtigen, wenn es um Konflikte geht:

1. Der eigene Blickwinkel

Jeder im Team hat das Recht, einen Konflikt aus dem eigenen persönlichen Blickwinkel zu sehen, aus der eigenen inneren Wirklichkeit und dabei alle eigenen Gefühle wahrzunehmen: Wie fühlt sich das für mich an? Wie wirkt das auf mich? Wie sehe ich die Situation und was dazu geführt hat? Dabei braucht es nichts weiter als die eigenen Sinne und die Bereitschaft, in sich selbst hineinzuhören. Es gibt Jugendliche, die aufgrund ihrer Persönlichkeit dazu neigen, sich selbst mit den Augen der anderen Mitspieler zu beurteilen. Gerade für solche Spieler ist der eigene Blickwinkel eine wichtige Perspektive.

2. Der Standpunkt außerhalb (die Vogelperspektive)

Um mit einem gewissen Abstand oder aus einer Metaebene auf einen Konflikt zu schauen, gilt es zunächst, sich von der eigenen, vielleicht sehr emotionalen Perspektive zu distanzieren und sich gedanklich in einen außenstehenden Zeugen und Beobachter zu versetzen. Was nimmt er oder sie wahr? Das verhilft zu einer objektiveren Sichtweise und nimmt schnell Spannungen und Emotionen aus der Situation. Die Vogelperspektive ist daher eine gute Übung vor allem für die Jugendspieler, die in einem Konflikt Partei ergreifen oder selbst an ihm beteiligt sind. Sie können so in die Lage versetzt werden, ihre Gefühle besser einzuordnen und sich zu sortieren, um aus emotionalen Verstrickungen herauszufinden. Hilfreiche Fragen sind zum Beispiel: Wenn du wie ein Vogel von oben auf dich schaust (als unbeteiligte, nicht betroffene Person, etwa ein Freund) – wie wirkt das Problem auf dich aus dieser Distanz?

3. Der Standpunkt des anderen (Empathie für den anderen)

Der vielleicht wichtigste Anspruch ist es, einen Konflikt aus dem Blickwinkel des anderen zu betrachten. Vor allem wenn es sich um Spannungen auf der Beziehungsebene handelt, bringt es die Beteiligten weiter, wenn es ihnen gelingt, sich in die Gefühlslage des jeweils anderen hineinzuversetzen. Empathie, verstehendes Mitgefühl, ist eine wichtige Kompetenz, die Menschen benötigen, um das soziale Miteinander erfolgreich zu gestalten. Erst wenn die Konfliktpartner beginnen, einander zu verstehen, ist Lösung in Sicht. Hilfreiche Fragen: Wenn du dich in die Lage von X versetzt/wenn du dir vorstellst, du bist X – wie fühlt sich das für dich an? Wie wirkt das auf dich? Wie siehst du die Situation jetzt?

Praxisübung: Perspektivwechsel

- Die Jugendspieler werden von Ihnen gebeten, zu einer strittigen Frage (Spannung, Meinungsverschiedenheit, Konflikt) Position zu beziehen. Die Spieler sollen den eigenen Blickwinkel einnehmen. Versuchen Sie, die Jugendlichen möglichst direkt anzusprechen: Tim, wie siehst du das? Wie ist das für dich? – Wenn die Situation das gesamte Team betrifft, können Sie auch die ganze Mannschaft adressieren: Wie seht ihr die Situation persönlich? Was ist eurer Meinung nach passiert?
- Die Jugendspieler werden gebeten, ihre Position von außen (oder von oben, von einer Metaebene aus) zu betrachten: Wenn ihr euren Streit von vorhin mal aus der Perspektive eines Außenstehenden seht: Was sieht der wohl?
- Die Jugendspieler werden gebeten, die Position des anderen nachzuvollziehen: Wie sieht eurer Meinung nach diese Position aus? Versteht ihr den Standpunkt des anderen? Wie geht es ihm? Was denkt ihr, was geht in ihm vor? Wie würdet ihr euch an seiner Stelle fühlen? Wie würde es euch gehen?

Im Anschluss ist es wichtig, dass Sie diesen Perspektivwechsel gemeinsam mit den Jugendspielern reflektieren: Haben sich Sichtweisen verändert? Wie? Wodurch? Was bedeutet das für die Zukunft? Halten Sie sich hier selbst mit Antworten zurück und lassen Sie die Jugendlichen Antworten finden, auch wenn es dauert. Erst dann tragen Sie nach Bedarf eigene Beobachtungen und Gedanken bei. Sich in den Standpunkt anderer hineinzuversetzen, ist keine leichte Übung und braucht etwas Anlauf. Wenn man es selbst schafft, ist der Lerneffekt aber viel höher und nachhaltiger, als wenn die Antworten vorgegeben werden.

9.12 Vier Konflikte und ihre Lösung

Diese vier häufig vorkommenden Beispielkonflikte zeigen Ihnen auf, welche Lösungen sich für Sie als Trainer anbieten und wie Sie sich verhalten können:

1. Sonderrolle

Eine Leistungsträgerin Ihres Teams beansprucht eine Sonderrolle. Sie kommt oft zu spät oder gar nicht zum Training. Sie weiß, dass sie eine wichtige Rolle in der Mannschaft innehat. Ihre besonderen Aktionen und ihre Kreativität führen häufig zu Torerfolgen.

Mögliche Vorgehensweise: Suchen Sie das Gespräch mit der Spielerin. Machen Sie sie darauf aufmerksam, dass sie mit ihrem Verhalten Unruhe in die Mannschaft bringt. Versuchen Sie, im Gespräch herauszufinden, welche Gründe die Jugendliche für ihr Verhalten hat. Vielleicht finden Sie an dieser Stelle bereits eine Lösung. Stellen Sie darüber hinaus klar, welche Verhaltensweisen Sie sich von der Spielerin wünschen (mehr Disziplin in Sachen Pünktlichkeit und Anwesenheit). Machen Sie im Team darauf aufmerksam, dass Sie die Situation im Blick haben und nicht akzeptieren, dass jede machen kann, was sie will. Nutzen Sie hierbei die Kommunikationsregeln (»10 Empfehlungen für wertschätzende Kommunikation«, Seite 154).

2. Ausgrenzung

Ein geflüchteter Jugendlicher, der sich Ihrer Mannschaft angeschlossen hat, wird ausgegrenzt.

Mögliche Vorgehensweise: Beobachten Sie genau, wie sich das Team dem Jugendlichen gegenüber verhält. Konfrontieren Sie die ausgrenzenden Spieler damit, was Sie beobachtet haben. Erinnern Sie an Teamwerte und -regeln. Beziehen Sie den Jungen bewusst in Team- und Trainingsübungen mit ein. Sprechen Sie in der Spielersitzung den Teamgedanken immer wieder an. Wenn es Einzelne sind, die den Jungen ausgrenzen, sprechen Sie unter vier Augen mit ihnen, fragen Sie nach den Gründen und kritisieren Sie – hart in der Sache, wertschätzend zur Person – unter Anwendung der Feedbackregeln. Hier können Sie auch gut mit dem Perspektivwechsel arbeiten (»Wie würdest du dich fühlen, wenn du in ein anderes Land kommst ...?«). Fordern Sie konstruktives Teamverhalten ein und erklären Sie auch, warum das aus Ihrer Sicht wichtig ist für alle Beteiligten. Sie können sich in der Spielersitzung anerkennend über den Geflüchteten äußern, um seinen Stellenwert im Team zu erhöhen. Sie können bei den Mitspielern Verständnis für seine Situation wecken; nachhaltiger ist aber, gemeinsam darüber zu sprechen, was der Wert Respekt bedeutet und warum die Jugendspieler sich generell respektvoll verhalten sollten. Denken Sie hierbei auch an die bekannte Goldene Regel: Behandle andere so, wie du selbst auch von ihnen behandelt werden möchtest.

3. Provokation

Ein impulsiver Spieler lässt sich im Spiel immer wieder provozieren.

Mögliche Vorgehensweise: Bereiten Sie den Spieler mental vor jedem Spiel vor. Gehen Sie mit ihm die Verhaltensregeln durch. Stärken Sie sein Selbstwertgefühl. Loben Sie ihn besonders, wenn er sich zurückgehalten und beherrscht hat. So verstärken Sie dieses Verhalten. Halten Sie ihn dazu an, seine Impulsivität in den fairen Zweikampf zu legen. Seien Sie konsequent, wenn er sich nicht an Regeln hält. Nehmen Sie ihn zur Not vom Feld. Machen Sie ihn auf die möglichen Folgen von Ausrastern aufmerksam (Mannschaft ist dezimiert und verliert das Spiel, wenn er des Feldes verwiesen wird; er bleibt künftig auf der Ersatzbank; die Eltern werden informiert).

Da sich oft auch mehrere Spieler in ähnlicher Weise verhalten, bietet es sich an, die Impulskontrolle auch zum Thema der Mannschaftsentwicklung zu machen. Mit gezielten Übungen kann eine höhere Frustrationstoleranz trainiert werden. So können Sie in der Rolle des Schiedsrichters im Training auch mal ein Foul nicht ahnden oder Situationen abpfeifen: Pfeifen Sie bewusst falsch oder pfeifen Sie nicht, wo es angebracht wäre, um Grenzen auszutesten. Das ist zum einen ein Instrument, um die Impulskontrolle zu trainieren, zum anderen eine Möglichkeit, mehr Druck in ein Trainingsspiel zu bekommen. Der Ansatz ist allerdings echt knifflig und kann auch Unmut hervorrufen. Wiederholungstäter können Sie auch als Schiedsrichter einsetzen. Entweder sie pfeifen das eigene Training oder ein Spiel von jüngeren Jugendmannschaften des eigenen Vereins und erfahren so aus anderer Perspektive, was es heißt, mit möglicherweise unliebsamen Schiedsrichterentscheidungen umzugehen. Auch kleinere Übungen, die viel Energie abverlangen, eignen sich, zum Beispiel Sprints zu einer bestimmten Linie und zurück.

4. Konkurrenz

Zwei konkurrierende Spielerinnen, die sich nicht mögen, bekommen immer wieder Streit.

Mögliche Vorgehensweise: Führen Sie ein Dreiergespräch und erinnern Sie die beiden an den Teamgedanken. Halten Sie ihnen die Folgen für die Mannschaft und deren Erfolg vor Augen. Entwickeln Sie gemeinsam mit den Spielerinnen Vorschläge für konstruktives Verhalten. Zeigen Sie Gemeinsamkeiten auf, die die beiden teilen (zum Beispiel gewinnen wollen). Stellen Sie gemeinsam mit den Spielerinnen Regeln auf, die sie im Umgang miteinander beherzigen sollten. Machen Sie ihnen deutlich, dass sie Unruhe in die Mannschaft bringen, und zeigen Sie Konsequenzen auf, wenn sie sich nicht an Verhaltensregeln halten.

Eine weitere Möglichkeit, die auch der Mannschaftsentwicklung dient, sind Aufgaben zur Verantwortungsübernahme. Die beiden Spielerinnen sollen zusammenarbeiten, zum Beispiel indem sie für Teile des Trainings die Verantwortung übernehmen (zum Beispiel gemeinsam Aufwärmübungen vorbereiten und abwechselnd anleiten).

Lesetipps

- Glasl, Friedrich (2007). *Konfliktmanagement*. Stuttgart.
- Glasl, Friedrich (2017). *Selbsthilfe in Konflikten*. Stuttgart.
- Ribler, Angelika, und Astrid Pulter (Hrsg.) (2010). *Konfliktmanagement im Fußball*. Frankfurt am Main.

Wie gewinne ich Abteilung und Verein für die Wertebildung?

10

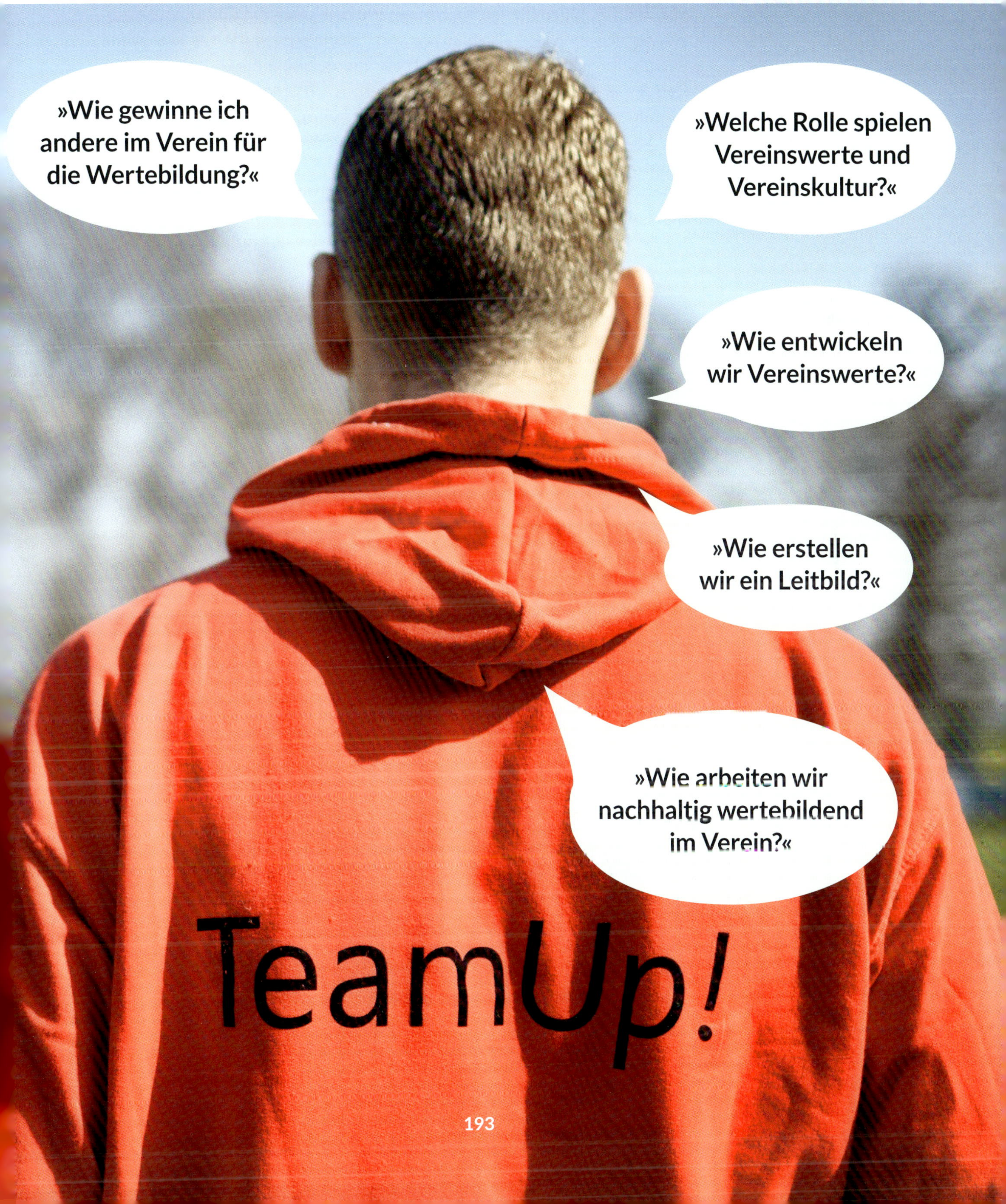

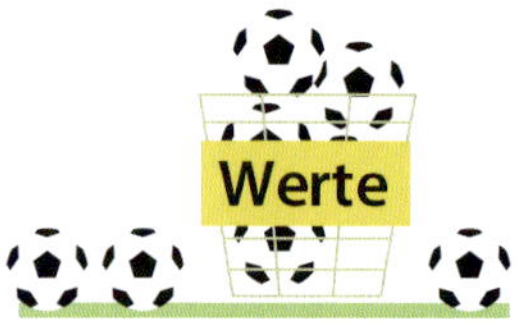

10.1 Vereinswerte und Vereinskultur

So wie Ihre Werte Ihre Arbeit als Trainerin oder Trainer prägen, haben die gemeinsam mit Ihren Jugendspielerinnen und -spielern entwickelten Werte Einfluss auf den Zusammenhalt in der Mannschaft, auf den Umgang miteinander und auf den sportlichen Erfolg. Die Art und Weise, wie Sie und Ihre Jugendlichen zusammenarbeiten, prägt die Kultur der Mannschaft. Sie entwickeln also über die wertebildende Jugendarbeit eine eigene Teamkultur. Mit Ihrem Team sind Sie Teil der Abteilung, der wiederum Teil des Vereins ist, für den Sie ehrenamtlich arbeiten.

Auch Ihr Verein hat eine Kultur. Offen kommuniziert oder auch weniger bewusst, lebt Ihr Verein nach bestimmten Werten, hält bestimmte Normen hoch. Dazu gehören auch Grundannahmen über das, was richtig oder falsch, erlaubt oder verboten, wertvoll oder wertlos ist, etwa: »Der Stärkere setzt sich durch«; »Pünktlichkeit wird großgeschrieben«; »Zusammensitzen nach dem Training gehört dazu«; »Nur Leistung und Ergebnis zählen«; »Teamgeist und Fairness sind wichtiger als ein Sieg«. Wie eine Vereinskultur gelebt wird, kann dann auch darin zum Ausdruck kommen, dass immer nur die besten Spieler zum Einsatz kommen, egal wie oft sie trainiert haben. Dann hätten Spieler, die nicht so leistungsstark sind, aber regelmäßig am Training teilnehmen, das Nachsehen.

Jugendfußball, der sich bewusst an Werten orientiert, setzt sich mit der Bedeutung von Fairness, Respekt, Gewaltfreiheit, Miteinander und Teamgeist auseinander mit dem Ziel, den Zusammenhalt und die Persönlichkeitsentwicklung der Jugendlichen zu fördern. Doch im Wettkampfsport Fußball hat auch Leistungsorientierung ihren berechtigten Platz, stellt die Jugendarbeit doch so etwas wie die Basis für den Fußball als Leistungssport insgesamt dar.

Deshalb ist es wichtig, dass sich auch der Verein – so wie Ihre Mannschaft – mit seinen Werten und Zielvorstellungen auseinandersetzt. Zum einen, weil das Orientierung für den gesamten Verein und seine Abteilungen schafft, zum anderen, weil es für die einzelnen Teams schwierig werden kann, wenn ihre eigenen Wert- und Zielvorstellungen eventuell im Gegensatz zu denen des Vereins stehen.

10.2 Leitbild als Wegweiser

Aus diesen Gründen bietet es sich an, ein Leitbild für den gesamten Verein zu entwickeln. Dieses beschreibt, welche Werte, Visionen, Ziele, Haltungen und Regeln dem Verein wichtig sind. Das Leitbild dient so als Wegweiser für die im Verein tätigen Menschen nach innen und außen. Es hat einen erheblichen Einfluss auf die Vereinskultur und die Rollen der Mitglieder. Und nicht zuletzt können auf der Basis des Leitbildes die Jugendkonzeption und das Jugendtrainerkonzept entwickelt werden. Auch Grundlagen für die Elternarbeit lassen sich davon ableiten.

Das Leitbild sollte gemeinsam mit allen Beteiligten beziehungsweise mit Vertretern aller Gruppen (Vorstand, Jugendleiter, Trainer, Spieler,

Eltern etc.) entwickelt werden. Wenn ein Leitbild nur im Kreis von wenigen Vorstandsmitgliedern entwickelt und geschrieben wird, besteht die Gefahr, dass die Mitglieder des Vereins sich nicht damit identifizieren und es so keine Bedeutung für ihren konkreten Alltag hat. Das ist nicht anders, als wenn einer Mannschaft Regeln und Werte verordnet werden und die Teammitglieder sie nicht gemeinsam erarbeiten. Allerdings: Eine Vereinskultur samt Leitbild partizipativ von unten nach oben zu entwickeln, erfordert Geduld und Disziplin und kann, wenn das nicht gelingt, in langwierigen Prozessen ohne Entscheidungen und Ergebnisse enden.

Deswegen ist für die Entwicklung eines Vereinsleitbilds, das Einfluss auf die Kultur haben soll, ein moderiertes und begleitetes Gegenstromverfahren wichtig: Alle Akteure (Vorstand, Abteilungen, Mannschaften, Mitglieder, Eltern) geben dazu ihre eigenen Vorstellungen in den Prozess hinein. Erst durch die Auseinandersetzung mit den unterschiedlichen Ideen und Vorschlägen entsteht das finale Leitbild – ähnlich wie beim Werteplakat der Mannschaft.

So kann gewährleistet werden, dass etwa Werte von allen geteilt und gelebt werden und es kann eine Kultur entstehen, die sich langfristig im Verein etabliert. Eine wichtige Voraussetzung dafür ist, dass alle Vereinsmitglieder die Werte auch kennen und immer wieder an sie erinnert werden. So sollte jeder, der neu in den Verein eintritt, auf die gemeinsamen Normen und Werte aufmerksam gemacht werden. Wenn die Vereinsmitglieder die Werte leben, bleibt die Kultur auch robust gegenüber Zeiten der Veränderung und Fluktuation. Das ist allerdings eine dauerhafte Aufgabe.

Ihre Rolle dabei könnte sein, einen solchen Leitbildprozess anzuregen. Am Beispiel Ihrer Mannschaft zeigen Sie den Verantwortlichen im Verein, wie das gehen könnte und was als Ergebnis zu erwarten ist. Dieser Vorstoß ist, wie bereits angesprochen, auch deswegen sinnvoll, weil so der Mikrokosmos Mannschaft besser zum größeren Kosmos Verein passt – und umgekehrt.

Tipp: Vereinswerte entwickeln

Das Leitbild der Jugendabteilung kann als Keimzelle für ein zukünftiges Vereinsleitbild dienen. Auch hier können alle Beteiligten einbezogen werden. Diesen Prozess kann ebenso die Jugendleiterin oder der Jugendleiter als übergeordnete Instanz initiieren. Aber auch von Ihnen als Trainer oder Trainerin kann der Impuls hierfür kommen!

Bei der Einbeziehung der Jugendmannschaften, Jugendabteilung und Jugendtrainer in die Entwicklung von Vereinswerten übernehmen die Jugendleiter eine Schlüsselrolle. Sie können etwa eine Trainersitzung einberufen, in der erste Schritte vereinbart werden. Daraufhin könnten Jugendleiter und Trainer gemeinsam – nach einer Erläuterung, worum es bei einem wertorientierten Leitbild überhaupt geht – mit den Spielern Werte sammeln, die ihnen wichtig sind.

Praxis: Ein Leitbild im Fußballverein erstellen

Ziele

Der Verein klärt sein Selbstverständnis, seinen Auftrag, seine Zielgruppen, die Reichweite seiner Angebote in der Gemeinde, seine Netzwerkpartner und seine Werte. An dem Klärungs-, Orientierungs- und Positionierungsprozess beteiligen sich unterschiedliche Personengruppen aus dem Verein – von den Vereinsführungskräften bis zum einfachen Mitglied, Eltern und Jugendlichen. Leitbilder geben – insbesondere in schwierigen Zeiten – dem Verein Orientierung, vermitteln Klarheit über das eigene Wertefundament und die zu erreichenden Ziele und Ressourcen.

Vorgehen/Verfahren

1. Bildung einer Leitbild-AG mit Mitgliedern aus unterschiedlichen Abteilungen und Mannschaften. Sie plant und verantwortet den Prozess.
2. Befragungen unter anderem von Trainern, Spielern und Eltern nach Zufriedenheit, Erwartungen etc.
3. Organisation von Workshops mit folgenden Fragestellungen:
   - **Identität und Auftrag:** Wer sind wir? Was ist unser Auftrag?
   - **Werte:** Wofür stehen wir? Welche Werte leiten unser Handeln?
   - **Zielgruppen:** Wer sind die Zielgruppen unserer Vereinsarbeit?
   - **Vereinszweck:** Welche allgemeinen Ziele verfolgen wir?
   - **Fähigkeiten:** Was können wir? Über welches Know-how verfügen wir?
   - **Leistungen:** Was bieten wir an? Welche besonderen Angebote machen wir?
   - **Ressourcen:** Woraus schöpfen wir Kraft? Welche besondere Unterstützung haben wir für unsere Arbeit zur Verfügung? Worauf können wir zurückgreifen?
   - **Erfolg:** Was bedeutet für uns eine gelungene Vereinsarbeit?
4. Formulierung des Leitbildes – Rückkopplung mit den Beteiligten.
5. Vorstellung und Verabschiedung des Leitbildes auf der Mitgliederversammlung.
6. Vereinbarung über eine regelmäßige Überprüfung des Leitbildes und des Umsetzungsstandes.

Quelle: Zech (2008)

10.3 Nachhaltig wertebildend im Verein arbeiten

Vor allem zu Beginn einer neuen Saison und vor Vorstandswahlen haben Sie die Chance, die Wertebildung im Verein zum Thema zu machen. Die Aufmerksamkeit ist auf die (sportliche) Zukunft gerichtet und die Offenheit ist deswegen besonders groß, auch zwischenmenschliche Aspekte zu bedenken. Leitbilder und Jugendkonzeptionen eignen sich gut, um das Zusammenspiel von Werten, sportlicher Konzeption und gelebtem Miteinander im Verein zu formulieren.

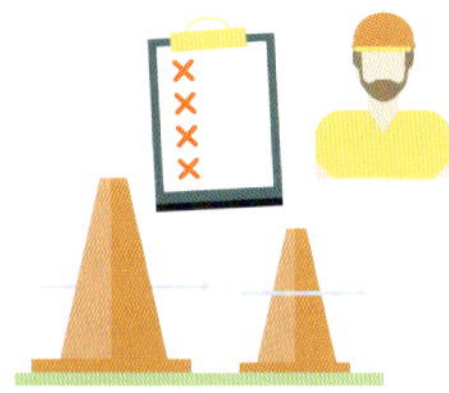

Checkliste für Verantwortliche

Vor der Saison/vor Vorstandswahlen

- Vereinskonzeption erstellen oder überprüfen: Wo ist der Bezug zu Werten/Wertebildung?
- Jugendkonzeption erstellen oder überprüfen: Wo und wie soll Wertebildung in die Jugendarbeit einfließen?
- Jugendtrainerkonzept erstellen oder überprüfen
- Schwerpunkte für die kommende Saison setzen (Lern- und Entwicklungsziele für die einzelnen Mannschaften nicht vergessen)
- Mitgliederversammlung mit dem Thema vertraut machen
- Briefing: Gespräch mit den Jugendtrainern (als Thema zum Beispiel Wertebildung)
- Maßnahmen zur Qualifizierung der Trainer entwickeln
- Gegebenenfalls Beratung von außen einholen (zum Beispiel Vereinsberater des Verbandes)

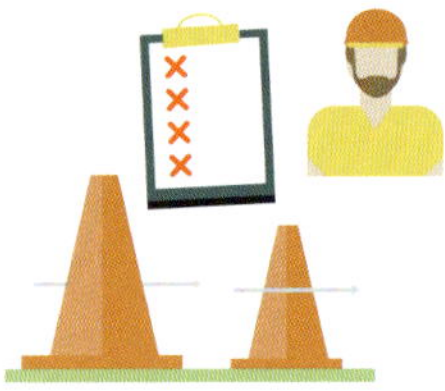

Checkliste für Verantwortliche

Zu Beginn der Saison

- Jugendtrainerabend
- Elternabend (zusammen mit Jugendtrainern)
- Mannschaftsversammlung (als Thema zum Beispiel Vereinsphilosophie)
- Öffentlichkeit einbeziehen (»Wertetraining der B-Jugend am …«)

Während der Saison

- Besuch von Trainings, insbesondere von wertebildenden Trainings
- Regelmäßige Reflexion von Haltungen und Verhalten auch der Trainer
- Gegebenenfalls Spannungen lösen und Konflikte moderieren
- Das Thema »Wertebildung« auch kreisweit vertreten, zum Beispiel in Gremiensitzungen, bei Versammlungen, in der Öffentlichkeit
- Gemeinsame Aktionen im Rahmen der Jugendarbeit des Vereins, wie etwa Jugendtag, Vereinstag, Fairplay-Turnier, Grillabend

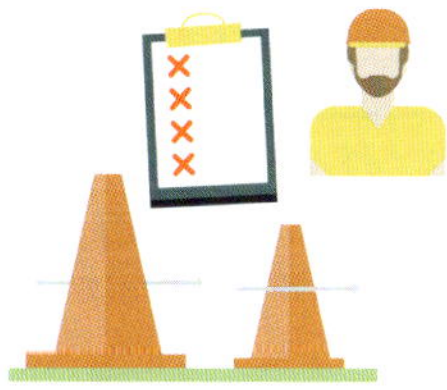

Checkliste für Verantwortliche

Zum Saisonabschluss

- Debriefing (Nachbesprechung zum Saisonabschluss)
- Gemeinsame Feier der Jugendabteilung
- »Fairplay«-Ehrungen oder Ähnliches

TeamUp!

Für die Vertiefung empfehlen wir die Broschüre »Wertebildung im Jugendfußball – Eine Praxishilfe für Jugendleiter« (Märtin und Tegeler, i.E., siehe Literaturverzeichnis).

Notizen

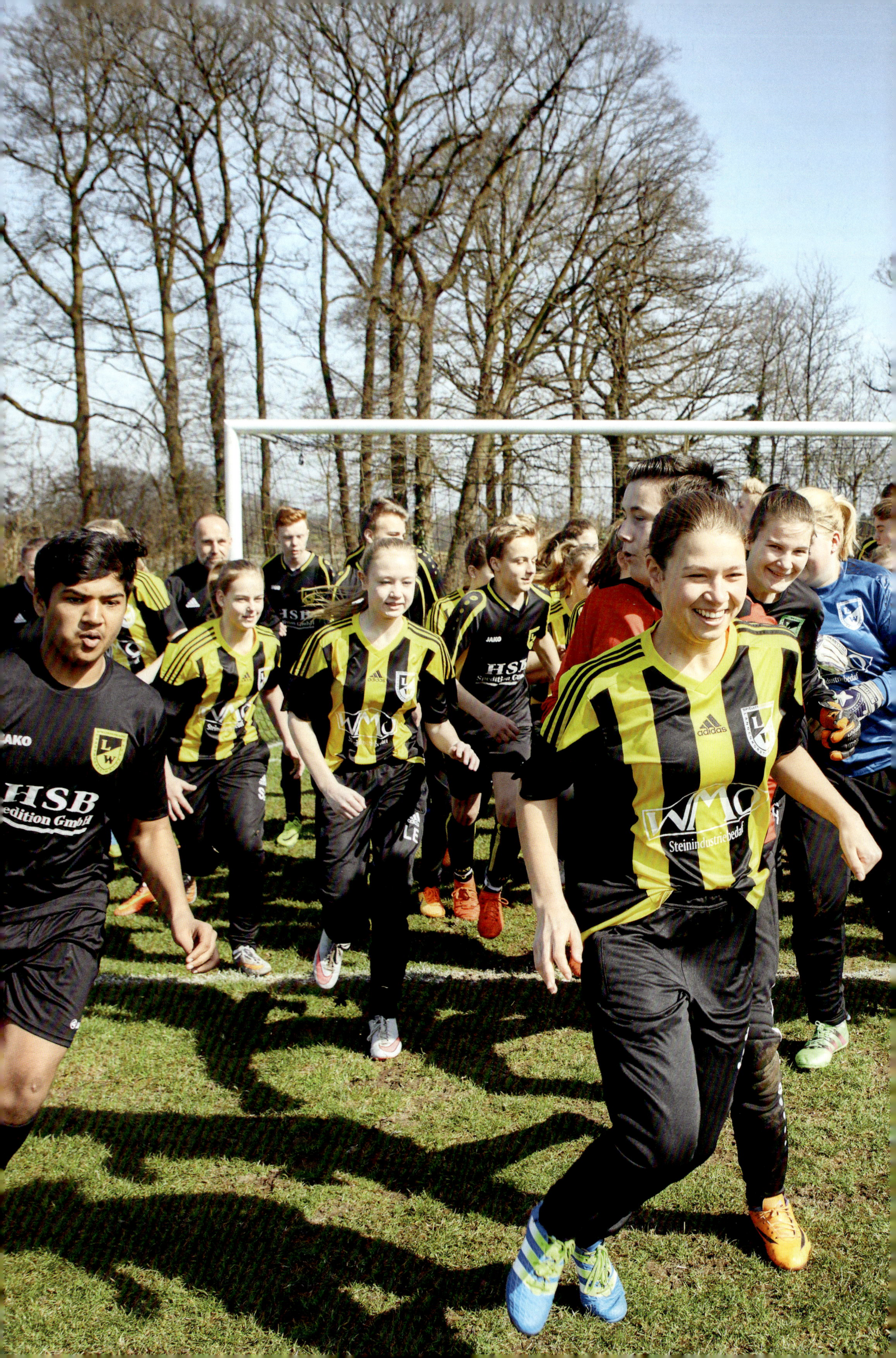
HSB
WMO
adidas
JAKO

Literaturhinweise

Berkel, Karl (2020). *Konflikttraining: Konflikte verstehen, analysieren, bewältigen. Arbeitshefte Führungspsychologie, Band 15.* 14. Auflage. Hamburg.

Bertelsmann Stiftung (Hrsg.) (2016). *Werte lernen und leben.* Gütersloh.

Blum, Heike, und Detlef Beck (2000). *Wege aus der Gewalt.* Arbeitshilfen für Selbsthilfe- und Bürgerinitiativen Nr. 22. Bonn.

Blum, Heike, Gudrun Knittel und Kölner Trainingskollektiv für gewaltfreie Aktion und kreative Konfliktlösung (1994). *Training zum gewaltfreien Eingreifen gegen Rassismus und rechtsextreme Gewalt.* Köln.

Brohm, Michaela (2016). *Werte, Sinn und Tugenden als Steuerungsgrößen in Organisationen.* Heidelberg.

Broich, Josef (2005). *Teamspiele für Beginner.* Köln.

Deutsche Sportjugend (2014). *Sport mit Courage – Vereine und Verbände stark machen gegen Rechtsextremismus.* Frankfurt am Main.

Deutscher Olympischer Sportbund (2012). *Sport interkulturell – Fortbildungskonzept zur kulturellen Vielfalt im sportlichen Alltag.* Frankfurt am Main.

Frey, Dieter (Hrsg.) (2015). *Psychologie der Werte: Von Achtsamkeit bis Zivilcourage – Basiswissen aus Psychologie und Philosophie.* Heidelberg.

Friedrich-Ebert-Stiftung (2008). *Wirkungsvolle Kommunikation. Ein Leitfaden für Gespräche, Verhandlungen und Konflikte.* Bonn.

Gieß-Stüber, Petra u. a. (Hrsg.) (2005). *Interkulturelle Erziehung im und durch Sport.* Sport und Soziale Arbeit Bd. 3. Münster.

Glasl, Friedrich (2020). *Konfliktmanagement: Ein Handbuch für Führung, Beratung und Mediation.* Stuttgart.

Glasl, Friedrich (2017). *Selbsthilfe in Konflikten.* Stuttgart.

Jekauc, Darko (2018). *Emotionen im Sport.* Zeitschrift für Sportpsychologie. Göttingen.

Lee, Honggyu, Hagen Wäsche und Darko Jekauc (2018). »Analyzing the Components of Emotional Competence of Football Coaches: A Qualitative Study from the Coaches' Perspective«. *Sports* (6) 4. 123.

Lösel, Friedrich, und Christine Ott (2010). *Evaluation des Projektes »Wertebildung in Familien«. Abschlussbericht.* Friedrich-Alexander-Universität. Erlangen-Nürnberg.

Märtin, René, und Julia Tegeler (i.E.). *Wertebildung im Jugendfußball – Eine Praxishilfe für Jugendleiter. TeamUp! – Werte gemeinsam leben.* Gütersloh.

Märtin, René, Julia Tegeler und Verena Muckermann (i.E.). *Wertebildung im Jugendfußball – Ein Leitfaden für Lehrreferenten. TeamUp! – Werte gemeinsam leben*. Gütersloh.

Maroshek-Klarman, Uki, und Saber Rabi (2015). *Mehr als eine Demokratie*. Gütersloh.

Petermann, Franz, und Silvia Wiedebusch (2003). *Emotionale Kompetenz bei Kindern*. Göttingen.

Remmert, Günter W. (2015). *Konstruktiver Umgang mit Konflikten*. Welschbillig.

Ribler, Angelika, und Astrid Pulter (Hrsg.) (2010). *Konfliktmanagement im Fußball*. Frankfurt am Main.

Rosenberg, Marshall B. (2016). *Gewaltfreie Kommunikation: Eine Sprache des Lebens*. Paderborn.

Schulz von Thun, Friedemann (2019). *Miteinander reden Band 1 bis 4: Allgemeine Psychologie der Kommunikation. Stile, Werte und Persönlichkeitsentwicklung. Situationsgerechte Kommunikation. Fragen und Antworten*. Hamburg.

Schulz, Stefan, Birthe Hesebeck und Georg Lilitakis (2015). *Praxishandbuch für soziales Lernen in Gruppen*. Aachen.

Stadtsportbund Herne (2012). *Zukunft sichern – Werte halten Sportvereine zusammen und machen sie erst zu menschenwürdigen Lebensorten*. Herne.

Stangl, Werner (2019). *Identitätsfindung im Jugendalter*. Wien.

Tegeler, Julia, und René Märtin (2017). *Leitlinien für die Wertebildung mit Kindern und Jugendlichen*. Gütersloh.

Thomann, Christoph (2014). *Klärungshilfe 2: Konflikte im Beruf: Methoden und Modelle klärender Gespräche*. 6. Auflage. Reinbek bei Hamburg.

Thomann, Christoph, und Friedemann Schulz von Thun (2011). *Klärungshilfe 1: Handbuch für Therapeuten, Gesprächshelfer und Moderatoren in schwierigen Gesprächen*. 6. Auflage. Reinbek bei Hamburg.

Weidenmann, Bernd (2015). *Handbuch Active Training*. Weinheim.

Zech, Rainer (2008). »Leitbildentwicklung in Schulen«. *PraxisWissen SchulLeitung*. Hrsg. Adolf Bartz, Jürgen Fabian, Stephen G. Huber, Carmen Kloft, Heinz S. Rosenbusch und Hajo Sassenscheid. Kronach.

Weiterführende Links und Informationen

Deutscher Fußball-Bund. *Fairplayliga*. www.dfb.de/fairplayliga

Deutscher Fußball-Bund. *Trainerportal*. www.dfb.de/trainer/

Deutscher Olympischer Sportbund. *Arbeitshilfen »Rat und Tat«*. www.ehrenamt-im-sport.de

Lions Quest. *Das Lebenskompetenzprogramm für junge Menschen*. www.lions-quest.de/seminare/

DjK-Sportverband. *Werte erleben im Sport. Crossboccia-Spiele der DjK*. www.vollwertsport.de

Wertebündnis Bayern. Konzept »*Werte.Dialog.Integration*«. www.wertebuendnis-bayern.de/werte-dialog-integration/

Die Autorin und der Autor

René Märtin

Coach, Wertetrainer, Logotherapeut und Supervisor; trainiert und berät seit vielen Jahren Vereine und Verbände, wenn es um wertorientierte Arbeit geht. Zusammen mit Julia Tegeler und Henning Timpe hat er das TeamUp!-Konzept erarbeitet und erprobt.
www.empowerment-institut.de

Julia Tegeler

Project Manager bei der Bertelsmann Stiftung; verantwortet dort seit 2012 Projekte zu den Themen Werte, Wertebildung, Persönlichkeitsentwicklung, Life Skills und Stärkung des gesellschaftlichen Zusammenhalts. Sie leitet das TeamUp!-Projekt und hat das Konzept zusammen mit René Märtin und Henning Timpe entwickelt und umgesetzt.
www.bertelsmann-stiftung.de

Mitarbeit

Verena Muckermann

Studiert Sozialwissenschaft (Schwerpunkt Sozialtheorie und Kulturpsychologie) und Philosophie (Master of Arts) an der Ruhr-Universität Bochum. Multiplikatorin für politische Bildung, Fußballtrainerin (DFB-Elite-Jugend-Lizenz), Jahrgangstrainerin der Juniorinnen-Westfalenauswahl; TeamUp!-Referentin und in der Vereinsberatung als Lehrreferentin des FLVW für das TeamUp!-Konzept tätig.

Peter Müller

Dipl.-Pädagoge, selbstständiger Trainer, Coach und Mediator.
www.respekt-beratung.de

Henning Timpe

Lehrer am Städtischen Gymnasium in Selm, langjähriger Fußballtrainer (A-Lizenz) u. a. der U17 des SC Preußen Münster und Jahrgangstrainer der Junioren-Westfalenauswahl, Lehrgangsleiter im FLVW.